中國權力的邊界

稅、革命與改革

李煒光 著

崧燁文化

中國權力的邊界：稅、革命與改革
目錄

目錄

出版說明

序

自序　以《大憲章》為理念之基石

第一篇　從效率走向公正：大轉型中的稅制改革

- 從效率走向公正——20 年中國稅制演化 21
  - 稅收公正的四個原則 21
  - 1994 年稅制改革得失 23
  - 公正應為稅制改革的未來取向 26
- 長達 150 年的緩慢轉身——讀韋森新著《大轉型》 29
  - 仍在路上的大轉型 29
  - 從稅收和預算限制政府權力 31
  - 社會能做的，政府就不要做 33
  - 百年轉型，任重道遠 35
- 中國的財政改革何時上路——與記者馬國川談中國財稅 36
  - 「鄧小平之問」 36
  - 舊時代的賦稅法理觀念仍然存在 39
  - 財政資源的所有權問題 40
- 做合格的國庫守護者 41
  - 英美用預算把統治者關在籠子裡 41
  - 預算不是單純的經濟問題 44
  - 預算法修改中的「經理」、「代理」之爭 47
- 中國稅制改革的道德圖景 50
  - 稅收的本質體現國家的品質 51
  - 稅收的正義與道德密不可分 54

中國權力的邊界：稅、革命與改革
目錄

  稅收公平是稅改的道德目標...55
  法定程序將增加稅收的正義性...57
  減少徵收成本以促稅收之善...59
 稅收與道德的脈動...59
  道德是一個社會生存的底線...60
  稅收的道德品質...62
  稅之責任...65
  稅之公平...67

第二篇　政府花錢的秘密：稅收與公共財政

 財政何以為國家治理的基礎和支柱...73
  有什麼樣的財稅就有什麼樣的國家.....................................73
  稅收和預算的法律約束問題...76
  央地支出責任的確認和財政問責制.....................................80
  稅收與財政支出的公平正義...83
 權力的邊界：稅、革命與改革...87
  稅的由來是什麼...87
  現代稅收原則...90
  輕稅：歷史上三次盛世...91
  清末：革命和預算賽跑，革命贏了.....................................92
  20年來的稅收...93
  徵稅與納稅：權力邊界...94
  稅收的法定原則...95
  歷史頑疾：分稅制不到位...96
  稅收與法治...97
  未來改革的趨勢...98
 公共財政改革是突破口...99
  中國的稅負情況...99

財稅是深化改革的突破口 101
　　改革推動力或許來自基層 104
政府花錢的秘密 106
　　説不清的「秘密財政」 106
　　被忽略的納税人權利 107
　　影響公共服務水平的四個因素 110
　　讓預算透明化 112
公共支出的歸宿在哪裡？ 113

第三篇　輕税育民：税與納税人

公民更應當關注税收幹什麼用了 119
　　經濟因素影響中國家庭的現代化轉型 119
　　個體家庭的因素應納入税制改革考量 120
　　税收改革或轉型應「詔令有信」 122
　　每個公民都該過問關乎生活的税收 123
走向「總量減税」 125
　　告別「重税主義」 125
　　建設「輕税國家」 127
　　對政府和人民關係的考驗 130
看好人民的錢袋子 131
　　香港特首難加税 132
　　税收的本質是博弈 135
　　「一」和「多」的文化 136
財税改革須以保障納税人權利為先 141
　　財政是連接社會三大子系統的媒介 141
　　中國財税的幾個現象 142
中國個税改革的是與非 144
　　值得紀念的一天 144

5

中國個稅制度的缺陷 145
個稅改革的建議 147
當前經濟動向與結構性減稅 148
凱恩斯主義不再是救市良方 148
結構性減稅應加快步伐 150
企業家的創新才是經濟繁榮的根本動力 152
市場舒緩時勿忘推進房產稅收領域的法治化進程 [37] 154
強制拆遷與財政體制的勾連關係 155
房產稅的立稅依據 157
房產稅的方案如何設計 159
人大應收回稅收立法權 161
人大的稅收立法權授權存在問題 161
中國稅收機制偏離國際通行原則 164
稅制改革要對減稅有清晰的交代 165
納稅人的權利與責任 168

第四篇　以史為鑒：古今稅收與法治

法國大革命：驚心動魄的財政史 173
從財政改革到革命 173
財稅是什麼？ 175
對法國財政與社會的深層剖析 177
新制度誕生的前奏 180
警惕重壓下納稅人的反彈 181
「商人總理」管仲的人本經濟學 184
管鮑分金的由來 184
以人為本，令順民心 185
藏富於民，知予為取 187
取民有度，用之有止 188

予之為取，天下同利 189

　　善治鼻祖，啟智千秋 191

初稅畝運動中「國人」的全面退卻——財稅改革視角下的先秦民主政治衰落過程 193

　　中國古代的民本稅賦思想 193

　　初稅畝改革後國人的消失 195

　　總結：一條清晰的制度變遷軌跡 197

魏晉名儒傅玄的治稅三原則 198

最後的理財家：「丹翁」閻敬銘 203

梁啟超：中國公共財政的啟蒙師與先行者 209

　　憲法、議會和財政 210

　　艱難曲折的理財實踐活動 214

附錄　寫在財稅的邊緣處

中國權力的邊界：稅、革命與改革
出版說明

出版說明

　　中國十八屆三中全會指出:「財政是國家治理的基礎和重要支柱。」從古到今,財政稅收對於一個國家的興衰、社會的發展起著堪稱決定性的作用。本書為天津財經大學財政學科首席教授、《現代財經》雜誌主編、中國《稅收基本法》起草小組成員李煒光教授近年來關於財稅改革問題的文章、訪談和演講的結集,編輯略有刪節和調整。作者在財稅改革領域有諸多獨到的思考、研究和探索,書中觀點,均為作者個人看法,不代表本社立場。

中國權力的邊界：稅、革命與改革
序

序

李步雲

在我的印象中，李煒光教授一直從事財政學基礎理論和財政歷史的教學和研究，其學術傾向大體是財政社會學式的，比較重視財政立憲問題和以綜合概括性較強的視角觀察分析財政問題。前幾年他出版過的《李煒光說財稅》和《稅收的邏輯》等著作，由於把學術性和可讀性結合得比較好而受到學界和社會的廣泛歡迎，現在他的新書又出版了，仍然值得關注。

李煒光近來比較重視中國十八屆三中全會以來「財政是國家治理的基礎和重要支柱」的研究，但他有自己的見解。他否認財政的「基礎」和「支柱」作用僅限於為政府運作提供財力資源的看法，受布坎南的立憲經濟學影響較深，認同財政是「廣義政治憲章的一部分」，認為財政首先是政治問題，必須在這個層面上為自己的理論和制度奠基，並在此前提下開展財政政策的工具性和技術性方面的研究。他引入美國政治學者福山的現代政治三要素理論，即強大的政府、法治和負責制，認為後兩個要素是用來制約第一個要素的。據此他提出的一個重要觀點是，中國將在今後一個較長的階段內，著力從財政領域出發，補課福山所說的現代國家建構的後兩個要素，這就把國家治理與財政體制的改革聯繫起來了。

在這部著作中，李煒光認為，公共財政既內在於國家治理（治理的每一個要素都與其有關），又外在於國家治理（連接政治、經濟與社會三大子系統的媒介），所以是個非常複雜的問題，而以往的以「國家分配論」為根基的財政學體系無法準確詮釋財政與國家治理這種內涵。所以他積極倡導稅收、預算和財政體制的法治化，以及建構各級政府履行公共服務職能的完整而嚴格的問責制，認為這兩個環節可以把現代國家治理的基本要素涵蓋進去，而缺失了這兩個至關重要的環節，中國的轉型就不能說是成功的，中國的現代財政制度就不能作為國家治理的基礎而存在，而現有的財政學理論也就難以促進現實財政問題（如土地財政、央地財政關係、財產稅改革等）的解決。

中國權力的邊界：稅、革命與改革
序

　　李煒光的擔憂是有道理的。在國家所有權力當中，支配財政資源的權力是核心的和實質的權力，所以只有法律和基本制度規則才有可能對國家行為構成硬性約束，約束了這部分權力也就約束住了包括國家職權和行動範圍的所有的權力。也正是因為財政達到了立憲的層次，這種法律約束才有可能成為一國政治結構中固定不變和永久性的一部分，國家才有可能向一個真正的現代政治結構轉型。

　　在經歷了三十多年的改革開放之後，中國至今仍然沒有在稅收、預算和央地財政關係三個方面建立起嚴格而縝密的法律約束機制，相關制度的公平與效率問題也遠沒有解決，這已經成為中國社會轉型的主要制約因素之一。正是因為這個原因，中國在 2016 至 2020 年的這一輪財政改革中，將這三個方面的立制、立法和修法作為主要內容來進行。按照預先設定的目標，到 2020 年前後，中國現代財政制度將基本建構完成，在此基礎上促進中國國家治理模式的建立。

　　建構現代財政制度，依照中國政府的部署，在預算方面，是要建立公開透明的制度，政府的全部收支都納入預算，建立跨年度預算平衡機制，實行國庫單一帳戶，建立地方政府舉債融資機制和權責發生制的政府財務報告，完善問責和糾錯機制；在稅收方面，就是要完成消費型增值稅改革並完成立法，改革和完善消費稅、資源稅、環境保護稅制度，推進房地產稅立法以及個人所得稅制進一步向綜合稅制過渡；在政府間財政關係方面，就是要合理劃分政府間的公共責任並使其與各級政府支配資源的權力相適應，進一步規範和完善分稅制，從整體上提高政府的公共服務水平和效率。

　　布坎南在《徵稅權》中指出：「結果的改變要透過規則的改變來實現，而不能透過對結果的直接操作來實現。」我們的問題是，在立規建制的過程中尚未接受「稅收法定主義」原則，尚未接受「外部政治控制」原則，人大作為「最高國家權力機構」於稅收和預算的監督和控制權力仍然是虛置的，難以承擔未來數年內財稅立法和改革的重任。在無實際的制度約束的情況下，討論開徵新稅問題本不適宜，但大規模的稅制和財政體制改革就已經開始了。

例如，中國人大對預算的審議和批準是「一攬子」式的，並未進行分項目審議，因而是粗疏的、不負責任的，經人大會審批的預算不可執行，行政職能部門不得不反過來與財政部門協商預算安排，導致資源配置權移於財政部門，使其自由裁量權過當過大，並因下達預算拖曳而導致突擊花錢問題。再如，公款進入國庫，須保證其不被濫用，不被錯配，不被浪費，不被盜竊，但這四種情形目前都嚴重存在，並未因強力反腐而得到根本解決。此外，財政訊息和預算仍不夠透明，存在著比較嚴重的專權現象。

同時，近年來經濟和財政的下行趨勢也加大了制度改革的難度。中國的稅收是以流轉稅為主，所得稅、財產稅等直接稅的收入占比比較低，財政收入受 GDP 增長的變化的彈性較高。在支出中，教育、科技、農業等 7 項支出占比近 50%。車購稅、城市維護建設稅等專款專用性質的收支，以及政府債務付息支出和國防支出占 15% 多。這表明財政收入的大半支出是剛性的。中國沒有建立起隨財政收入下降而自動削減財政支出的機制。實際上，與財政收入增速的下滑形成鮮明對比的是，財政支出的增速均未有實質性削減。支出的剛性存在和收入下滑的現狀相對撞，將產生較大的財政赤字，這也是未來幾年的「新常態」。未來的財政改革將在這樣的背景下進行。

這本書收入了李煒光近年來對中國財政改革所做的評析和論文，並對未來幾年內中國財政政策的走向進行了較有價值的研究，我的初步印像是，他對「稅收法定主義原則」的理解比較到位。稅收應當具有合法性來源，所有稅種都應經人民代表大會立法，所有的稅制要素都應進入立法程序；應在法律上規定出納稅人完備的權利，在稅收問題上，人人擁有表達權；政府徵稅應奉行公民財產權在先原則，確定稅種、稅目、稅率時首先要保護好納稅人的財產權；每個稅種的徵稅目的應該寫進稅法，並且所陳述的徵稅理由和目的是正當的、合理的、可檢測的；政治上排除對特權者的免稅，稅法面前，稅製麵前，人人平等；稅制改革中保持稅負總體不變，增稅的同時應當及時減稅，等等。其實，不只是稅收，政府的其他財政行為也都應該體現公平正義，有利於納稅人權利保護和造福於整個社會，也都應該體現「稅在法下」的原則。這些觀點對於人們從比較高的層次上認識相對比較專業的財政問題會有幫助，對正在進行的財政改革也具有一定的參考價值。

李煒光所研究的問題也引起我的思考，如果西方的三權分立制度確實不適合我們，那就有必要接受國家憲法和基本制度規則對治稅權（財政權）的制約，即布坎南所說的「財政憲章」，所有的財政權力均應受到外部政治機制的節制和監督。是否為財政權立憲，是一個根本性的問題。正如一些學者已經指出了的，一個國家，只要它收錢、分錢、花錢的方式變了，這個國家就將跟著發生根本性的改變。這個思想同樣也是來自於財政社會學。

自序　以《大憲章》為理念之基石

　　今年 6 月 15 日，是英國《大憲章》簽訂 800 週年，世界上許多國家舉行了紀念活動。英國的公共文化機構將這個日子確認為十大紀念日之一，還專門發行了紀念硬幣和郵票，伊麗莎白女王和卡梅倫首相則出席了在憲章簽署地蘭尼米德舉辦的盛大典禮。在我們國內，民間也零零星星地舉辦了一些紀念性的研討會。這確實是一個值得人們永遠銘記的日子，因為人類社會自那個時刻起接近現代文明。從我所從事的專業意義上來說，它也是公共財政思想的發端。

　　《大憲章》宣布了一個人類文明史上最重要的原則：未經允許，國王不得擅自徵稅。該原則強調，除傳統捐稅外，任何稅收都必須得到「中國人民的一致同意」。在當時，「一致同意」是指以大貴族為核心的大會議的同意，但「一國之主」徵稅還需要別人的同意，在人類歷史上是第一次出現。現代國家的憲政民主，從此萌生。

　　《大憲章》使得人民在法理的意義上獲得了「被協商權」，它宣布有關立法、徵稅的事宜，都「應與中國人民普遍協商」。其中第 14 條規定：國王應在規定的時間和地點召集大貴族和有關人員協商，召集令需闡明會議的理由，於 40 天之前發出。王權專制大廈從此被撼動了，這是因為專制的靈魂，從來都是「說一不二」、「不可商量」的。根據這個原則，國王必須按時召開由貴族成員組成的、有固定場所的專門會議，這便是議會的起源。果然，數十年後議會便產生了，百年後，騎士和市民走進議會，下議院誕生。

　　關於國民的人身自由，《大憲章》聲明：未經合法裁決和審判，「不得將任何人逮捕監禁，不得剝奪其財產，不得宣布其不受法律保護，不得處死，不得施加任何折磨」。為保證憲章的實施，將成立一個由 25 名男爵組成的常設委員會，用來監督國王和大臣們的行為。若發現國王有違反憲章的行為，委員會有權要求國王在 40 天內改正；若國王置之不理，委員會有權號召中國人民使用一切手段，包括發動戰爭奪取國王城堡，沒收他的財產，而逼迫其改過自新。

中國權力的邊界：稅、革命與改革

自序　以《大憲章》為理念之基石

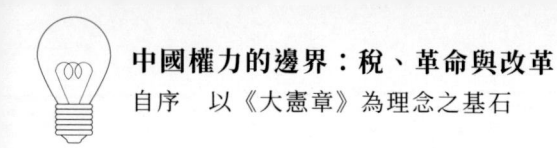

　　人們都說《大憲章》的第 61 條最重要，就是因為其中規定了國民反抗暴政的權利。《大憲章》力求在法律框架內解決問題，儘量用非暴力的而非公開叛變的方式達到政治目的。它仍將暴力手段列為選項，但只是將其作為一種迫不得已的最後手段而存在。貴族反抗國王權利的合法化，意義不亞於國王徵稅權受限之原則的確立，因為它為後世人民反對暴政提供了合法依據。這與「臥榻之側豈容他人鼾睡」的極權思維形成天壤之別。

　　丘吉爾說：「憲章從頭到尾給人一種暗示：這個文件是個法律，它居於國王之上，連國王也不得違反。《大憲章》的偉大成就，是它在普通的憲章中體現並重申了一項崇高的法律。僅僅這一點就足以說明，人們對它的尊重是有理由的。」他說，這種王在法下、法律至上的思想在歷史的演變中逐漸昇華成為一種國家建構的學說，「在後來的各個時代，當國家由於權力膨脹企圖踐踏人民的自由與權利的時候，人民就是根據這種學說一次又一次地發出自己的呼聲，而且每次都取得了勝利」。

　　當然，受時代的侷限，《大憲章》只是重申了國王的權限範圍和貴族的封建權利，因而它不過是一份封建性質的文件和習慣法文獻，但其具有的價值仍然是非常重要的，其深遠影響力一直達於今日。

　　20 年前的時候，我沒讀過布坎南，不知道公共選擇理論和憲政經濟學；也沒讀過威爾達夫斯基，不知道政治才是國家預算的第一屬性，但我在財政史的教學中接觸過《大憲章》，它便是我最早的公共財政學知識的啟蒙教材。從《大憲章》的那些似懂非懂的條款中，我知道了什麼是王在法下、毋同意不納稅和「被協商權」。1998 年，我公開發表了自己的第一篇公共財政學論文《論公共財政的歷史使命》，這一年中國官方正式宣布要建構公共財政體制。在這以前，中國的財政學是不加「公共」二字的，「國家分配論」是它的主流價值，政府與市場、社會及公民個人之間的界限不在它研究的範圍之內。這種計劃經濟時代的遺產一直到現在仍然影響著這個少有變化的領域，我們從現今財政改革的僵化和遲滯就可以看出來。

　　老子曰：「民之饑，以其上食稅之多也，是以饑。」相當長的一個時期以來，徵稅的無孔不入和不受限制的趨勢，已經引起民間越來越大的不安和

反感，此情此景與歷代百姓對賦稅的態度並無兩樣，都是稅負過重引起的必然反彈。有關部門即使拿出相關法規來證明這種行為有所依據，人們還是不大買帳，因為重稅課徵原本就與百姓「過小日子」的天理人情不合，也與企業家創新精神的正常發揮相悖。比如現行個人所得稅法中有「收入畸高」並相應課徵高稅的處置方法，就是對企業家創新和居民提升消費需求頗為不利的一種規定。如何在企業和居民的自由發展與政府徵稅之間劃定一條楚河漢界，是財政學一直關注不夠的問題。

稅收的功能不能僅限於徵收數額的最大化，還在於如何體現公平正義原則。在稅收正義問題上，人們比較認可羅爾斯第二正義原則，即不平等只有在有利於貧困者的時候才能被接受，即最不利者必須有所得益。而哈耶克的社會福利安全保障設施，其建立的目的不是為了獲得更多的公正或更多的福利，而是為人們提供最低生活保障。相比之下，後者更能體現古典自由主義精神。我們的稅收研究，還遠遠沒有達到正義的層面上，而缺乏公平正義的稅收，無論政府多麼需要，也不具備徵收的合理性。比如，社會對富人承擔社會公平的責任提出要求，富人也能接受這種要求，但稅重到什麼程度才相對於窮人來說是接近於公平的？還有，富人交的稅，能透過政府之手去救濟窮人、改善社會底層的生活狀態嗎？事實上，中國的富人和窮人一樣，都對政府稅收能否公平使用充滿疑惑。

依照《大憲章》的經驗，一個現代國家在設置它的「元」規則時，首先要在稅收和預算上著力，用立憲的方式，給政府財政權力預設法律邊界。政府之手必須保持干淨，保持利益中性，並訴諸「知情權」來接受公民的審查。在現代社會中，財政是國家的，屬於全體人民所有，而不能簡單地稱之為政府的財政。規範的市場經濟體制和民主政體，權力分立、制衡和監督機制，新聞與言論的表達自由和與此相適配的財政訊息披露機制，這三大原理構成政府合法性的來源。這是福山的「強有力政府、法治和問責制」的政治三要素理論在現代國家建構中的實際應用，其中每一個要素都與財政直接相關。這就是我們把財政當做國家治理的基礎和重要支柱的原因，在這個前提下，才可以進一步追求公平、正義和效率的問題。

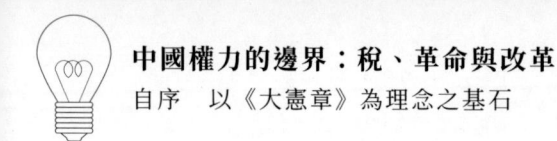

中國權力的邊界：稅、革命與改革
自序　以《大憲章》為理念之基石

政府徵稅，首先要承認和尊重私人財產權在稅收之先原則，關注私人財產權與稅收之間的關係問題，因為財產權利歸屬先定是消除矛盾、化解糾紛的要求，其他事情都應該排在它的後面。這一點中國古人認識得很清楚。《慎子·佚文》曰：「一兔走街，百人追之，分未定也。積兔滿市，過而不顧，非不欲兔，分定不可爭也。」但是在中國當下，物權法與稅法銜接得並不好，這個問題在未來數年間的不動產稅、個人所得稅、遺產稅等直接稅開徵或改革中會更加明顯地表現出來。

《大憲章》被稱為現代國家預算的制度淵源，所以預算本質上應該定位於一國的政治問題。政治是預算的高層次問題，而它的技術和工具設計問題則是預算的低層次問題。天下沒有純技術或純工具性的預算改革，所有的預算改革都具有政治意義。正如愛倫·魯賓（Irene S.Rubin）指出的：「公共預算是政治過程的中心，它可以被用來幫助理解一個社會中的更廣泛的政治過程。」當然，並不是說低層次問題就不重要。美國1787年憲法中，憲政民主制度已經建立起來，但直到進步時代的1921年頒布《預算與會計法》，建立起聯邦和州的預算體制，美國的現代國家轉型才算完成。美國的經驗表明，要治理好一個國家，有了代議制民主還不夠，還必須建立起現代預算制度。

財政學家認為，預算具有改變一個國家籌集、分配和使用資金的方式的作用，從而也可改變這個國家的治理結構，甚至可以改變它的公共生活，塑造出一種特定的國家與人民、國家與社會的關係。卡恩曾經指出，這種關係只有在現代預算制度之下才可能出現，因而可以在實質上改變這個國家本身。這個思想也同樣來自於中國北宋時代的王安石。他主張「因天下之力以生天下之財，取天下之財以供天下之費」；「一部周禮，理財居其半，周公豈為利哉？」這是一種「治國以理財為核心」的理財思想，極有現代治理意識。荊公思維太過超前，即使現在，國人依然不能完全讀懂他。

這個認識很重要。我們推進預算改革，一直以為它是個經濟問題，將預算法稱之為「經濟憲法」，只認識到它屬於政府內部的改革和治理問題。其實，我們正在推行的預算制度改革，已經在推進中國遲滯已久的政治體制改

革。收支測算和國庫進出的背後是，誰獲益了，誰支付了成本，博弈過程是怎樣的，會導致什麼後果，這些都是屬於政治問題，而不是單純的經濟問題。

現在財政體制改革越來越強調預算和財政訊息的公開透明問題，這也是《大憲章》精神的體現。《大憲章》之後，國王一步步地失掉了徵稅權和預算權，到最後王室的財產占有數額也都由下院作出決議才具有合法性。這裡體現的法治精神極其重要：公有財產本該透明，詳盡交代用處，拿出自己兩袖清風的證明，遮遮掩掩，不許別人過問，絕對是不義的行為。其實不止是公共財產訊息，從事公務活動的人員的個人財產訊息也應在透明之列，阻隔、遮蔽、貪汙公共訊息的行為，亦為竊，應與經濟違法同罪。

預算作為政府運作過程的基本規則，在認識上還有不少誤區需要澄清。比如，人大批準的不是「錢」或「財政經費」，而是法律對各行政機構和政策項目的支出要求，即「預算授權」（budget authority）；而得到預算授權也並不意味著就可以直接從國庫得到可供花銷的資金，而是意味著該部門從這天起必須承擔起法律所確定的某種公共服務的責任（obligation）。2014年人大通過的新預算法和正在擬定中的預算法實施條例，在如何處理預算的立法者——人大和預算的執行者——政府之間的權力配置關係，即授權與施政權力的合法性來源之間的關係上仍存在很多問題，給未來的預算制度改革埋下不少伏筆。這些問題比較多地體現在它直接涉及的四個方面的權力和責任關係，即人大、政府、銀行（指政策性的央行）和公眾，不確定因素還很多，財稅法治化進程任重道遠。

熊彼特說過，財政是分析社會問題的最佳出發點，特別是在舊體制行將崩潰、新體制蛻繭而出的「社會轉型期」，尤其如此。他的話印證了《大憲章》在歷史緊要關頭所起的作用具有怎樣的引導性。當一個社會陷入整體性危機、急需改革的時候，不能以財政收入的增長為目標和將其作為財稅工作的重點，而是要把所有的問題——政治的、經濟的和社會的都列為研究對象，並在此基礎上尋求解決方案。熊彼特說，只有使用這種特定的、與傳統財政學迥然不同的方法從事研究才能奏效。熊彼特所說的這種綜合性極強的方法，就是

我最近以來十分感興趣的財政社會學。這門學問在中國才剛剛興起,知道的人還不多,不過相信以後會越來越多的。

本書收錄的論文和評論文章,是我本人對近年來中國財政制度改革和立法、修法過程中一些理論和實踐問題的思考成果,價值是大憲章式的,知識來源不止西方,也受中國道家和儒家的啟發,而思路方法則是財政社會學式的。謹作為一種嘗試,就教於同仁,也真誠聽取讀者的批評意見。

第一篇　從效率走向公正：大轉型中的稅制改革

從效率走向公正[1]——20年中國稅制演化

在轉型期的中國，社會公正問題正變得日益緊要，過去幾年中幾乎所有重大社會問題的討論，無一不涉及「社會公正」主題。一些前所未有的甚至南轅北轍的分歧正在顯現，這些分歧也反映在財稅領域，如房地產稅、個人所得稅改革及公共支出和公共福利等問題上，在很大程度上影響著財稅政策目標的選擇和制度設計過程。問題在於，當我們對現行稅制是否公正做出評判時，有沒有一個公認的尺度，或者說，其中是否存在一個共識性的核心標準，它們應該包含什麼樣的「價值」呢？

應該說，從1994年稅制改革運動算起的20年，就是人們在改革實踐中逐漸認識稅制公正的重要性和逐步摸索實現這種價值的路徑的過程。雖然改革仍在進行，目標依然遙遠，但在建構與現代國家相匹配的現代稅制的一些基本問題上，實際上已經達成廣泛的社會共識。這就是，建立一個以公平、中性為基本取向的稅收組合，促進社會經濟結構向合理化的方向調整，並透過稅負的結構性分配，消弭社會初次分配不可避免的貧富差距鴻溝，讓更多的人受益，讓更多的人在公認的規則下獲取財富，無需受到重稅的壓力，如此，社會公正的實現才是可欲求的和可實現的。

稅收公正的四個原則

稅收公正，依一般的理解，應該包括「正義」與「公平」兩個含義，它們可以從現代經濟學對稅收的基本共識中尋找。國家透過為社會提供公共產品和服務，滿足公共需要來獲得徵稅的合理性和合法性。如諾斯所說：「我們可以把政府看成是一種提供保護和公正而收取稅金作為回報的組織。」這可以認為是稅制公正原則的「正義」部分，即瓦格納在他的10卷本《財政學》中指出的「稅收正義」的內涵。

中國權力的邊界：稅、革命與改革
第一篇　從效率走向公正：大轉型中的稅制改革

　　布坎南等公共選擇學派的經濟學家主張在政府徵稅之前須為之立憲。《徵稅權——財政憲法的分析基礎》一書提出了要討論關於徵稅的性質的「最初原因」，即徵稅權涉及什麼內容，以及政府擁有這一權力的含義這些邏輯上優先的問題，其中核心問題是如何限制公共權力和防範對公共權力的濫用。實際上，也就是要闡明一個民主財政規則體系的應然結構問題，並以此來約束稅收和政府自身的膨脹。新制度經濟學家們也指出，為了做到透過憲法和法律制約政府的不當徵稅，應當至少建立三道防線：第一，加強對國家政治體制和權力機制的約束，增加重構產權以實現財富和收入的再分配的難度；第二，建立憲法秩序，使限制國家權力的一整套綜合性規則體現在憲法結構中，並使之不因政治的需要或執政者的變動而發生變化；第三，完善法律制度，使產權交易規範化，因為這是一個有效的產權制度的基本標誌。

　　只有在這個基礎上，現代稅收學教科書中的兩個原則才是有意義和有價值的，即效率和公平的原則。所謂效率原則：首先是不影響市場機制正常發揮作用，即稅制保持中性，對市場經濟運行的影響儘可能最小，包括對各種經濟活動的影響，如勞動、儲蓄、產業決策、投資、消費等。稅收中性原則並不排除在一定條件下實行非中性政策，用以糾正市場失靈的情形，其目的還是為了使市場有效運轉。稅收必須以市場為前提，而不是以政府收入為前提。有了這個前提，稅收效率原則的第二重含義才是成立的，即以最小化的費用籌得儘可能多的收入，稅收成本儘可能降低。現代稅收的另一個原則是公平原則，它也有兩重含義：一是橫向公平，指具有相同福利水平的納稅人納稅前後的福利應該相同；二是縱向公平，指具有不同福利的納稅人稅負也應該有所不同。通常用受益原則和量能原則來體現縱向公平的標準。從這個意義上說，稅收的效率原則也含有公正的價值，與公平原則相輔相成，不是非此即彼、決然對立的關係，只要是在民主和法制的框架內前提下，亦不必過分強調誰優先，因為它們屬於第二層次的問題。

　　基於以上認識，稅收公正原則第一是法定主義原則（立憲與法治），第二是效率與公平相結合的原則，除此之外，還據此派生出分別由新制度經濟學派和公共選擇學派提出的另兩個原則，即「稅收中性」原則和稅收正向激勵原則，這樣加起來一共四個原則。

「稅收中性」原則（Tax neutrality）被認為是與市場過程理論相匹配的稅收原則。稅收中性意味著，徵稅不應影響私人部門原有的資源配置狀況。如果政府透過徵稅改變了市場活動中消費者的消費行為或生產者的生產行為，就屬於稅收的「非中性」，一般用消費者或生產者剩餘、福利成本、福利損失、稅收超額負擔等概念加以表示。稅收扭曲了資源配置，也就破壞了市場規範和秩序，扭曲了市場過程。所以，稅收理論中的「稅收效率」，用市場過程理論加以定義的話，其含義應當是：政府徵稅，必須使其對市場過程產生的扭曲和偏離帕累托最優而造成的損失最小。這是糅合了新古典學派和奧地利學派兩家觀點而產生的對稅收原則的認識。

所謂「正向稅收激勵原則」，意思是鼓勵每一個社會成員透過增加自己對社會生產的貢獻，來相應地獲得更多的收入。在這樣的社會，富人不是一個封閉的群體，富人俱樂部的大門是向所有有志者和成功之士開放的，向上流動的社會階梯也是向所有有志者和成功之士開放的。哈耶克認為，與高風險相對應的高額報酬對於發揚企業家精神是不可或缺的，因為企業家的主要目標是透過自己賺取收入來增加自己掌握的資本和資源，取得對生產資料的支配權是這些企業家創業和立業的先決條件，盈虧則是企業家之間進行資本再分配的機制，而不是餬口手段。他指出，企業家新創企業，是因為他看到了獲利的機會，需要投入資金後短期內又回收資本，得到令人滿意的回報，然後他會重新把資金投入到新一輪的經營活動中去。如果政府從其創造的利潤中提取了過多的稅收，就會影響新創企業的資本積累，影響其積極性，使新創企業在與原有企業之間的競爭中處於不利的地位。

當我們有了這樣一個理論框架的時候，就可以用它來分析1994年稅制改革20年以來中國稅制的基本取向問題了。

1994年稅制改革得失

1994年稅制改革是以流轉稅改革為重心的，一般認為，流轉稅以追求財政效率為第一要務，並不直接承擔調解收入分配的職能，距離公正問題較遠，所謂「效率優先」，主要就體現在增值稅這樣的流轉稅上。其實並不完全是這樣，看似不大講究公正的流轉稅制裡也有尋求社會公正的空間。1994年稅

中國權力的邊界：稅、革命與改革

第一篇　從效率走向公正：大轉型中的稅制改革

制改革之所以選擇比較中性的增值稅而拋棄工商統一稅，可以認為是在流轉稅不得不暫為第一主體稅種的條件下，著力於在稅制選擇和稅制設計上儘可能體現社會公正的一種努力，也是稅收效率與公平相結合的一種嘗試，而且這也應該屬於當初決策者的初衷而不是無意之舉。

1994年稅制改革的重點無疑是推出增值稅這一新稅種，其目的在於解決流轉稅（工商稅）的重複徵稅問題，這可以認為是中國稅制從單純追求效率走向公正取向的第一步。其措施早已廣為人們熟知：將增值稅範圍擴大到所有貨物和加工修理修配勞務領域，而對其他勞務、無形資產和不動產徵收營業稅，於是形成了增值與營業兩稅並行的稅制組合。在這以後的20年中，中國現代服務業有了長足的發展，營業稅全額徵稅所導致的行業之間以及服務業與工商業之間的重複課徵問題，以及稅款抵扣鏈條斷裂等問題，卻成為三次產業融合和產業結構調整的門檻。而2009年增值稅由生產型向消費型轉變，工商企業的稅負進一步減輕，使得營業稅的固有問題變得更加突出。於是，「營改增」改革就於2012年在上海率先拉開了序幕。此後的行動是迅速的，次年8月1日已在中國範圍內全面展開試點，涉及行業由最初的交通運輸業和現代服務業逐步向外圍擴展。

隨著「營改增」的全面推進，增值稅將完全取代營業稅，原來的二元稅制終將轉換為覆蓋生產、流通、服務諸環節的一元稅制模式，流轉稅制中久已存在的重複徵稅和抵扣鏈條斷裂的問題將基本消除，各產業、各行業之間的稅負將實現大體平衡。今後，增值稅在體現公正方面會做得更好：可減輕企業特別是全部為民營的小規模企業的稅負，而且這種輕稅效應將惠及整個產業鏈；有助於經濟增長特別是服務業的發展，使得各產業之間不均衡的局面得以改善。這一切，只有依賴較為公正的稅製為保障才可能實現。

1994年流轉稅制改革中的另一個「重頭戲」是消費稅，自1994年開徵後，僅在2006年作過一次調整。這個稅種雖然是比例稅率，但一般實行差別課徵，不同產品不同稅率，其課徵對象多為高檔奢侈品，使得它在調節社會各階層收入水平方面具有一定作用，是流轉稅中最能體現公平的稅種。現

在人們逐漸認識到，這個稅種在促進公正方面應該發揮更大的作用，所以將其列為下一步稅制改革六個重點之一。

為了更好地體現社會公正，消費稅應在高檔娛樂消費方面大有作為，各種會所、高爾夫球、高檔電子產品、高檔美術製品等列進消費稅的稅目，炫耀性消費、貴族式消費，以及某些不利於動物保護和資源保護的高檔消費品，如裘皮製品和每年出口增幅超過 30% 的實木家具等都可能納入徵稅範圍。消費稅的徵稅環節也將由生產環節調整到流通環節，如卷煙產品，可參照國際慣例徵稅於零售環節，消費者所在地受益，可以更好地體現稅收公平。同時消費稅也應當由價內稅改為價外稅形式，使得消費者對於自己購物時承擔了多少稅收一目瞭然，這是人們較少注意到的徵稅者與納稅者之間的公正問題。

在所得稅、流轉稅、財產稅三大稅系中，唯有所得稅最能體現縱向公平中的量能原則，也最能使納稅人與實際承擔稅負的負稅人合為一體。1994 年稅制改革，將原有不同所有制下的國營企業、集體企業、私營企業所得稅改為企業所得稅，同時，將中外有別的個人所得稅、城鄉個體工商戶所得稅以及個人收入調節稅改為統一的個人所得稅，使得中國所得稅開始具有調節收入分配的功能。

2008 年 1 月以後實行新的企業所得稅稅法，在所得稅稅率下調，固定資產稅務處理及其他影響稅基的主要條款上做了一些改變，較為明顯地降低了訊息技術產業、社會服務業、批發和零售貿易、紡織、服裝、皮毛等行業的邊際稅率。據測算，邊際有效稅率每上升一個百分點，固定資產投資支出比率至少減少 0.1109 個百分點。顯然，新稅法有助於減少所得稅對企業固定資產投資的稅負扭曲，具有一定的激勵民營投資的作用。

相對而言，1994 年稅制改革在個人所得稅方面的改革力度比較小，遺留的問題也比較大。徹底的分類所得稅制，限制了稅收對居民收入流量調節作用的發揮，「一刀切」的費用扣除方式，則有違能力課稅的要求，家庭結構和撫養性支出、通貨膨脹，區域發展的非均衡性和各地生活水平的差異，以及當前高企的房價、教育、醫療及社會保障支出等因素統統沒有考慮進去，20 年來只是在免徵額標準上作了一點調整，這種形式單一的扣除標準缺乏人

文關懷，因而無法承擔起個人所得稅推進社會公正的功能。也就是說，現在社會收入差距巨大，兩極分化嚴重，個人所得稅的「不在位」是有責任的，因而把它列入中國下一步稅制改革的 6 個稅種之一也就不足為奇了。

1994 年稅制改革在資源節約和環境保護方面的功能有所增強，稅制的「綠化」程度有所提高。這是另一種社會公正：在追求經濟增長和籌集財政收入之外，尋求資源的安全和大氣環境的保護，即經濟社會的全面的可持續的發展，而不再只是追求經濟增長。新的資源稅條例擴大了徵收範圍；增值稅取代產品稅後，在 13% 的低稅率以及減免稅政策的設計上一定程度體現出保護資源和環境的意圖。2006 年，消費稅作了進一步調整，增列稅目，調整稅率和推出優惠政策，加上 80 年代初期即開始徵收的排汙費，中國環境稅費制度體系初步形成。

在所得稅、流轉稅和財產稅三大稅系中，只有財產稅並非 1994 年稅制改革的重點，其影響一直達於現在，至今沒有建立起針對財產存量課徵的和具有直接稅性質的財產稅制，中國稅制結構實際上處於「三缺一」的狀態。目前中國財產稅目錄中的城鎮土地使用稅、土地增值稅、耕地占用稅、房產稅、契稅等稅，總體看稅基較窄，且主要不是對財產本身徵稅，而是對財產的經營收入徵稅，從性質上說不屬於真正意義上的財產稅，而更像是所得稅，因而幾乎完全不具備調節社會財富分配的功能，也就理所應當地把針對財產存量徵收的財產稅，如房地產稅、遺產稅、贈與稅等，列為下一步稅制改革的重要內容了。

公正應為稅制改革的未來取向

中國經過 20 年的稅制建設，雖然在稅收公正方面取得了一些進步，但稅制設計上的欠缺和制度實施過程中的不規範仍然存在，其所導致的低效、不平等、不合理、扭曲以致損害經濟運行的問題比較嚴重地存在著。

在中國，總體稅負是重還是輕的問題一直存在爭議，實際上，把視角移到微觀稅負上來可能更有意義。據學者歐陽華生、江克忠等人對江蘇省的調查，在第二產業中，用「稅費／稅後利潤」衡量的綜合稅費負擔率最高的橡

膠製品業達到387%，紡織業達到124.3%；第三產業中，綜合稅費負擔率最高的交通運輸業達到478.8%，餐飲住宿業達到339.6%，諮詢服務業達到253.5%。負擔率越高，表明政府從企業收益中拿走的越多。而且各產業之間的綜合稅費負擔率差異較大。例如，第二產業14個行業樣本企業的負擔率均值為95%，即企業產生100元稅後利潤，需要向政府交納95元稅金。第三產業9個行業的負擔率均值為198%，即企業要產生100元稅後利潤，需要向政府交納198元的稅金，第三產業的負擔總體大於第二產業。調查中還發現，政府以稅費方式參與企業收益分配，其機制存在逆向調節，企業規模越大，綜合稅費負擔率越低，反之則越高，即小企業的負擔高於大企業，利潤水平越高，負擔率越小，這是一種不正常的累退效應，是不公平產生的主要原因。

另有數據表明，小型民營企業（500強之外的規模以上民企）相對大型民企稅負更重，2003年至2009年，小型民營企業的銷售稅負分別為4.7%、4.4%、4.3%、4.4%、4.6%、4.4%、4.6%。小型民企的稅負始終比500強民企要高，且近些年來的差距呈擴大趨勢。2003年以前，其稅負高出500強民營企業0.6個百分點，近年來達到0.9個百分點。上述遠非全景的介紹表明了現行稅制缺乏公正的嚴重性，也在客觀上提出了中國下一階段稅制改革的著力點。也就是說，今天的稅制改革將不得不以社會公正為基本取向，不如此，中國經濟的持續發展和社會穩定都將成為難以解決的問題。

在稅制結構上，中國流轉稅比重近年來有所下降，但仍在60%以上。所得稅近年來有所提高，接近30%，其他稅種大多在10%上下。也就是說，中國對流轉稅的倚賴仍沒有改變，而流轉稅具有天生的累退性和可轉嫁性，對企業投資不利，也因為促動市場價格升高而對激勵消費不利。所以，一方面要繼續推進「營改增」改革，逐步實現增值稅對第三產業的全覆蓋，利用增值稅的中性和低稅率的特點，在更大程度上消除重複徵稅，改變第三產業綜合稅費負擔率大於第二產業的狀況。另一方面，要切實減輕企業的流轉稅負擔，從根本上改造我們的稅制，逐步加大財產稅和資源稅的比重，最終建立一個新型的以輕型稅收為特色的稅收組合。

中國權力的邊界：稅、革命與改革
第一篇　從效率走向公正：大轉型中的稅制改革

　　財產稅在發展中國家一般占比較低，中國也大體如此，在以往的稅制改革中處於次要地位。其背後的原因應該是地方分權問題不被重視，另外，財產稅要求有較高的管理能力，財產價值評估在技術上是個難題，訊息基礎也很薄弱，這些都是構建財產稅制的障礙。所以財產稅（以房地產稅為主）的改革首先面臨的一個課題是如何處理中央和地方的權責關係。應在法律的框架內，使地方政府享有設定稅率等裁量權，因為各地公共服務和房產價格各有不同，很難一致；應妥善處理土地出讓金等爭議很大的問題；應以不增加納稅人總體負擔為目標，在推出存量房產稅的同時在流轉方面切實減稅。如此，這個稅才能為更多的納稅人認可，其順利推進才是可能的。

　　要在今後的改革中致力於消除稅制對企業稅負的逆向調節作用。目前中國增值稅的稅率設置是按貨物品種設置稅率的，17% 和 13% 兩檔稅率的設置與企業的規模和利潤水平沒有多大關係；營業稅稅率是按行業設置的，考慮了企業盈利水平但又忽略了企業規模的因素；而企業所得稅對小微企業適用 20% 的稅率，但又限定條件較多，除了利潤水平之外，還要求企業從業人數和資產總額要符合規定的條件，等等。因此，合理規定稅率的設置辦法，減少低稅率的限定條件，應是下一步改革中應當關注的問題。

　　一定要堅持稅收法定原則。在稅收問題上，立法機構和行政機構應當各自歸位，開徵任何新稅都必須經國家的正式立法程序；各舊稅種中較為完善者應履行和完成立法程序，使其上升為法律；任何法外課徵均應禁止，政府的財政行為應當公開透明，納稅人的基本權利和具體權利都應該明文寫在我們國家的憲法和法律中，並且把它們變為現實。我們一定要明確，稅收是政府履行公共服務職能的前提條件，並在邏輯關係上反映著國家公共權力與公民個人權利之間此消彼長的關係。如果沒有一個長效機制對國家徵稅權加以控制，稅收就會異化為侵害人民財產和自由權利的工具；如果憲法不對人民權力提供保障，就難以形成對公權力的制約和監督。

　　1994 年以前的稅制缺乏總體規劃，也沒有什麼明確的指導原則可以堅持，現在有點印象的只是「發展經濟，保障供給」，稅制結構比較粗糙鬆散，也基本看不到對社會公正價值的訴求。1994 年稅制改革之後，這種局面得到

了改觀，在接受市場經濟理念和推進市場化進程的背景下，提出了中國稅制改革的指導思想，即「統一稅法、公平稅負簡化稅制、合理分權……」，公平稅負已赫然列在前排，並在稅制改革中發揮了重要作用。現在20年過去了，賦稅思想也應該有所更新了。最近中央明確提出「把促進社會公平正義作為核心價值追求」，十八屆三中全會更把財政定義為國家治理的基礎和重要支柱。我們應突破稅收政策僅為政府籌集財政資金的狹小侷限，以寬廣博大的社會公正價值為思想之基，確立中國新的轉型階段稅制改革的核心思想，推動中國稅制向著公正、高效、合於傳統的和普世的倫理的方向發展完善。

長達150年的緩慢轉身[2]──讀韋森新著《大轉型》

仍在路上的大轉型

中國改革開放30多年了，我們一直習慣於將中國的制度變遷視為「經濟體制改革」，其實它遠非經濟問題所能概括，而是政治、文化和社會的整體性、全方位的轉型，或曰現代國家建構。這個過程從晚清洋務運動算起，已經延續了150年之久，至今沒有完成。如韋森教授在《大轉型》序言中指出的，「如果我們把晚清以來中國人民為尋求富強和建立一個現代國家視做具有一定連續性的社會進程，那麼，可以認為，自1978年以來的中國市場化改革，只是重新開啟並加速了這個進程」。眼下中國轉型陷入種種困頓糾結的情形表明，我們至今還沒有找到化解這些衝突的最佳途徑。用哈貝馬斯的話來說，它依然是一個跨世紀的「未完成方案」，是一個需要對現代核心價值觀、未來發展模式和路徑重新審定的歷史性命題。古老的中國仍在路上跋涉，沒有安頓下來。

近些年來，中國社會出現的一個顯著變化，是政府的行為模式發生了明顯的集權化傾向。伴隨權力擴張的，是基於部分政府官員對自身能力的過度自信而層出不窮的「政績工程」。這些耗費巨量納稅人資財的工程項目與這些官員的個人私利密切相連。如果其行為不能被置於有效的約束和監督之下，這種權力運作體系給我們社會帶來的危害將是驚人的，這是「大轉型」之所以艱難迂迴的主要原因。從這個意義上說，改革的障礙和阻力相當一部分來

中國權力的邊界：稅、革命與改革

第一篇　從效率走向公正：大轉型中的稅制改革

自於政府自身。韋森作為制度經濟學家，敏銳地看到了中國轉型的癥結所在，指出目前中國改革已進入「深水區」，「尤其是政治體制改革，似已經到了刻不容緩的時刻。未來中國向何處走，是一個任何人都無法繞過和迴避的重大理論和現實問題」。

在本書的首篇時政論文中，韋森對近年來熱議的「中國模式」進行了分析。在他看來，改革開放 30 年之所以取得巨大成就，是因為選擇了市場經濟之路，「這一點應該是全社會的共識」。但中國的市場化之路行走得並不順暢，所以他隨即指出目前中國市場經濟運作中的「最大問題」，即政府在放開和引入市場的同時，它本身不但沒有依市場的要求退出，而是愈加強勢地參與其中，成為當今中國社會中最強大的、最主要的、無處不在的市場主體，對經濟高增長的偏好成為這個體系的內在邏輯。政府不僅指揮市場、駕馭市場、調控市場，還直接參與市場的競爭和運作。在 2008 年以後的世界經濟衰退和中國刺激經濟的計劃實施過程中，政府成了全社會最大的投資主體和融資平臺。然而，權力固然可促成一時繁榮，卻需要比市場自發力量付出更多的代價。我同意韋森的判斷，目前這個正在熱運行的體制，並非真正的市場經濟，而是某種混雜了計劃經濟殘留物的體制，它或許能在短時間內保持較高的經濟增長速度，卻在推動現代國家轉型方面難有建樹。所謂現代國家建構或轉型，其「準星」還沒有校正，走偏也就在所難免。

古典經濟學的常識告訴我們，這種「政府推動型」的增長是難以持續的。資源再多終歸有限，新創價值多歸於政府，結果只會是政府動員和汲取資源的能力越大，資源消耗得越快，民間得到的就越少，經濟陷入停滯和衰退的可能性就越大。事實也證明了這一點。財政刺激政策本應產生的「財政乘數效應」並未顯現出來，帶動私人部門投資消費也不十分明顯，本來應該維持至少一個中等時段的增長效應，結果只過了兩年左右就掉頭向下，2012 年就不得不繼續實行明知不可為而為之的刺激政策。這樣看來，經濟學中所謂政府失靈，絕不只是簡單的「政策失靈」，而是政府保障經濟社會正常運行的功能出現系統性失靈。

政府愈加膨脹的權力和職能範圍，來源於其對社會財富的不斷汲取。十幾年前，曾有中國學者憂慮中國政府會因財富汲取能力較差而陷入困境，但無論 1949 年以後的國家理財史演變，還是改革開放 30 餘年的新實踐，政府「汲取能力差」的例證並不多，即使是 1993 年前後「兩個比重」過低（即財政收入占 GDP 的比重過低和中央財政收入占整個國家財政收入的比重過低）的幾年，也只是受 80 年代鄧小平「放權讓利」改革的影響，以及分稅制前較為傾斜於地方的財政體制所決定的，並不標誌著政府整體性的汲取能力多麼低下。分稅制體制改革後，中央政府的財政集中度迅速上升，地方政府在分稅制改革後因大塊財政收入上移而支出責任不斷「下移」（「事權下移」的說法並不十分準確）的新格局下，儘管出現較大「赤字」，仍然可以很快找到土地財政等途徑，持續性地籌集到更多的財政收入，我們從這個驚心動魄的過程中可以找到上述判斷的證據。

近十幾年來，政府財政收入以超過國內生產總值兩倍的速度一路增長，有些年甚至超過了國內生產總值增速的 3 倍。瘋漲的財政收入推動著財政支出以更快的速度增長，政府規模快速擴張。1995 年到 2007 年，去掉通脹成分後，政府財政收入增加了 5.7 倍，城鎮居民人均可支配收入只增加 1.6 倍，農民的人均純收入才增加了 1.2 倍。韋森指出，政府財政收入如此超高速地增長的後果是，憑藉強大的財政力量，政府（尤其是中央政府）控制的資源越來越多，政府投資在全社會固定資產投資中的比重越來越大，其對經濟的控制也就越來越強。這樣的體制，「既不同於過去的計劃經濟體制，也非同於一般的市場經濟，甚至在中國歷史上也很難找到類似的情況」。

韋森的話語重心長，與其說是「感覺」，不如說是憂慮。「一個在市場經濟條件下權力不受任何實際約束的政府，可能比計劃經濟條件下的政府在長期來看更容易出問題。」

從稅收和預算限制政府權力

韋森認為，需要建立有中國特色的法治社會，「使全社會各階層的人都有一個安全感，使企業家都有一個光明和穩定的預期，已經是當代中國經濟社會發展到現階段歷史之要求所刻不容緩的了」。他指出，「政府守法，受

中國權力的邊界：稅、革命與改革

第一篇　從效率走向公正：大轉型中的稅制改革

預先制定的規則約束……認清這一點，是非常重要的」。以我的知識理解，就是說，當行政體系中有一種權力存在的時候，必須同時有另一種權力能夠制約住它。任何權力都應該受到制約和監督，包括對監督者進行監督的權力。社會中不能存有絕對的、可以不受制約的權力，而不論這個權力來自於何方和歸何人掌握。各級政府內的所有行政和技術官員，其手中掌控的權力都須受到憲法和法律的約束。

在所有的政府權力中，最難處理的是治稅權的歸屬問題，如 12 世紀初英國約翰王與貴族代表簽訂《大憲章》，「國王的錢袋子」易手於他人，才是影響制度變革的關鍵因素。政府徵稅權力的蔓延，必然與私人領域的財產權利直接觸碰，徵稅與納稅雙方缺乏協商和討價還價，就很難制定出尊重私人產權的稅率來。在缺乏外部政治控制的公共預算體制下，政府的各項財政支出會被更多地用於培植公共權力本身（如增大官僚體制的消耗性支出）而非保護私人產權。所以，一個市場國家在設置它的規則時，首先要在稅收和預算問題上著力，用立法的方式，給政府徵稅和安排預算的權力預設法律邊界。布坎南指出，只要不是全體一致同意，群體不得以任何贊同比例剝奪任何公民的私人財產。政府之手必須保持利益中性，並訴諸「知情權」來接受公民的審查。

市場自上古時代即已存在，所謂「神農日中為市」是也，但市場的發展並不必然造就現代國家。現代國家轉型也許並不只是蒸汽機等技術工具的變遷，也不只是市場經濟和自由競爭的產物，還應考察公共經濟制度變遷的因素，而這恰是以往研究未予充分注意的問題。比如，諾斯等新制度經濟學家在研究西方世界的興起中較多強調產權制度的作用而缺少對公共財政因素的分析。韋森也是制度經濟學家，他看歷史和現實理論問題的角度就與眾不同，更重視制度變遷和國家建構中公共財政的作用。他主張限制政府對社會財富的汲取。在現代社會，預算是連結政府與人民的紐帶，是政府管理社會的工具，同時也是社會管理政府的工具。如市場主體之間的討價還價可帶來效率提高和經濟增長一樣，納稅人也可透過財政公開、問責和糾錯等機制與政府討價還價，以獲得公共經濟成本的下降和公共品效用的提高，所以韋森非常重視現代預算制度的構建。

長達 150 年的緩慢轉身 [2]──讀韋森新著《大轉型》

社會能做的，政府就不要做

　　成熟的市場經濟，能夠使社會成員透過尋求帕累托改進改變自己的福利狀態，逐漸擺脫貧困和弱勢的處境。其中的關鍵問題是如何處理好市場與政府的關係，這是總體經濟學中最著力的領域。由於經濟中存在著不確定性，人們對市場的預期也並不完全理性，一些未預期到的衝擊有可能干擾市場經濟的正常運行。由於訊息和知識的不完備，勞動市場和商品市場普遍存在著價格、工資和訊息的「黏性」，並由此導致市場的失靈。於是，市場便不能完全保證充分就業、價格穩定、持續的經濟增長以及社會公正的實現。如美國經濟學家費爾普斯所指出的，在這樣的情況下，政府制定並實施適當的總體經濟政策，用以影響產出、價格和就業等實際變量，便是有意義的。但是，政府干預必須有充分的根據和適當的限度，其中的關鍵因素是在政府干預之下，個人選擇的自由和空間不能因之而縮小。我理解，韋森所推崇的「現代人類社會良序運行的基本法則」，就是建基於個體自由的，包括企業創業、創新的自由。這是一種理念：在一個健康的社會裡，凡是個體能做的事情，社會就不要做；凡是社會能做的事情，地方政府就不要做；凡是地方政府能做的事情，中央政府就不要做。只有在這樣的制度和文化的環境中，人的心智才能健康地舒展，知識和智慧才能得到積累，創造性才得以開發，社會才能實現向文明方向的進步。目前中國經濟中仍保留著較多的壟斷因素和領域，政府干預不僅沒有減弱，反而有增強的跡象，其結果，必然是抑制創新創業，阻礙經濟增長。只有堅持市場化改革，促進經濟包容，逐步減少政府對經濟的干預，鼓勵企業和個人創新，才能激發經濟活力，保障經濟的可持續發展。無論何時何地以何種理由，政治權力都不能隨意干預經濟自由。經濟自由可保證人們之間相互合作，而不必依靠外部強制和命令；自由市場還有把權力分散化的功能。

　　韋森畢竟是一位經濟學家，除了制度演進路徑和路徑依賴之類的制度經濟學研究，在金融貨幣理論和政策方面亦有精深的造詣和獨到見解。他指出，最近幾年中國經濟運行發生了一些新的變化，這些問題至今沒有引起人們足夠的注意。他曾對我說，他要闡釋的核心觀點是，貨幣不完全是由央行發出

來的，而主要是由貸款創造存款所「內生出來」的。初聽不知所雲，我的經濟學功底跟他相比何止雲泥之別？不過，通讀他的《大轉型》第三篇「貨幣理論與中國總體經濟問題」，算是補了一回課。韋森寫道，在貨幣電子化和「數字化」（不僅僅是「數量化」）的時代，金融與貨幣體系不但技術上和形式上發生了根本變化，運作機制也發生很大變化，表現在通貨膨脹與消費者價格指數上漲已然「分道揚鑣」。2008年下半年到2009年，中國經濟體內增加了20多萬億廣義貨幣，卻並沒有引起消費者價格指數上漲。這個現象用傳統方法很難解釋，也沒有引起多數經濟學家的注意。韋森說，分歧是存在的，包括與他的好友周其仁教授。經濟學家忽略的另一個現像是，現代網絡技術使每個人都能在自己作為總體經濟中廣義貨幣主要構成部分的存款和自己在金融市場上的資產投資組合之間進行自我操作，這使得作為「流動性」的貨幣存量與金融資產投資之間變得非常便捷，它改變著金融體系的運作，也改變著人類的生活和行為方式。

韋森認為，若想解釋這兩種新的經濟現象，只能在現代經濟學的內生貨幣（endogenous money）理論中尋找工具。按照這一凱恩斯主義流派的觀點，貨幣主要不是央行外生供給的，而是「產生於為投資而融資和資本資產頭寸融資的過程之中」。在現代的信用貨幣體系中，不是央行增發了貨幣而導致物價上漲，而是資本資產頭寸的增加，以及名義工資和其他收入的增加，導致廣義貨幣在經濟體內部「內生地」創生出來。韋森使用這個方法分析中國情形，指出，2010年貨幣政策搖擺不定，銀行信貸再度失控，全年銀行貸款規模在2009年的基礎上增加了7.95萬億，加上外匯儲備、外匯占款快速增加，導致全年狹義貨幣和廣義貨幣分別增加了21.19%和19.72%，總額達到72.58萬億。於是，近73萬億的廣義貨幣就這樣人們被「創生」出來了，如《一千零一夜》中的漁夫，把魔鬼從一個瓶子裡釋放出來。這個「數字魔鬼」入世的結果可能是：若緊縮銀根，物價上漲的勢頭就很難抑制；若貸款，各銀行又特缺錢，因為大部分儲蓄已經被貸了出去。故而央行一提高法定準備金，各銀行就紛紛告急，一些在建項目就會隨之缺血斷氧。這就決定了決策層只能在貨幣政策上走鋼絲，弄不好，有可能出現通貨膨脹上去了，經濟增速卻滑下來這種最壞的結果，即總體經濟學所說的「滯脹」（stagflation）。

韋森提醒人們，不要忘記羅斯巴德（M.N.Rothbard）的話：美國大蕭條只不過是對之前在政府干預下不負責任的「扭曲和不當投資」的一種清算。他說，羅斯巴德 30 年前的警示很值得今天的我們細細品味。

百年轉型，任重道遠

社會轉型不是一件容易事，它要求社會各界對轉型的價值取向達成基本共識，利益各方學會協商妥協，認可每一方都難以取得完全勝利，每一方也都不可以完全失敗，在必要的時候，某一方還不得不放棄自己利益的一部分，才能達成整個社會的利益平衡。它也要求謹慎處理好經濟效率和社會公平之間關係，不可偏廢一極，保障所有社會成員都能從經濟增長中受惠，共享經濟發展成果，所以我們應當比過去更加關注經濟增長過程中的社會倫理、道德價值和社會公正問題。社會轉型也是對一個民族的智慧、見識、胸懷的考驗。那些轉型成功的國家和民族，必是經受過這樣的考驗和承擔起這樣的責任的，它們因而有了光明的現在和未來。

百年轉型，也使我們明白了以下道理：人類社會中，善與惡、文明進步與野蠻倒退、不同的社會制度和不同的價值觀總是並存的，有時候，善和文明進步並不強大於惡和野蠻。但我們中越來越多的人愈加明白的道理是，人類總體上是向著善、自由、平等和民主的方向演進的，而不是相反。構成一個現代良序社會的基本原理、運行法則和基本理念，應該是大致相同的。

人類社會發展的未來，定是在這個方向上。韋森引《周書·泰誓》曰：「天有顯道，厥類惟彰。」《詩經·大雅》中則有「周雖舊邦，其命維新」之語，是說天道如此，我們只能朝著這個方向進發，披荊斬棘，而不是背道而行。

中國權力的邊界：稅、革命與改革

第一篇　從效率走向公正：大轉型中的稅制改革

中國的財政改革何時上路[3]——與記者馬國川談中國財稅

「鄧小平之問」

馬國川：財政部發佈數據顯示，2011 年前 11 個月中國財政收入累計 9.7 萬億元，比去年同期增長 26.8%。其中稅收收入同比增長 24.7%，高出 GDP 增長率的兩倍還要多，更遠超過國民的收入增長速度。公眾感到稅負較重，可是政府部門以及部分學者則認為中國的稅負並不重，在世界上處於中等水平。作為財政學者，您認為中國的稅負水平是輕還是重呢？

李煒光：近十幾年來，中國的稅收總量連續超常增長，稅率基本上達到了發達國家的中上游水平，實行的是一種重稅的政策。

重稅政策的好處是政府手頭寬裕了許多，但畢竟是一種抽血式的增長模式。它減少了企業的利潤和利潤預期，限制了企業的投資活力，抑制了相關產業的發展，普通消費者也因此而承擔著巨大的成本，甚至會影響就業。長此下去，就有可能傷害國民經濟的健康運行，其所蘊含的危險性已經讓人感到越來越明顯了。所以，重稅政策不是一個可以長期實行的政策。

馬國川：從世界範圍來看，新世紀以來世界各國紛紛減稅。為了應對金融危機，發達國家更是相繼推出減稅政策，以刺激經濟增長。為什麼中國不但沒有減稅，而且稅收增長勢頭至今未減？

李煒光：具體原因可以說出一大堆，但是根本原因很簡單，就是稅收的權力全部掌控在政府手裡，而政府容易產生增稅衝動。

令人憂慮的是，伴隨著稅收的高增長，財政支出的規模也跟著越來越大。如果不對稅收增速和規模做一定的限制，將會引發政府支出的進一步膨脹，一個職能和規模越來越大的「無限政府」將出現在我們面前，由此，納稅人的負擔只會越來越重。顯然，中國的稅負絕不是什麼重不重的問題，而是相當重；不是需不需要減稅的問題，而是必須減；不是「毛毛雨」式減稅就可以的問題，而是應當大減——調減主體稅種的稅負。

馬國川：與中國相反，西方國家是「減稅容易增稅難」。例如布希政府實行了減稅政策，歐巴馬政府又繼續「延長布希時代稅收減免計劃」。

李煒光：為什麼西方國家「減稅容易增稅難」？因為在這些國家，稅收權力歸立法機構。

我曾經偶然發現了一條資料。20世紀80年代初，鄧小平會見美國國會議長，向他提出來一個問題：「總統也得找你們要他的錢？」「你們」指的是美國國會，「要他的錢」，就是總統的錢。這個問題提得很微妙，我把它稱作「鄧小平之問」。

「鄧小平之問」觸及到了財政理論的一些核心問題。第一是國家的「錢袋權」，即治稅權應一分為二，決定徵稅的權力歸屬於立法機構，執行徵稅的權力經授權後由政府執掌。鄧小平年輕時曾去法國留學，所以在中共高級領導人中，他對西方的制度文化是比較瞭解的，為什麼他還要提出這個問題呢？他會不會是「明知故問」？我感覺他這個問題肯定不是問給美國人的，是提出來讓當時的中國人去思考的。第二，任何行政機構只能在法律限定的期限內為著限定的目的徵集和使用限定數額的財政資源。第三，治稅權行使的全過程均受立法機構和整個社會的嚴格控制與監督，這種控制和監督也包括立法機構本身，應該是全體人民決定著、監控著國家財政預算和稅收所有的事項，如美國憲法第一條第九款所說的「一切公款收支的報告和帳目，應經常公佈」。

馬國川：您把稅收問題與憲法聯繫起來，發人深省。

李煒光：在一定意義上說，稅收問題就是憲法問題。諾貝爾經濟學獎獲得者布坎南有一部著作的名字叫做《憲政經濟學》。他研究的目的，就是透過對徵稅權的理論分析，解決如何限制政府的權力和防範政府權力被濫用的問題。他提出的許多觀點都是值得國人思考的。例如，布坎南說，決策者也是由尋常人組成的，他也就會犯尋常人所犯的錯誤，即使有民主制度的約束，仍有變成「利維坦怪獸」的可能。西方存在這個可能，中國能夠「免俗」嗎？

再如，憲法規則中應包含專門針對徵稅權的內容，要把它寫進憲法和國家稅收基本法。布坎南指出，如果其他各種約束都有，唯獨對國家的徵稅權控制不住，那麼其他的約束就很難產生實質的作用。

馬國川：這些觀點振聾發聵，遺憾的是，許多中國人對這些觀點並不熟悉，即使瞭解也無法接受。

李煒光：其實，100年前梁啟超就曾指出：「國會之職權，一曰議決法律，二曰監督財政。法律非經國會贊成不能頒布，預算非經國會畫諾不能實行。國會有立法權，監督政府之權……是故無國會不得為立憲，有國會而非由民選，不得為立憲；雖有民選國會，而此兩種權力不圓滿具足，仍不得為立憲。」他把對國會的職權規定得非常簡單，同時又非常到位。國家的財政預算和稅收法律，都是由議會來決定、來監督的。

梁啟超還指出：「無論何種政務，行之必需政費。而立憲國之所以有預算者，則除預算表歲入項下遵依法律所收諸稅則外，行政官不得濫有所徵索；贍預算表歲出項下所列諸款目外，行政官不得濫有所支銷，此立憲國之通義也。」

馬國川：在100年前就有這樣的見識非常了不起。

李煒光：當年已經有了實踐。1908年頒布的《清理財政章程》，1909年全面清理各省財政收支，1911年度支部擬定《預算冊式及例言》等等，這些都是財政立憲非常重要的步驟，也取得了一定的效果。清末的國會對清政府的預算也具有一定的決定作用，1910年國會審議1911年的預算，把清政府提交的預算砍了五分之一下去。

1911年制訂的《十九信條》也有財政立憲的內容，如第14條規定：「預算案內，不得有既定之歲出；預算案外，不得為非常財政之處分。」第15條規定：「本年度預算，未經國會議決者，不得照前年度預算開支。」說得很清楚，預算外的收支行為是不允許的，皇室的經費開支也由國會議決，中國的皇帝開始把部分權力讓渡給議會了，你來決定我花多少錢，幾千年來頭一回，我本人覺得很了不起。當然有些東西是空話，最後沒有實現，但是空

話能說也是一個進步，這個東西能寫進國家的法律，對於中國來說是很了不起的事情。

舊時代的賦稅法理觀念仍然存在

馬國川：為什麼中國老百姓不容易達到梁啟超等先賢的認識水平？

李煒光：一個重要的原因是中國的皇權專制制度綿延幾千年，即使辛亥革命打倒了皇帝，袁世凱之後皇帝的名義誰都不敢用了，可舊時代的賦稅法理觀念仍然存在。

在專制制度下，皇權至高無上，不受任何限制。總是有一個最高的權力，擁有一切，主宰一切，恰恰這個權力又不是憲法，它只是世俗的權力。這就和西方的文化有著很大的區別。在西方，國王只是一個世俗的權力，在他之上還有上帝，你錯了我可以不服從你，因為上帝沒有這麼說，宙斯沒這麼說，我可以反對你。中國人沒有這個概念，只要是皇帝說的，那就是對的，平頭百姓就得服從，這種觀念根深蒂固。所以西方人怕上帝，中國人怕皇上。中國人頭腦當中居最高位置的不是什麼神，而是皇上。

馬國川：在專制制度下，「普天之下莫非王臣，率土之濱莫非王土」，國民不存在法律意義上的財產權和人身自由權，如嚴復所說「無尺寸之治柄，無絲毫應該有必不可奪之權利」。在中國，爭民權之難，可比難於上青天。

李煒光：在古代中國，財產法律只存在於「子民」之間，而絕不可能存在於「子民」與統治者之間。中國也曾經有過財產的法律，比如說「均田制」，但是只存在於「子民」之間，絕不可能存在於「子民」和統治者之間，你和官府分配財產權，哪一塊地是你的，哪一塊地是我的，完全沒有這個概念。

因為沒有民權，只有皇權，所以統治者有權任意對國民徵稅，卻不必承擔向國民提供公共服務的責任和義務。統治者徵稅具有強烈的隨意性，無需提供什麼法理依據，也無人敢去質疑他徵稅的合法性，此為朝野共識，即使那些鼓吹「民本」的學者也不懷疑它的正確性。正因為沒有一種行之有效的法律來約束或者規定統治者只能做什麼、必須做什麼，為社會提供什麼——完全沒有，最多在道德上有一些民本思想，還沒有用法律確定下來——作為

統治者，他可以做，也可以不做，所以中國古代的貪官層出不窮，這就是沒有從制度上解決問題造成的。

馬國川：自古以來，儒家對此也是傷透腦筋，它開出「正心誠意」之類的道德修養藥方，根本起不了作用，法家的嚴刑峻法也無從根治腐敗。

李煒光：中國古代徵稅權無制約的後果，首先就是無法解決「監督徵稅者」的問題，導致腐敗的不可抑制。其次，賦稅負擔不斷加重，各種非法加派強制合法化，導致週期性政治危機，這就是所謂「黃宗羲定律」。各種新稅不斷出現，老稅又沒有減少，稅收規模逐漸加大。再次，官民矛盾成為社會的主要矛盾，民反官，事情鬧大了，乾脆直接把皇上的座位搶過來自己坐。官民矛盾緩和了，社會就和諧穩定了。皇權肆虐導致人民絕望，山河失色，國家民族無前途可言，這是已經被歷史反覆證明了的道理。

財政資源的所有權問題

李煒光：本質上，財稅是一種國家基本政治權力的來源和配屬問題，這是財稅問題的「根本」，中國財稅改革的所有盲點和難點，不在別處，就在這裡。弄懂了其中的奧妙，長期困擾我們的許多謎團都會迎刃而解。

馬國川：對中國來說，財政資源的所有權非常明確，是國家──其實就是政府本身。

李煒光：這種財政理論是「國家分配論」，而現代的財政學認為，只有人民才擁有對財政資源的所有權和統治權。

馬國川：現在人們希望不希望限制政府徵稅的權力？難說，現實其實很不樂觀，在很多人看來，仍希望政府的權力更大一些，管得「更寬」一些。

李煒光：這種思維既有公眾的認識問題，也有執政者的改革意願問題。問題在於，不從根本上改革帶病的體制，我們就很難實現國家和民族整體上的文明進步，只有經濟增長是不夠的。

中國立法機構和行政機構應當各自歸位，開徵任何新稅都必須經國家的正式立法程序，各舊稅較為完善者應完成立法程序，上升為法律，任何法外

課徵均應禁止，政府的財政行為應當公開透明，納稅人的基本權利和具體權利都應該明文寫在我們國家的憲法和法律中，並且把它們變為現實。

學者、經濟學家們應當以促全體公民納稅人權利意識的覺醒為己任，做一個啟蒙者，應當把自己的目光移向現行的預算和稅收法律規定之外，以「規則的規則」，即憲法為切入點，重新思考中國財政稅收的制度病和中國人大腦中的傳統因子，探索制定當代中國財政憲法制度的「元規則」，認真地回答好 30 多年之後我們仍然難以回答及格的「鄧小平之問」。

做合格的國庫守護者 [4]

預算法修改，「批閱十載」，四次審議，破中國修法史記錄，融社會各界的智慧和努力，創造了人大、政府、學界及社會合作共治一部法律的經典案例，是中國社會轉型和制度進步發展到關鍵之點的必然經歷和產物，值得慶賀和作未來之紀念。其中，有關國家金庫（以下簡稱國庫）管理條款的規定是這部新法最顯著的亮點，說明中國國庫體制的核心價值，除了傳統的職責分工、強化控制之外，還融進了現代國家治理的權力制衡理念。

英美用預算把統治者關在籠子裡

國庫（national treasury），依教科書上的講解，是管理預算收入的收納、劃分、留解和庫款支撥，以及報告財政預算執行情況的專門機構，一般由一國的中央銀行經管。但國庫卻遠不只是一個財務出納式的辦事機構。財政部門與國庫，是一種相互監督、相互制約的制衡關係，是政府資產負債受到嚴格和嚴密的管理的體現，是政府履行綜合管理職能的一個不可或缺的環節，是現代國家治理的一個不可或缺的環節，同時也是人類文明演化的一個重要成果——用嚴密的「預算之網」把統治者關進制度的「籠子」裡。

歷史上，預算和國庫的思想萌芽於 1215 年英國《大憲章》確立的「未經本王國一致同意不得徵稅」的原則之中。這以後的 400 年英國歷史中，儘管騎士和市民代表在 14 世紀末就進入議會並組建了下院，儘管幾經較量徵稅的權力已經逐步向下院轉移，王室在徵稅問題上已經不能為所欲為，但由

中國權力的邊界：稅、革命與改革

第一篇　從效率走向公正：大轉型中的稅制改革

於下院對一個時期內政府徵稅和支出的總量缺乏瞭解，對王室和政府的控制監督依然是軟弱無力和不夠規範的。

為了糾正這個問題，兩度擔任首相的小威廉·皮特於 1786 年主持改革，整理國債，改革稅制。1787 年，英國議會通過《統一基金法》，實現了財政資金的「數目字」管理，即政府在英格蘭銀行設立公共帳戶，自該年起，政府的所有收入均入統一基金，所有支出均自統一基金支付。自此，下院對政府財政的監控具有了實質上的意義。這應該算是英國歷史上最早的國庫，如丘吉爾在《英語民族史》中指出的：「我們現在有『預算』一說，這完全是皮特的功勞。」丘吉爾的意思是，國庫的出現構成現代國家預算的基本要素之一，沒有國庫，現代國家建構就是空的，沒有落地。在詹姆斯·吉爾雷的一幅諷刺漫畫《償還國債的新方法》裡面，喬治三世和夏洛特皇后用國庫的錢償還王室債務，而小皮特還遞上一個錢袋，就生動地反映了國庫形成初期政府財政與王室之間在「錢」的問題上微妙的關係。

這以後，1854 年，議會通過《國家收入及國庫支出法》，規定政府所有的財政活動一律入國庫管理，下院從收支兩個方面的各個環節給予法定程序上的監督和控制。1861 年，議會通過「格萊斯頓議案」，正式建立公共帳戶委員會，並一直留存至今。1866 年，又通過《國庫與審計部法》，成立由議員、總審計長和職業審計員組成的專職專家委員會，要求所有的行政部門及時向議會提交審計後的財務報告，以說明由國庫撥付的各款項是否按照議會的要求而使用，這一舉措使得原先的議會專門委員會財政資金管理「不夠專業」的技術問題得以解決。這樣，英國的現代預算制度體系在 19 世紀基本形成，其主要特徵是建立了一個並行不悖的控製程序和制衡機制。[5]

在美國，國庫的建立也是預算制度形成的核心環節。美國創始人之一亞歷山大·漢密爾頓曾在《聯邦黨人文集》中指出：「眾議院不能單獨拒絕，但是能單獨提出維持政府所需的撥款，簡言之，他們掌握了國庫，而國庫是一個強大有力的工具。在不列顛的憲法史上，借助於這個工具，一個地位低下、處於襁褓之中的人民代議制逐步擴大了活動範圍和作用，削弱了政府部門的

特權。這種掌握國庫的權力被認為是完善和有效的武器，憲法透過這種武器，能把人民的代表武裝起來，糾正偏差，實行一切正當有益的措施。」

在美國歷史上，國庫局的建立要早於美國國家的建立。1775年7月，費城的大陸議會決定成立司庫辦公室，任命喬治·克萊墨和米切爾·海勒格斯兩人為國庫員，其主要職責是為正在進行中的獨立戰爭籌措經費和保管資金，這被認為是美國國庫局的雛形和財政部的前身。1777年9月6日，美國國庫局建立。建國初期，國庫局的主要職責是打擊偽幣、維護市場秩序。1789年9月2日，美國財政部建立，國庫局成為美國財政部的組成部分，首任財政部長就是漢密爾頓。今天我們看到的美元，除了印有「IN GOD WE TRUST」（意為：「以上帝的名義，我們信任這張紙幣」），還在每一張美元的正面印著兩個人的簽名：一個是美國財政部長（U.S.Secretray of the Treasury），另一個就是美國國庫局局長——司庫官（U.S.Treasurer），可見司庫的地位有多重要。1861年，國會通過法律，正式授權聯邦政府印製和發行紙幣，這以後，美國財政部司庫官的職責被定位於紙幣印刷和硬幣鑄造與發行、政府黃金儲備和聯邦政府國債的管理，以及收繳和發放聯邦政府的各種專款等。[6]

美國國會被認為是國庫的守護者，因為依據美國憲法，國會擁有掌管「錢袋子」的權力，其中參眾兩院，特別是眾議院的撥款委員會承擔著削減預算申請的責任，被認為是最直接的國庫守護人。這個過程起自白宮向國會提交總統年度預算，國會審議通過後分別被送至兩院的授權委員會和撥款委員會，經嚴格審議後形成撥款法案，最後，該撥款法案經總統簽署方可生效。美國學者芬諾（Fenno）曾調查了1947—1959年間37個行政部門的數據，證明有77.2%的申請被削減。不過，撥款委員會並不是唯一的支出決策機構，它僅控制著約45%的支出額度，另一半多的支出仍是透過「國庫預算」予以安排的，如開放性的公民權利性支出、貸款擔保及稅式支出等，仍然可以從國庫直接獲得撥款，只是撥款委員會控制的這部分不到50%的預算是所有財政資金中最靈活的部分而已。[7]

中國權力的邊界：稅、革命與改革
第一篇　從效率走向公正：大轉型中的稅制改革

英美預算和國庫的發展史可以認為是世界文明演化的代表，反映著這一事物的基本原則和精神，即控制和制衡的思維。我們在引進西方現代預算制度的控制機制的同時，由於「國情」所限而排斥掉了制衡的取向，這是目前中國預算管理難以實施到位和漏洞百出的主要原因，也是目前中國構建現代國家治理機制的主要障礙。其中的道理，就是孟德斯鳩在《法的精神》中早就揭示過的，僅有權力的分立是不夠的，還須有權力的制衡，制衡才能確保自由的存在。

與財政的其他事物較為單一的特性不同，預算屬於綜合多元的事物，其核心是制度和責任的確認問題，又因連接著政治、經濟、社會三大社會子系統而與整個國家治理有著十分緊密的聯繫和綜合性極強的特徵。如威爾達夫斯基（Aaron Wildavsky）所說：「如果你不能預算，你如何治理？」[8] 另一位預算學專家希克（Allen Schick）也說：「毫不誇張地說，一個國家的治理能力在很大程度上取決於它的預算能力。」[9]

預算不是單純的經濟問題

世界各國普遍從上個世紀50年代和60年代初期開始關注預算的計劃、規劃、體制和其他一些技術問題，因為它們可以提高公共支出的效率，而在此之前，預算一直被認為是政治的演變與發展問題。古今中外，沒有「純」經濟或「純」技術的預算，所有的預算改革都具有政治含義。當然，這種政治與其他政治也有不同之處，即它更注重政治結構與技術處理的結合。但無論如何，預算都不是我們通常所認為的經濟問題。當代國家的預算治理，政治與技術相對應，兩者的關係：前者是主導的、決定性的，後者是為前者所用、為其服務的，是體現財政權力控制與制衡以及技術管理完美結合的產物。

在美國學者弗裡德里克·克里夫蘭看來，民主制度不能僅僅發展到選舉民主就停步不前，還必須實現預算民主，否則，預算控制的缺失會讓選舉產生的官員同樣濫用權力。[10] 借用克里夫蘭的比喻，如果把政府看成國家這條船的船長，讓船長對船上的人負責的最好辦法就是控制開船所需的燃料，所以嚴格控制國庫資金的進出便十分重要。同時，透過建立可以「告知過去的運作、目前的條件和將來的提議」的、包括政府資產負債表和主要由國庫編制

的現金流量表在內的一系列財務報告制度，公眾及其代表們就可以讓政府成為一個看得見的政府、一個有可能被監督的政府。阿倫·威爾達夫斯基則是個限制政府開支論者，他在《支出的力量和限制支出的改革》（Forces for Spending and Rreforms to Limit）中，所強調的不是如何強化執行法令的行政裁量權，而是如何限制立法機關的立法裁量權問題，所以他的很多預算思想都表現在財政支出管理的著作中，尤其對國家金庫的職權範圍問題非常關注。當然，他也指出，限制政府預算權力的目的是提高財政資源的配置效率，並制止腐敗，而並不希望這種限制使得政府無法正常合理地履行其職能。

依亞洲開發銀行的歸納，現代國家中國庫的基本職能被確認如下：

——現金管理，目的是控制支出總額、實施預算計劃、促成政府借款成本最小化，以及政府投資回報的最大化等；

——政府的銀行帳戶管理，即負責監督所有中央政府機構的銀行帳戶，包括各種預算外資金；

——財務計劃和現金流量預測，其中財務計劃包括編制年度現金計劃、年度預算執行計劃、月度現金計劃和當月財務預測等；

——公共債務管理，即控制政府債務的發行與實施管理，例如在英國，國庫部門須在每個財政年度提交有關籌資需求、政府債務拍賣計劃以及已發行債務的到期情況的報告；

——國外贈款和國際援助對等基金管理，這是根據國際貨幣基金組織的建議而確定的功能，外援資金的集中登記應由國庫負責；

——金融資產管理，包括政府在企業中持有的股份、由政府提供的貸款、債權人沒有承兌的擔保支出等。[11]

這個版本的歸納大體反映了學界的共識和國庫管理實踐的一般經驗。其中，是否堅持央行國庫制和單一帳戶制，以及在此基礎上實施嚴格的國庫現金管理並提供完整準確的預算執行報告，是評價一國國庫管理機制的基本考量和國庫管理水平的關鍵指標。需指出的是，現金管理經常是發展中國家國庫制度的薄弱環節，中國也不例外，表現在對現金管理問題缺乏足夠的關注，

預算執行過程和現金流量管理主要集中在程序遵從方面，公共資金的安全維護和使用過程的監督制約等問題常常被忽視。

央行國庫制和單一國庫帳戶制是世界上大多數國家的選擇，被寫進各自的憲法或法律，不得違背。所謂國庫單一帳戶，是政府所有財政性資金均應存在國庫和國庫指定的代理銀行，歸口在國庫及其代理行設置存款帳戶，所有政府財政支出均透過這一帳戶撥付。制度設計的關鍵環節是一定要保持央行的獨立性，這是單一帳戶與多元帳戶管理的重要區別，這個觀點也為許多經濟學家所注意，如韋托坦奇和盧德格爾舒克內希特在《20世紀的公共支出》一書中指出的：「需要有一個強有力的財政政策監督機構，這也得到了人們的廣泛認同。鑒於許多獨立的中央銀行在控制貨幣擴張上取得成效，而許多國家部委在監督支出和總體財政狀況上遭到失敗，最近人們提出了監督財政政策的機構應該具有獨立性的問題，以擺脫政治家隨意干預的思路。」[12] 如果央行國庫缺乏獨立性，立法機構通過的預算書（法律或法律文件）就有可能在預算執行過程中被扭曲以致破壞。因此，國庫必須按照預算的要求分配資金，並把各部委和其他預算單位的支出限制在預算允許的額度之內，這個任務，只能由央行國庫來完成，財政部門自己是承擔不了的。

關於國庫「經理」還有許多問題需要進一步探討，中國雖有這方面的法律規定，卻對其內涵缺乏瞭解。例如公共籌資成本和國庫資金的增值問題，就可借鑒現代銀行現金交易的規則處理國庫與財政的關係，在這方面，新西蘭、瑞典、澳洲等國家提供了較為先進的經驗。在新西蘭，各行政部門的年度現金計劃需事先與國庫協商確定，之後如果這些部門如果超支了，就要支付給國庫一筆利息作為懲罰；如有結餘，則可以獲得一筆利息收益。同時國庫部門在每個工作日結束時要對各行政部門的銀行帳戶進行平倉，將其餘額投資於隔夜拆借市場。與過去行政部門將剩餘資金留存於其銀行帳戶相比，這個辦法每年可以節省大約 2000 萬美元。[13]

我們一直困惑於央行和財政部在國庫問題上應當建立一種什麼樣的關係，或許新西蘭等國的經驗可以提供某種啟示。為了鼓勵政府優化現金管理並限制非透明性的準財政支出，對於由中央銀行向政府提供的透支服務，應

當按照商業的管理進行。為了保證透明性，中央銀行的利潤或虧損應當以收入或支出的形式列入預算，同時還需注意到，採用這種方式要求中央銀行以商業方式對國庫儲蓄提供補償。這就屬於我們難於理解的國庫「經理」問題，而非國庫「代理」的概念所能涵蓋的了。

預算法修改中的「經理」、「代理」之爭

央行國庫是「經理」還是「代理」，是這次預算法修改中爭議的焦點之一。這並非只是一字之差那麼簡單，而是應當在理論和實踐兩方面廓清以下幾個問題：

——國庫究竟應該對誰負責，是對財政部門，還是對法律和人民代表大會？

——國庫管理應當實行某個部門的集權統制，還是保持相對獨立的地位，建立一種部門之間的分權制衡關係？

——是不是堅持國庫單一帳戶制度？是不是所有的財政收入或支出都須經由國庫辦理？

——一旦接受了國庫單一帳戶制度，財政專戶是不是就不應該繼續存在？

很長時間以來，中國預算管理一直存在「前預算時代」的特徵：來自於人民代表大會和公民參與的外部政治控制較為虛弱，政府內部的行政控制不夠有力，如果再缺了央行國庫監督這一條，國庫庫款的支配權便全歸財政部門了：自己在商業銀行開設帳戶，自己徵收稅費入庫，庫款支出也歸自己支配，將來的預算執行結果也是由自己監督，國家預算的整個外部控制監督機制就基本被取消了——撥款權歸於財政部門的制度設計和財政「以撥定支」、撥款後就不再監督國庫資金的使用等就是顯明的例證。[14] 由於實行央行國庫之外在商業銀行自行開立帳戶的分散式管理，財政資源的配置效率和管理效率都難以得到改進，也未能實現現金的高質量管理，巨大的腐敗和浪費現象便十分普遍，難以抑制。

中國權力的邊界：稅、革命與改革

第一篇　從效率走向公正：大轉型中的稅制改革

　　從法理上說，任何國家行政機關如果有能力排斥其他權力的監督自我行事，一權獨大的格局就將形成，該部門所擁有的權力就會超過其他部門，這會給中國未來的政治經濟走向帶來較大的負面影響。所以部門之間的制衡是必要的，應逐步提高央行作為政策性銀行的獨立性，保持央行經理國庫的條款而非削弱它。

　　納稅人的「錢」一旦進入公共領域，首要的問題就是要確保它的安全，不被錯配，不被浪費，不被盜竊。這就要求在預算法中確立公款的安全保障機制。央行經理國庫是中國半個多世紀以來國庫管理的經驗總結，同時也反映了國家治理的一個過去比較忽視但現在變得十分重要的環節，即行政權力之間要保持一定的制衡關係。現代國家治理，講究的不是「上對下」的統治，不是單純的「控制」和「被控制」的關係，而是更加崇尚協商、合作、妥協、共容的精神。央行國庫和財政部協調配合，兩家共管一事，總比一家大權獨攬要牢靠得多。

　　目前各級政府，包括政府的財政機構和政府下屬的企業，都成為熱情的市場參與者，屬於利益相關方。而央行則偏重技術管理，地位相對超脫，所以由央行及其代理機構經管國庫更為適宜。有人把國庫與財政的關係比作會計和出納的關係，應該是比較恰當的，但這裡所說的「出納」，不是「會計」的「出納」，而是「董事會」的出納，是「公司章程」的出納。財、銀兩家，分工不同，職責不同，當然需要彼此負責，增強政府內部的糾錯能力，但更重要的是聯手對人民代表大會和法律負責。所謂「央行受財政部委託」，其實更準確的說法應當是「央行受人民代表大會和法律的委託」。

　　今年6、7月間，一些經濟學家、法學家和財稅學家在中國人大法工委於「三審」過程中並沒有明確徵求社會意見的情況下，「不把自己當外人」地積極參與到在三審稿的討論修改中去，我本人直接主持的中國性的學術研討會就有三次。其中具有代表性的是韋森、蔣洪、劉劍文、王雍君、施政文、葉青、熊偉和我本人共8位學者，分別來自於復旦大學、北京大學、中國政法大學、上海財經大學、中央財經大學、中南財經政法大學和天津財經大學。我們8位教授認為，國庫是財政收支的平臺，是國家的金庫，應當和財政部

門保持相對獨立性，以便實現政府內部的相互監督、審核和制約。我們認為，要想保證公款的安全，必須堅持1994年《預算法》第四十八條第二款和《中國人民銀行法》第四條第八款和第二十四條所確認的模式，即「央行經理國庫」。我們把這個意見寫進我們向中國人大常委會提交的五條修改建議中，也唯有這一條被重視和採納。

中國新預算法已將單一國庫帳戶制度（TSA）納入，這一制度下國庫資金的清算流程可簡單歸納如下：納稅人向稅務機關繳納稅款，然後透過銀行全行業電子清算系統劃歸國庫單一帳戶，支出則需要透過承付款項、核實、簽發支付命令和辦理支付結算的程序，將資金從國庫帳戶中直接支付給商品或勞務的提供者。建立國庫單一帳戶制度而非一度盛行的「國庫單一帳戶體系」，目的在於進一步強化預算的控制功能，避免財政資金多環節撥付和多戶頭存放所導致的效率損失，在此基礎上建立統一、高效、規範的預算資金申請與撥付體系，從總體上加強對預算資金的控制與管理。

這項改革的意義在於建立制度化的約束規範，強化預算編制與預算監督，增強預算的法治性，促使中國預算制度進入規範化、法治化和民主化的軌道。在我看來，在國庫經管權歸屬這樣一個看似具體技術的問題的「拉鋸戰」上，所反映出的恰恰是一次精彩的政治博弈過程，屬於現代國家治理體系形成中必然遇到的問題。央行經理國庫還是代理國庫，本質上不是國庫管理本身的問題，而是能否尊重和接受權力制衡這個人類文明發展的共同成果的問題。在這個中國過去十分罕見的政治博弈過程中，我們進一步認識到建立和遵守法律規則的重要性，而這也正是我們處理「財銀關係」中的薄弱環節。

既然實行單一國庫帳戶制度，就不應在國庫之外的商業銀行繼續留存財政專戶。有關部門為目前留存的十幾萬個財政專戶找出了不少理由，但基本都站不住腳。以國庫現有的技術能力，完全可以應對各種資金的特殊需要，沒有必要在國庫之外的商業銀行另外開設財政專戶，即所謂「第二國庫」。退一步說，即使確實需要在國庫之外設立財政專戶，也應該嚴格履行法律程序，經人民代表大會審議批准，而不是授權於國務院。遺憾的是，我們的這一建議沒有被完全採納，財政專戶並未被取消，強調的恰恰是國務院的審批

權。這是新預算法留下的一個尾巴，早晚得把它割掉，不過現在看，只能留待將來再做處理了。

應當特別指出的是，在新預算法的約束下，人民代表大會批準的不是「錢」或「財政經費」，而是政府下屬各行政機構和政策項目的支出要求，即「預算授權」。得到預算授權並不意味著就可以直接從國庫得到供行政部門花銷的資金，而是意味著該行政部門從這天起必須承擔起法律所確定的某種公共服務責任。行政部門或政策項目只能依法在相應的財政年度或授權額度範圍內使用財政資源；財政支出款項是由國庫直接撥付到資金的使用單位，行政部門並不直接接觸財政資金。這樣做，行政長官隨意支配和變更該筆資金用途的可能性便可降到最低點。

中國 11 世紀的改革家王安石即把國家理財置於治國的核心，認為治國即理財，即透過改進國家理財方式來改善國家治理的制度架構。[15] 一個國家，只要改變了它收錢、分錢、花錢和檢驗花錢效果的方式，這個國家的體制、公共生活和文化建構就會隨之發生質的變化，這就是當前我們極其重視預算法建設和國庫體制改革的原因之所在。我們正在完成財政體制的轉型，爭取在儘可能短的時間裡將其改造成為國家治理的基礎和支柱，而現代預算體制的構建和預算法的修訂，在這個過程中處於先行的和核心的地位，其作用無可替代，應該說，在這方面我們取得了一些進展，但還有很長的路要走。

中國稅制改革的道德圖景 [16]

稅收已經成為我們當下社會當中的熱點問題、焦點問題。但就在七八年以前，稅收還沒有多少人關注，學者也只是在學術圈子裡做一點討論，現在為什麼大家都關注稅收了呢？是因為我們國家發展到這個程度了——人們的收入水平提高了，交的稅多了，「稅痛」問題突出來了，自然就開始關注與自身利益密切相關的稅收問題了，包括稅制改革和稅收的民主、法治問題。以往我們比較多的是從稅收的制度上、法律上、政策上，而很少從道德的角度上來觀察稅收。今天我就想從道德的角度觀察一下中國的稅收、中國的稅制改革，就像畫一幅畫，把它儘量描繪得清晰一些。

稅收的本質體現國家的品質

　　稅收大體上可以分為直接稅和間接稅，中國現在的主體稅種是作為間接稅的流轉稅，占總稅收的 70% 左右，而流轉稅裡最主要的稅種是增值稅。怎麼區分是直接稅還是間接稅呢？看它是不是可以轉嫁。間接稅是可以轉嫁的，而直接稅是不可以轉嫁的。拿增值稅來說，增值稅的交稅人不一定就是這筆稅收的負稅人，因為這個負擔是可以透過抬高價格的方式把它轉嫁出去的。那麼誰才是這筆稅收的最終負稅人呢？誰最終消費這件商品，誰就是它的最終負稅人。比如，農民購買農機具、種子、化肥等，農民就是最終的負稅人，流通環節層層傳遞下來的稅收最後都要由農民來承擔。直接稅正好相反，它是不能轉嫁的，比如個人所得稅，每個月你交多少稅，你的稅收負擔實打實就是多少，一般沒有辦法轉嫁給別人，所以你會真切地感覺到稅收對個人和家庭日常生活的影響。前年下半年開始的一段時間裡，居民消費價格指數（CPI）增長比較快，每個家庭過日子都得多掏幾百塊錢，可是交的稅卻一點也沒有減少，這就是常說的「稅痛」的感覺。

　　稅收在我們的頭腦裡從來就是政府掌握的一個收稅的工具而已，是一個技術的問題，這個看法明顯是有偏差的。應該看到，稅收還是一個政治的和道德的問題。前幾年經濟學界討論經濟學家講不講道德的問題，但是稅收學家們沒有介入這個討論，並不說明稅收遠離道德，而是距離道德問題最近。

　　我們以往所瞭解的稅收，是強制性、無償性、固定性三位一體，俗稱稅收「三性」，還有人把它作為稅收的形式特徵寫進教科書裡，好像要說稅收是不講情面、不講感情的，沒有什麼道德不道德的問題。中國大學的稅收教科書裡就沒有稅收道德方面的內容。但是我要說，這並不是一種正確的認識。稅收作為一種制度是由人來創設的，既然是人的創造，它就跟其他制度一樣，也是有生命、有情感、有愛、有自律等因素存在的，也不是制度或者法律、政策能解釋得了的問題，就是因為它們原本屬於道德的範疇。

　　比如對貧困人群減免稅收，就有某種情感的因素在裡面；再比如稅收用於幫助社會的弱者，透過轉移支付建立社會保障，也是可以用道德來解釋的。西方國家現在有兩道社會安全網，第一道，如果你失業了，可以立即領取失

中國權力的邊界：稅、革命與改革

第一篇　從效率走向公正：大轉型中的稅制改革

業救濟金，不需要進行財產的調查，簡單辦個手續就可以領取，但它有一定時間的限定，期限過了還找不到工作，可以申請領取特困補貼，政府官員要到你家裡進行財產調查。如果確認你確實由於某種原因不適合工作了，就可以領取特困補貼。特困補貼就是最後一道社會安全網，它的目標就是不讓一個人「過不下去」。現在經濟危機正在世界上很多國家逞兇，美國的情況尤為嚴重，但美國卻不會出現 1929 年時失業率達到 25%、社會極不穩定的局面，為什麼呢？就是有社會安全網在起作用，即使最窮的人，基本生活還是有保障的。

　　說稅收是有道德品質的，這個思想從哪裡來的呢？柏拉圖在《理想國》裡認為國家的政治體制是具有某種道德品質的，把它叫做「國家的品質」。亞里士多德在他的《政治學》裡把國家比作最高的善，回答了為什麼要建立國家的問題，認為國家不是用來統治大家、壓迫大家、剝削大家的，而是為了完成某種最高的和最廣泛的善意，讓大家都能過上幸福的生活，是某種善業的需要。

　　中國先秦的思想家也有類似的思想，比如孔子說「己所不欲勿施於人」，據說這句話刻在聯合國大廈的牆壁上，很多人把它理解為個人品質的自律問題，其實先秦思想家的著作更應該被看做是一種政治哲學，是在訓誡統治者。「己所不欲勿施於人」這句話就是說給統治者聽的，意思是如果你不希望被壓迫，那麼你就不要讓你的人民受壓迫；如果你不想被欺騙，你也不要欺騙你的人民。從稅收方面來說，如果你的財產不想被別人盤剝，那麼你也不要對老百姓橫徵暴斂，這就使治理國家帶有非常強烈的道德色彩。

　　有人會問，柏拉圖他們說的是政治，不是稅收啊，那麼稅收究竟是什麼東西呢？應該說，稅收首先是政治，而且是政治權利的核心部分，然後它才是別的什麼問題，這跟我們以往對稅收的認識有一個非常大的差別。

　　中國的《辭海》裡「稅」的釋意是「國家對有納稅義務的組織和個人徵收的貨幣或實物」；在牛津大學出版的《現代高級英語辭典》中，對 Tax（稅）的英文釋意是「公民交給政府用於公共目的資金」。這兩種解釋是有明顯差異的。一個是國家、政府要徵稅了，徵收的是貨幣或者是實物，實際上只是

說了一種客觀存在的現象；而另一個是公民交稅給政府，只能用於公共目的，我交稅給你，是在購買一種東西，就是公共產品或者是公共服務，不做這件事我是不會給你交稅的，目的非常明確。我們看到，一個的解釋中，道德是在的，另一個解釋中道德是不在的，這就是區別。

我們中國的思想家同樣也有相似的議論，比如《禮記》裡記載，孔子和他的學生經過一座大山，路上碰到一個婦女在痛哭。孔子非常有同情心，就派他的學生子路去問一問她為什麼哭，這個婦女回答說我的公公被老虎吃了，我的丈夫、兒子也被老虎吃了，我現在在哭他們。孔子問，既然他們都被老虎吃了，你為什麼還在大山裡呆著呢？婦人回答說「無苛政」，孔子就對他的學生說，你們看到沒有，「苛政猛於虎」啊！在這裡，苛政就是指苛重的稅收。這個解釋在史學界是沒有爭議的。

這位婦女是為了逃避重稅來到深山裡，感慨自己的命運，她應該是一個納稅者，對她實施苛徵重稅的是當時的政府，是沒在場的徵稅者，孔子作為一位中間的評判者。那麼這個評判者站在哪一邊了呢？他站在了交稅者這一邊，為納稅人說話，抗議政府的苛重稅收。

即使現在，能做到這一點的知識分子也不多見，但是 2500 年前的孔子卻做了，支持納稅人來抵抗苛重的稅收。支配孔子這樣做、同時也教育他的學生這樣去思考的原因是什麼呢？是一種非常高尚的道德。

在人類社會進步、發展的「關節點」上，經常爆發納稅人運動，制度的演進、變革經常是由稅收問題引起的，英國是這樣，法國是這樣，美國也是這樣。英國的查理一世因為徵稅問題被砍頭，法國因為徵稅問題引發了大革命，路易十六也掉了腦袋。英國向北美殖民地徵印花稅、糖稅，引起了北美殖民地各州的強烈反對，興起了獨立運動，一個非常響亮的口號「無代表，不納稅」誕生了。可以清楚地看出，稅收本身是一個非常重要的政治問題。

中國也是如此，中國跟西方走的不是一條道路，在秦始皇建立皇帝專權制度之後，沒有像西方一樣有一個從國王手裡搶錢袋子的過程，稅收權始終牢牢地掌握在國王的手裡，雖然這個制度可以保證很長時間的穩定，但是最終沒有找到出路，到了清朝，中國開始明顯落後於西方。而當中國發現不得

不走民主共和的道路時，它的變革也是從建立資政院、審議朝廷預算開始的。1910年資政院建立之後的第一件大事，就是把當年清政府的預算核減了1/5。所以稅收不是一個簡單的技術、工具問題，它還是一個非常重要的政治問題，既然是政治，就肯定有道德因素在裡面。這個邏輯關係就是這樣建立起來的。

稅收的正義與道德密不可分

西方的思想家們對稅收原則的闡述很多。比如，威廉·配第就提出了稅收的三原則：公平、便利和節省。所謂公平，就是納稅人的能力不同，稅收的負擔也應該不同，稅收對於任何人都要無所偏袒；便利，就是徵稅的程序、手續和方法應該簡捷，儘量使納稅人在納稅的時候感到方便；節省，就是徵稅過程當中的耗費應該儘量節省，儘量減少徵收費用。

另一位西方的思想家亞當·史密斯，提出了稅收的四原則。第一是公平，國民應該依據他在國家的保護下所得收入的多少為比例來交稅，具體說還包括三重意思，即取消免稅特權，貴族也應照章納稅，不允許任何人擁有免稅特權；稅收要保持中立，徵稅之後經濟效率不能受到影響，財富分配的比例被改變，這是自由主義的經濟學家們經常闡述的一個觀點；要按照負擔能力的一定比例來納稅，因為每個人的負擔能力是不一樣的，負擔能力強的人徵稅比例應該高一些，負擔能力低的人就可以低一些。第二個原則是確實原則，就是說稅法是明確的，不能朝令夕改，徵稅的時間、地點、手續等都應一目瞭然。第三、第四個原則是便利的和最少徵收費的原則，意思跟威廉·配第原則相近。

我們知道，亞當·史密斯在寫作《國富論》的同時，還寫過另一本書，叫做《道德情操論》，學術界把它們並列為研究自由市場經濟的經典文獻，可是以往我們重視的只是前一本書而忽略了後一本書。亞當·史密斯是在跟我們說，市場經濟是講道德的，稅收財政也不例外，所以他提出的稅收四原則帶有強烈的道德色彩。

這之後，德國學者瓦格納又增加了一條：稅收的正義原則，簡單說就是，徵稅必須有合法依據，必須以國民福利的增加為目的。而正義原也是個道德的範疇。

現代稅收理論又把稅收公平原則細分為橫向公平和縱向公平。橫向公平就是說納稅能力相同的人應該承擔相同的稅收，或者說徵稅前收入相同、福利水平相當的人，在徵稅之後他們的收入或福利水平還應該是相當的；再一個是縱向公平，就是納稅能力不同的人的稅負也應該有所不同。或者說，對福利條件不同的人必須要區別對待，使其繳納不同數額的稅。

我們從這些原則中可以感受到其中的稅收道德的意蘊，甚至它們本身就是從道德的角度上來解釋稅收的，公平、正義、簡便、節省、慈善、自律等，都是稅收道德的範疇，或者與道德密切相關，至今仍是大部分國家治稅的原則。稅收與道德不僅不能分離，反而最應該相互交融、相互浸潤。稅收，必須是符合道德的稅收。

下面我們依據一定的道德水準，來衡量一下中國的稅制改革，看看究竟存在什麼問題。

稅收公平是稅改的道德目標

稅收公平的標準至少應包括以下內容：

——個人收入、性別、職業等條件相近的人，其所擁有的權利和所承擔的義務應當是相近的。

——有時候需要適當增加高收入者的稅負，透過轉移支付來支援低收入者，但只有必要的時候才這樣做。成熟的政策不是消極地消減高收入者的所得，而是設法積極地增加低收入者的所得。

——對弱勢企業的扶植應超過給予強勢企業的支持。

——政府須提高公共服務的質量和水平，追求府民之間的「買賣公平」。

中國個人收入分配差距過大的問題由來已久，最近的兩稅合併、新醫改方案的出臺等，說明政府也在努力，但現狀仍不很樂觀。比如從中國的城鄉

中國權力的邊界：稅、革命與改革

第一篇　從效率走向公正：大轉型中的稅制改革

收入差距看，由 1978 年的 2.57 倍擴大到了 2005 年的 3.22 倍。2005 年，中國城市居民的可支配收入是 4.8 萬億元。這 4.8 萬億元裡，職工工資總額只有 1.9 萬億，占可支配收入的 39.6%。也就是說，60% 以上的可支配收入不是工薪階層的，被少數人占有了。職工工資總額占生產總值的比重是逐年下降的，1991 年時是 15.3%，1996 年變成了 13%，2000 年降到了 12%，到 2005 年又降到了 11%。也就是說，國家財政收入的增長超過居民個人收入的增加，而居民的財產性收入超過工薪報酬方面的收入。另外，少數壟斷行業，比如石油、電信、金融等行業的收入，明顯要高於一般居民收入。這說明，中國的稅收沒有很好地造成調節社會貧富差距的作用。

中國個人所得稅是分類徵收的，分成 11 個類別，相當於我們國家有 11 種個人所得稅，而起徵點僅限於工資薪酬這一類。我們取得勞務報酬、取得稿費報酬，不是超額累進徵收，而是按照 20% 的比例稅率徵收的。這種稅制的問題是，它沒有針對財產性收入徵稅，高收入者經常並沒有承擔較多的稅負，而中低收入者因主要收入來源是工資收入，又在代扣代繳制的籠罩下面而成為個稅的主要承擔者，於是社會貧富差距被拉大。《瞭望週刊》2008 年有個調查，稱中等收入階層被個人所得稅擠壓過重而發生分化，這是一個令人警惕的現象。

目前個人所得稅的改革應該說是比較慢的。未來的方向，應該是往綜合性所得稅制演變，簡單說就是把一個人所有的收入綜合起來，歸併到一個稅號下面，或者身份證號碼下面也行。你取得多少收入，在多少家銀行存了錢，統統都算在一起計算應納稅額，這就要求銀行體系的跟進，計算機系統的聯網，現在還沒有做到。

流轉稅的改革，其中的主體稅種增值稅的改革，即生產型轉換為消費型，它最大的好處就是購進固定資產那一部分交的增值稅，可以計入進項稅額與銷項稅額相抵，企業稅負因而減輕，具有鼓勵投資的作用，這個改革正在進行，但並不是說增值稅的改革已經徹底完成了。首先，流轉稅的稅率還應該適當下降，按照中國學者的計算，中國增值稅的稅率還偏重，現在 17% 的稅率，如果下調到 15%，對於企業來說盈利的空間就比較大了，企業投資發展

的積極性就會大大提高，增值稅的中性的特性就能更好地體現出來。其次是涉及小規模納稅人的改革，現在還是按照發票全額徵稅，所以增值稅的優越性在小規模這一塊就體現不出來，他們不能正常地與一般納稅人同樣享受稅額的抵扣。比如說小規模納稅人的認定標準、起徵點，稅率等，都應該適度調整，把活兒做細。第三就是交通運輸業、服務業還是徵收營業稅，問題是，交通運輸企業與增值稅一般納稅人，一個交營業稅、一個交增值稅，兩個對不上口。營業稅的特點是一筆交易就要納一次稅，這就容易造成重複徵稅的問題。所以，進一步擴大增值稅的徵稅範圍和增值稅一般納稅人的認定範圍，把小規模納稅人和交通運輸業、服務業的一部分納稅人擴進增值稅的範圍之內，應該是下一步稅制改革的重點，否則不公平的問題不可能真正解決。

現在一些企業主把自己的財產開始向下一代轉移，一些地方甚至出現了少兒莊主、少兒企業家，因為沒有遺產稅，也沒有贈與稅，就容易出現這種財富的代際轉移的局面。他知道早晚要開徵這個稅，就把財產往下一代轉移，這就把這一代的貧富差距帶到了下一代。目前中國企業家平均來說也就是40多歲，占了絕大多數。60歲以上的才占3.5%，55歲到59歲的占25%，49歲以下的占到70%左右，所以如果這一塊的稅收缺了的話，只會使中國的貧富差距變得更大。可是現在有一個問題，現在開始徵遺產稅的話，有70%的人還不到健康迅速衰落、接近死亡的年齡，開徵這個稅就沒有多大意義，那麼，應該怎麼面對代際之間財產轉移的問題呢？可以考慮先開徵贈與稅，只要你轉移財產，就得交這個稅。

社會貧富差距拉大的現實，使得我們沒有辦法再迴避遺產稅和其他各種涉及公民個人財產的稅收問題了，應該重新組合一下我們的稅收了。未來中國的新型的稅收組合，應該是以所得稅為主體稅種，流轉稅退居其次，而且應該是由一系列輕型的稅收組成的一個完整的體系。在稅收領域，應提倡「公平優先、兼顧效率」的理念和原則，這是由公共財政的性質所決定的。

法定程序將增加稅收的正義性

稅收正義至少應包括以下內容：

中國權力的邊界：稅、革命與改革

第一篇　從效率走向公正：大轉型中的稅制改革

——稅收具有合法性來源。

——納稅人擁有權利。

——公民財產權在政府徵稅權之前。

——徵稅的目的是改善和提高國民福利。

——政治上排除對特權者的免稅。

——有完善的糾錯機制並及時糾錯。

稅收的正義性首先來自於它的合法性，是經過法定程序的，指定的目的、用途必須是提高國民福利，而不能用於培植政府機構自身。

今年「兩會」上，有的官員以代表或者委員的身份發言，說近期政府沒有調整個人所得稅起徵點的意圖，不在這次討論之列。實則不然。稅收涉及公民的基本權利，所以它應當由人民選舉出來的代表大會來投票決定。所以稅收、財政應該是人大開會的核心議題，代表委員們不談稅收談什麼？我們為什麼花費大量資金開「兩會」，就是為了審議財政、稅收、預算，這才是人大、政協的「正業」，最最核心的任務。

人民代表大會討論稅收、預算問題，經常反映說「看不懂」，這一個可能是代表不瞭解這方面的專業知識，另一個可能是沒有很好地落實人民代表大會的權力。我們國家20多個稅種，真正透過人民代表大會立法程序立法的，只有個人所得稅和企業所得稅，加上一個稅收徵管法，其他的稅種都是由政府自己下文件就徵收的。1984年、1985年中國人大曾經兩次授權給國務院，把一些主要稅收政策的決定權轉授給政府，此後人大一直沒有收回這些權力。這就帶來一個問題，授權應該是有邊界的，應該是具體的，可收回的。沒有邊界的授權，籠統得沒邊兒的授權，不可回收的授權，不是真正的授權。正是因為權力歸屬的模糊不清，所以一直到現在，1984年、1985年的那次授權還在起作用，這也就難怪有官員可以理直氣壯地說「這次不討論」之類的話。

可是中國的法律並不是這樣規定的，中國有憲法，有立法法，都明確規定了預算、稅收問題的決定權在人民代表大會。這次兩會上，上海財經大學的蔣洪教授提交的三個提案，第一個提案就是稅收權回歸人大，但是顯然，這個聲音沒有很響亮地傳遞出來。

減少徵收成本以促稅收之善

稅收有善惡之分，有善稅，也有惡稅。善稅至少應包括以下內容：——把善對納稅人，救濟貧弱視為職責。

——合作關係：不把納稅人當敵人、當仇人、當賊防。

——稅率、稅目、稅種的選擇等比較中性或輕型。

——在經濟衰退或出現財政困難時，不依靠增加納稅人負擔解決財政需要，如王安石所說：「民不加賦而國用足」，是一種非常有價值的思想。

——稅收政策應對民間慈善事業給予鼓勵。

善稅的道理是說，政府徵稅，只可「取蛋」，不可「殺雞」，否則，人民可能未受經濟發展之利，卻先受其害。過去那種徵稅者的「四鐵原則」——鐵的紀律、鐵的手腕、鐵的面孔、鐵的心腸，應該立即退出歷史舞臺。

資源是珍貴而稀缺的，稅收資源同樣如此。每一分錢都是納稅人創造的血汗錢。徵稅者、用稅者應該懂得特別珍惜，但中國顯然做得不夠好。中國1999年的徵稅成本約佔稅收總額的3.12%，目前這一比例已經達到5%—6%，而同期美國徵稅費用佔稅收總額的比例為0.58%，日本為1.13%。花「納稅人的錢」大手大腳、浪費資源、徵稅和納稅成本過高的問題必須糾正。

▌稅收與道德的脈動 [17]

我是從2009年年初開始思考稅收與道德的關係問題的，主要是讀了澳洲學者的一本書，並受到一位學者從經濟角度思考道德的啟發，反過來思考，感覺在稅收領域也同樣存在道德的問題。我做了一些案頭準備，蒐集了一些資料。目前國內在這個領域是一個空白，國外在亞當·史密斯的時代就有這方

面的研究，亞當‧史密斯在寫《國富論》之前，還寫過一個《道德情操論》，探討過市場經濟和道德的關係。好像是蓋一棟樓，現在我們在打地基，而他們已經蓋到了很高的樓層，思考問題的基礎已經不一樣了。所以，我一方面吸收國外經典的經濟學家的觀點，另一方面立足於中國當前的社會問題。我在這並不敢說是闡述一個成熟的觀點，不如說發現或提出一個問題，供有興趣的朋友跟我一起思考、研究。

道德是一個社會生存的底線

我認為，一個健康的、起碼是正常發展的社會，本來並不需要強調道德問題。因為在那裡，基本的道德法則已成共識，歷久成形的核心價值觀代代傳承，構成這個社會人人認同的、不必懷疑的底線，人們只需思考和處理於此之上的制度更新或政策調整問題。

我們都讀過孔子、老子、孟子的著作，先賢們致力的就是要把中國建立成一個道德的社會，而且強調對統治者道德約束和權力的限制。我想起孔子與學生子路有一段對話，子路問，足食、足兵還有民信最關鍵是哪一點？如果要去掉一個，去掉哪一個？孔子說，要先去掉兵，因為國家不需要養這麼多人。但是子路的難題接著出，如果再去一個，去哪一個？孔子說，去食。俗話說「民以食為天」，你說沒食還談什麼道德？我一直這樣認為，當時我對孔夫子這個觀點很不理解。但是現在看到中國社會自古以來的現實問題，恰恰印證了孔夫子的說法，一個社會的誠信真的比吃飯還要重要。如果道德不在，就會出現衰落的民信。民信指的是朝廷、統治者要得到人民的信任，要可信，人民才能跟他走，他才具有了統治合法性，否則是不道德的。

現在我把稅收和道德問題結合在一起，是不是有些異想天開？我想不是，而是現實中出現的一些問題，感覺用現有的稅收理論解釋不了，有百思不得其解的感覺。

我講兩個案例。美國小布希剛剛當總統的時候，曾經出臺了一系列的經濟政策，其中一項是取消遺產稅，在國會上要討論。但是發生了一件奇怪的事情，蓋茨、巴菲特、洛克菲勒等200個大富豪，聯名致信給國會、刊登整

版廣告反對取消遺產稅。這件事產生了很大的影響。我當時不明白,用經濟理論去分析稅收的話,納稅人肯定是追求自己利益的最大化,但是美國的現實問題是最富的富人階層站出來說不要取消遺產稅。我們的經濟學理論失靈了,你怎麼解釋?這些富翁為什麼反對呢?理由非常簡單,就是不想把巨額財產跟天上掉餡餅一樣給兒女留下,他們直接繼承了大筆遺產,不必與他人競爭便可變得富有,對社會不利。如果我們不用道德進行分析,用傳統的經濟學你是解釋不了的。

第二個案例,2007年6月9日,美國聯邦執法機構和密歇根州警方聯手突襲全州17家中餐館和21處中國人居所,拘禁數十名中國公民,起獲了40萬美元現金。據美國聯邦執法機構透露,這些餐館的業主可能涉嫌偷稅數百萬到上千萬美元。這還是經濟學的體現利益最大化,但這這個利益最大化完全脫離了法制,是不道德的,是非法的。

法治是一個社會正常運行的規則,道德是一個社會生存的底線,在一個正常的社會裡,沒有必要每天喋喋不休地進行道德說教。但如果道德這個底線被突破,這個社會的法治也就不再起作用,任何民主、法治的討論都將失去意義。

在中國,至少半個多世紀以前,我們可以稱為傳統的社會,道德一直是社會穩定的基石。但是現在,大家一定要注意,我們現在面臨的嚴重的社會問題,就是經濟發展了、物質豐富了,但道德在下降、衰落、消失。現在出現的混亂與其說是制度建設的不完善,不如說是道德的缺失。反腐敗就是一個典型的例子,這幾年,反腐敗的制度、法律都不斷完善,紀檢監察機構也很健全,但是腐敗不但沒有解決,反而有加劇的趨勢。就說這幾個月,我們天津出了皮黔生,再往前有宋庭順、呂寶金,這都是正部級的幹部,只有皮黔生是副省級。最近廣東也連續出了幾個腐敗大案。政府訊息公開、透明是應該的,但是有公開有透明,腐敗就不存在嗎?中國社會道德的衰落怎麼辦?法治可以像砌牆似的,籠笆高得過不去就可以了。道德怎麼弄?如果說我們不要道德了,就用制度,把官員們圈起來關在籠子裡,就能解決問題嗎?因為任何制度都是由人來執行的,有了制度仍然沒有辦法來制約官員,如果產

生官官相護、上下勾結，一切都像吳思先生說的「潛規則」來行事，任何制度都會變味的。

現實中出現的問題，與其說是制度上有什麼錯，還不如說整體性的道德底線崩潰所導致的，以至於有良知的人沒有退路。如果這個社會大家還守著一個共同的道德底線，我們面對某些制度的缺失、個別官員的惡政、一些法律的缺失，我們還是有一個道德底線可以防守。最可怕的是有的官員已經不把貪汙、受賄、惡對百姓的現象看得多麼奇怪，反倒認為就是天經地義，做官本來就應該是這個樣子，管百姓就應該這麼管，而百姓只能選擇接受，不接受就採取各種辦法治你。

還有一個現象，就是「官本位」文化流行。我們二十多年前的大學同班同學聚會，大家這麼多年的同學在各自的職位上發展，最高的職務已經到了副省級了，最低連個科級也不是。坐在一起吃飯，你看坐中間的一定是官最大的，發言也是領導先說，照相領導先走，上廁所領導先去……我們還是受過大學教育的，「官本位」的文化也已經滲透到我們這些人當中，並把它當成一種道德去信奉了。以官為中心，官越大越風光。這種風氣是很危險的。

千年前的古人就已明白一個維護政權穩定的最基本的道理：水能載舟，亦能覆舟。道德如大廈之基，基礎不牢，後患無窮。一個社會沒有道德了，基礎潰爛了，上面蓋得再漂亮、城市再大、馬路再寬，最終就會如《紅樓夢》裡的一句話，「呼啦啦似大廈傾，昏慘慘似燈將盡」。就這樣一個結局。

稅收的道德品質

我們現在回到稅收。稅收是一種法律，是一種制度，是一種政策，沒聽說跟道德有什麼關係。中國大學相關專業的教材中，沒有稅收道德的內容，各種稅收的會議上也從來沒有探討過稅收與道德的關係。我用 web of science 搜索，發現了少量的中文文獻，比如加強財政稅務人員徵稅、用稅過程中的道德建設、不要貪汙受賄等，這跟我理解的稅收道德不在一個層面上。

澳洲昆士蘭科技大學教授本諾·托格勒的《稅收遵從與稅收道德：理論和經驗分析》是當代學者直接研究稅收道德的一本著作，現在已經有漢譯本。在這本書裡，主要闡述了兩個觀點：

一是在規範人的行為方面，道德規範的影響力比經濟處罰手段的影響力大得多。這跟我們的想像是不一樣的。托格勒曾經在澳洲社會上進行了廣泛的調查，而且持續了很多年。有大量的數據說明，道德規範制約一個人或者是規範一個人的行為。是道德重要還是法律重要？托格勒認為是道德規範最重要，正好顛覆了我們的認識。我們從來都認為法律是最重要的，因為人性都是惡的。從人性上說，沒有哪個人真正喜歡往外掏錢繳稅，所以各國政府通常採取強制手段強行課稅。但他發現，在澳洲乃至全世界，信任等因素在確立和發展稅收道德過程中起著越來越重要的作用。

二是納稅人和政府之間的關係與稅收道德問題直接相關。托格勒說，在澳洲，他曾經做過一個調查，在 1981 年，有 48% 的受訪者認為逃稅於理於法都是錯誤的，1995 年這一比例上升到 62%，說明澳洲公民依法納稅的信念日益堅定，稅收道德水平有了很大提高。我們國家沒有系統地做過這方面的調查，中國人和西方人不一樣，就是西方人比較簡單、透明，做問卷調查不會違心說，對就是對，錯肯定是錯，調查結果是比較可信的。同樣的調查在中國就不是那麼回事，中國人的道德認識和西方人是不一樣的。托格勒的研究還發現，對於納稅事項，女性尤其是老年女性及信教婦女比男性在納稅方面更有可能據實申報，而男性更傾向於逃避納稅義務。因此，女性的稅收道德水平比男性高得多。我的直覺也是中國的婦女更規矩一些，但是這樣說沒有依據。江西財經大學有一個學者，在南昌調查中發現，女人確實比男人納稅要規矩和守法得多。

既然稅收有道德，就跟人一樣具有某種品質，我們先來觀察稅收之品質。我們熟悉的道德的關鍵詞都與稅收有關。我們可以先在理論上提出一種假設（這種假設我在天津理論界提出過，南開大學的幾位學者表示高度的認同感），稅收具有公平、正義、責任、自律、責任、博愛、誠實等品質。我們說，人有這些品質，稅收也同樣具有這些品質。

中國權力的邊界：稅、革命與改革

第一篇　從效率走向公正：大轉型中的稅制改革

　　我們研究道德問題實際上是把政府給擬人化了，中外學者都做過這方面的嘗試。政府也是由人組成的，你必須從人的道德角度來觀察這個政府，不能只從制度和法律上。比如涉及誠信，稅收從嚴格意義上講，就是大家把錢交給一個人，讓他給大家提供公共服務。就像家裡兄弟幾個，大家都下地幹活，可是大家生產出來的產品得進入市場，你得給大家下地幹活修條路，樹個電線杆子，這就屬於公共產品。但是大家兄弟幾個各幹各的就不行，也沒有這個時間。所以，我們選出幾個人，他們不用下地幹活了，大家把錢給他，讓他們去做就行了。實際上，政府就是這樣。但是如果選出來的兄弟不能得到大家的信任，私設小金庫，剩下的錢就給修條路，而且路的質量也不怎麼樣，像這種事情就是誠信的缺失。其實我們今天面對的就是這種情況，整個社會誠信的缺失。

　　現代稅制來自於古典經濟學家們創立的稅收原則，我們發現，這些原則裡都含有稅收道德的因素。如威廉·佩第提出公平、便利、節省的稅收三原則；亞當·史密斯則提出公平、確實、便利、最小徵收費的稅收四原則，和威廉·佩第比較實際上增加了「最小徵收費」，就是稅收的成本，你耗費了多少。比如美國，中國稅收人員也就十幾萬。我們國家的稅收成本之高在世界上也是首屈一指的，比美國、日本甚至一般的發展中國家都要高得多。這以後，德國學者瓦格納又增加了一條：稅收的正義原則，簡單說就是徵稅必須有合法依據，必須以國民福利的增加為目的。而正義也是屬於道德範疇。

　　我們來看中國古代的思想家，中國古代哲人最擅長的就是拿道德說事。中國人的一個傳統是不大善於制度建設，比如法治、民主等，但在道德問題上的認識卻遠勝於西方思想家。孔子反對過度剝削，主張減輕賦稅。《禮記·檀弓下》記載了這樣一個故事：孔子過泰山側，有婦人哭於墓者而哀。夫子式而聽之，使子路問之，曰：「子之哭也，壹似重有憂者。」而曰：「然。昔者吾舅死於虎，吾夫又死焉，吾子又死焉。」夫子問：「何為不去也？」曰：「無苛政。」夫子曰：「小子識之，苛政猛於虎也。」什麼是苛政？這個史學界是沒有爭議的，苛政就是苛稅。這個故事是非常有名的，對故事的理解還是有差別的，故事實際涉及的是三方，婦人是納稅人，政府是徵稅者，

孔子是評判者。孔子是站在納稅人這邊了。我想，現在的很多學者都很難做到這點了。

孔子還說過「己所不欲勿施於人」。這句話主要不是談個人修養，而是針對統治者所說的，敦促統治者施仁政。孔子告誡統治者們：你不願做的，不要強迫你的人民做；你自己不願意被奴役，就不要讓你的人民遭受奴役；你自己不願意承受沉重的負擔，就不要讓你的人民被橫徵暴斂。

一個國家的治理是帶有強烈的道德色彩的。現實中，人們總是把稅收當作一種為政府服務的工具或手段，這不是一種很準確的認識。稅收具有許多道德的要素，稅收充滿著道德的意蘊，稅收必須是符合道德的稅收。稅收與道德不僅不能分離，反而最應該相互交融、相互浸潤。

從道德的角度觀察，稅收有許多需要我們去破解的「密碼」，如：稅收有善惡之分嗎？增加高收入者的稅負對富人公平嗎？政府排除外部控制獨自創行稅制符合程序正義原則嗎？徵稅目的是為改善和提高國民福利還是主要為別的目的？稅收跟人類的博愛精神有關係嗎？等等。

稅之責任

我們再說說——稅之責任。

俗話說，拿人錢財，與人消災。這是民間認可的道德規範。政府也得遵循這個道德。大家把稅交給你，你就得為大家服務好。

參觀國家大劇院、鳥巢、水立方，看中國有多偉大。2008年奧運會，超豪華的場面，西方說他們再也辦不了這麼好的奧運會，與其說讓別人震驚，不如說讓別人另眼看你。我們自己都另眼看我們自己。我是「豪華奧運」的反對者，不贊成把錢都花在這上面。我們農村還有很多的小學等著籌建，社會上還有很多的老人需要保障，社會醫療保障也沒有很好地建立和完善。這種情況下，如果搞一個樸素的奧運會，我想全世界人都會理解，也絕不會看不起中國人。看得起你，看不起你，人人都有評判的標準，我想大部分人會看底層老百姓的生活情況怎樣，看社會保障和公共服務怎麼樣。這些方面做

得好了,大家就認為你是一個優秀的國家。把一切堆在表面上,你以為是件好事?我不這樣認為。

同樣是收稅,同樣是財政支出,用在哪,不用在哪?背後就是一個責任問題。

根據 50 多個國家和地區的統計數據(其中包括低收入國家、中下等收入的國家、中上等收入的國家和高收入的國家),我們得出結論,由於政府主觀層面的原因,造成了中國公共服務的實際提供量和理論上的適度偏好的提供量之間存在著很大的差距:1978 年,這個差距是 0.141 個百分點,2006 年這個差距被拉到了 3.118 個百分點,政府責任實現的程度由 1978 年的 87.5% 下降到 2006 年的 52.4%。[18] 我已經安排我的項目組研究為什麼會這樣,還事實一個根據。這就是政府在提供公共服務方面有些責任沒有盡到,甚至還把責任推下去。我們經常講,地方和中央事權和財權不匹配,就是把事情都推給了地方,但是沒有相應的財權讓地方去做。透過分稅制,中央把財權和財力都聚集到自己的手裡,分散在國務院和各部委。這個錢用得又不怎麼好,效率又不高,每年都有「年初計劃,年終突擊花錢」、「跑部錢進」的事。11 月是國務院召開最後一次「分錢」的會,是稅收的超收部分的分配,按照中國法律規定,超收的這部分人大不管,是由國務院來分配。稅收以每年 20% 的速度增加,超收部分數額非常大,都要年底花出去,好多年都不留結餘了。舉個例子,2007 年,在 11 月剛把錢都花出去,2008 年 1 月份冰雪災害就來了,當時弄得財政狼狽了,好在有五六十個億就解決問題了。還有就是部委年終突擊花錢現象普遍存在,這如何能產生高效的財政資金的利用效率?不可能。一方面是越到基層越缺錢,另一方面是越到上面錢越多。

在這期(2009 年第 13 期)的《財經》雜誌發表了一篇汪丁丁老師的文章《開徵新稅如履薄冰》。執政要如履薄冰,這是儒家思想,不是想幹什麼就幹什麼。老子也曾經說過,我有三寶:一曰慈,二曰檢,三曰不敢為天下先。就是要慈愛、注意節約,不要事事處處都跑在前頭去。只要你留足了空間,民間自有它發展的潛力。這是老子無為而治的思想。老子還說,如果你不慈愛、不節約,事事處處都跑在前頭去,結果就是「死矣」,就是死定了。

多麼偉大的思想，但是現在中國人忘得乾乾淨淨。這篇文章的觀點我非常贊成，我為此寫了《物業稅開徵的依據》。有一段我是這麼說的：「物業稅徵上去幹什麼用？在國外，物業稅是一個典型的服務性質的稅種，必須專款專用，只能定向用於為社會提供公共服務，而不能移作其他用途。一位朋友從國外發回加拿大的物業稅徵收辦法，光與其對應的市政服務就包括：警察配置、消防及防火、救護車、城市公共汽車、垃圾和循環再造物品收集、圖書館、鏟雪和清理行人路、街燈、公共汽車站的候車亭、社區中心、游泳池和溜冰場、康樂活動、兒童和老人服務計劃、公園和夏令營、建築許可證和檢查、結婚證書和重要統計、執行立法、物業標準檢查、動物控制、狗牌、修建道路、人行道和溝渠、設計服務、經濟發展協調、特殊活動等。一個物業稅，承擔了25種以上的公共服務項目。我以為，這才是真正意義上的物業稅，開徵這樣的稅，不會有人不支持。我們這裡，說要開徵物業稅怕有十幾年了吧？2003年以後開始『空轉』，到現在也有六七年了，那麼多的專家、官員，為什麼不認真地向人民解釋一下，開徵的這個稅究竟要拿去做什麼？」這是個責任問題，所以，我講責任問題至少涉及到下面三點：

第一，不能藉口某些地方更需要錢而對納稅人的呼籲置之不理，更不能沒有監管。因為政府從本質上說不是一個聚財或散財的工具，而是能夠促進社會共同體總體福利實現的組織。

第二，人們對政府用稅的期待是：履行公共財政職能，維護社會安全，造福社會的每一個人，捍衛公民自由。

第三，人民代表不當官，不享有特權，行使審議和投票權的目的是增進公共福利。

中國國家稅收早已突破60000億，相當於13億國民每人要給政府納稅4615元，算上預算外，相當於13億國民每人要給政府超過9230元。

稅之公平

下面，我們講稅之公平。稅的公平分為橫向公平和縱向公平。橫向公平就是納稅能力相同的人應該承擔相同的稅負，或者說，徵稅前相同收入和福

中國權力的邊界：稅、革命與改革

第一篇　從效率走向公正：大轉型中的稅制改革

利水平的人，在徵稅之後，他們的福利水平還應該是相同的；縱向公平就是納稅能力不同的人的稅負也應該有所不同。或者說，對福利條件不同的人必須區別對待，交不同數額的稅。公平是很難做到的，這麼多年來，我們國家的稅收政策實際上對解決社會的貧富沒有起作用，反而加大了貧富差距。

　　我講的第一個問題是，不合理的稅制導致社會貧富差距加大。目前數據很多，我們國家的貧富差距已經很大了。我們國家本來是計劃經濟，經過這幾十年的發展，一方面經濟增長舉世震驚，另一方面我們國家的貧富差距進一步加快。最富有的是些什麼人呢？中共中央政策研究室、國務院研究室、中國社會科學院撰寫的《當前社會各階層經濟狀況》（2004年）表明，500萬擁有千萬元以上財富的人（含億萬富翁），其背景基本來自三個方面：一是黨政軍高幹子女、親屬，占90%以上；二是依靠港澳或國外親屬資助者，約占5.5%；三是自身經營有方又遇到良好機遇者，僅占約4.5%。我想，世界上任何一個民族都不能忍受這樣的現狀存在，我們大家都看著卻沒什麼辦法。雖然出了很多招，比如對我們國家的分配體制進行改革，要取消特權，要進行政治體制改革，任何人的收入要公開化，要進行稅制改革，這些都是好措施。但是這些措施遲遲不出臺，我們看到一天兩天，一年兩年過去了，十多年過去了，還是那樣，沒有變化。原來有個說法，說我們國家歸根到底還是窮，讓一部分人先富起來，鄧小平的理論是對的。等到大家都有錢了，整個社會物質極大的富裕了，蛋糕做大了，大家發現，該受窮還是受窮。就是說國家分配蛋糕的出了問題，分還是老辦法分，甚至更甚。中國的基尼係數達到0.47以上，警戒線是0.4，達到「世界領先」水平。

　　據官方給出的數據，中國的農村居民收入差距、城鎮居民收入差距以及總體收入差距都在擴大。城鄉間人均收入差距在2000—2006年間，從2.8倍上升到3.3倍；同期，分別以城鎮和農村居民最高和最低收入20%的人均收入倍數變化來衡量，城鎮從3.6倍上升到5.6倍，農村從6.5倍上升到7.2倍。從1978年到2006年，中國行業職工平均工資最高水平與最低水平的差距，由1.6倍上升到了4.7倍。

有研究表明，考慮到城鎮高收入居民未包括在統計中的大量隱性收入，以及統計調查對高收入居民的遺漏，實際的城鎮居民收入差距還要大得多。按城鎮居民家庭十等份分組，2005年最高組與最低組的人均收入相差31倍，與我們日常的感覺差不多。

中國各地區間的財政差距和公共服務差距正迅速擴大，並遠遠超過備受關注的地區間經濟（人均收入）差距。按照2004年的數據測算，在中國31個省級轄區中，5個人均財政支出（含中央的轉移支付與稅收返還）最高的省級轄區的人均支出，相當於5個人均支出最低轄區的人均支出的7.7倍；其中，人均支出最高轄區（上海8008元）相當於最低轄區（河南908元）的8.8倍。

中國的地區差距非常大。首先是經濟差距。地區間經濟差距一直呈擴大趨勢。2005年，中國城鄉居民人均可支配收入之比為10493元：3255元=3.22：1，比前些年進一步擴大。令人不安的是：與地區間經濟差距相比，中國地區間基本公共服務差距似乎更大。由於存在巨大的公共服務不平等，貧困地區居民獲得教育與衛生保健的機會顯著地低於發達地區。中國衛生資源（醫療、護士、醫療設施與設備等）的大約80%分佈在占中國人口35%的城市，其餘20%分佈在占中國人口65%的農村。據此換算，城鄉居民人均享受的醫療衛生資源之比為（80%/35%）：（20%/65%）=7.4：1。

教育資源的城鄉不平等分佈情況也十分嚴重。農村稅費改革前的2000年，中國用於小學教育的政府支出為849億元，其中用於農村的為497億元，用於城市小學為352億元。當年城市小學生在校人數為1680.9萬人，縣鎮和農村則多達10862.6萬人，後者是前者的6倍多。折算下來，城市與農村（包括縣鎮）小學生均教育支出之比為2094元：458元=4.5：1。

與教育相比，養老保障方面的城鄉差距更為明顯。雖然政府正在採取措施擴大社會保障體系的覆蓋面，但目前絕大多數農民幾乎沒有保障可言，城市人口享受養老保障的人口比率比農村高得多。另外，在基礎設施、乾淨飲用水和能源供應與互聯網普及率等方面，農村與城市也完全不在一個檔次上。

中國權力的邊界：稅、革命與改革

第一篇　從效率走向公正：大轉型中的稅制改革

　　在農村，醫療的問題特別嚴重。前幾個月，我們學校副校長的老母親住院治病，同一個病房的病人是農村的。有一天他發現這位同病房的老鄉收拾東西要回農村老家，就非常著急地說：「你怎麼就走，這病還沒有治完？」最後這位病人說實話，就是沒錢了。他們這點錢只能來大醫院一次，農村人得大病，到大醫院來只能看一次，沒錢就只能走人，回家等死。有病等死在中國的農村當中每天都會發生。《南風窗》刊登了一篇文章，貴州農村有一對夫妻，前面生兩個孩子都死了，第三個孩子生下來也不太強壯，能哭出來，就是小臉憋得發紫，當地的村委會主任見了就把這孩子送到縣醫院，掏錢給這孩子治，孩子經過一番搶救，小臉紅了，大家高興了。高興沒維持多久，這孩子又不行了，又要救，又需要錢，大家正猶豫的時候，這孩子的母親走到前頭去，把針頭拔下來，就表示這孩子不救了。農村人要考慮以後怎麼辦，到時候沒錢不一樣是死嗎。這件事給我特別深刻的印象。

　　這些現象的存在，跟稅收有關係。比如說，個人所得稅存在免徵額和扣減標準過低，稅率過高的問題，沒有把城市居民必要的生活費支出因素考慮進去。個人所得稅的起徵標準是 2000 元[19]，一個月 2000 元在北京生活夠不夠，你自己可以算，要買房子，養孩子，要養老人，所有費用算上，有個病、災的，2000 元夠嗎？肯定不夠，但是他的起徵點就是 2000 元，也就是說我們把 2000 元以上的錢，本來是個人必要的生活支出給交了稅了。這種稅是非常不合理的。我多次寫文章呼籲，反對這樣的稅，良稅是不能侵入到個人的正常生活，只能對公民剩餘部分徵稅，而且不能太重。

　　中國歷史上有一個特點就是凡盛世必然是輕稅的，沒有說一個時代重稅弄得民不聊生成了盛世了。現在我們弄的這個稅，老百姓的福利還很不理想，有人就開始說中國是盛世。中國歷史上的唐朝出了兩個盛世，120 年裡一個王朝出了兩個盛世——貞觀和開元，貞觀年間是夜不閉戶，路不拾遺。一年就 20 多個死刑犯，李世民下了一道旨，說都可以回家過年，過了年得回來服刑。過完年，這些犯人都回來了，一個跑的也沒有，皇帝都感動了。他又下了一道旨，把這 20 多人的死罪給免了，那就叫盛世。

一個不公平的社會，一個貧富差距太大的社會，特別是窮人生活朝不保夕的社會才會出盜賊，社會才會不穩定，才需要加大警力，加大治理的強度，否則的話維持不了安定。

　　我們說個人所得稅的徵收恰恰是把月收入1—3萬元人民幣作為收入分配的調節對象，形成對中等階層的擠壓。這種調節在思路上就是錯的。因為它沒有試圖把低收入者「提上來」，而是把中等收入者「壓下去」，因而使低收入群體進一步擴大。2008年《瞭望週刊》做過一個調查，說「中等收入階層被個人所得稅擠壓過重而發生分化」。這個社會最終還是一個金字塔形，社會最穩定的應該是棗核形。中產階層穩定了就不希望改變，感覺現在挺好的。中產階層人數多，那這個社會就穩定了。雖然有窮人，但是極少數；雖然有富人，但是也不多。我們的財富分配是倒金字塔，這樣一個社會怎麼能穩定？這樣擠壓中產階層的收入就形成很大的問題，使我們的社會變得更加不公平。

　　我想留最後一段話做個總結。我想講三點：

　　第一，稅收是政治權力的核心部分，同時它還具有道德的因素，充滿著道德的意蘊。稅收與道德不僅不能分離，反而最應該相互交融、相互浸潤。稅收必須是符合道德的稅收。

　　第二，公平、正義、責任、慈善、誠信、自律等，屬於稅收道德的範疇。

　　第三，在稅收理論的探索中，在稅收改革的實踐中，稅收道德都需「在場」。我們過去忽略這個問題，現在應該補上。

　　最後我想說一句心裡話，為納稅人說話，為中低層人來爭權利是自我勉勵。大家讀我的文章、聽我的講座，我都是這樣一個立場，這跟大多數學者的立場是不一樣的，而且我的立場也與茅於軾不一樣，他是為富人說話，我是為窮人爭權利。謝謝。

第二篇　政府花錢的秘密：稅收與公共財政

第二篇　政府花錢的秘密：稅收與公共財政

▍財政何以為國家治理的基礎和支柱 [20]

　　中國十八屆三中全會核心文件強調國家治理的必要性，稱「財政是國家治理的基礎和重要支柱」，要求建構「現代財政制度」，並把財政前所未有地提升到「長治久安」的高度。「治理」概念的提出，說明執政者比以往更加重視國家與社會、政府與人民之間關係的維繫和處理，而不再是簡單的以國家為主體的管制思維模式。這大概是因為，人們比以往更清楚地認識到，國家管制模式並不具有創造持久與廣泛分享繁榮的能力，而建設一個具有創新能力的數字時代的經濟體卻必須依賴於後者。但是，這種「治理話語」與當前正在熱運行的體制和政策，以及與制定和執行這些政策的人的觀念之間的距離還相當大，由統治模式向治理模式的轉變，是現代國家發展過程中的不可避免的「哥白尼式轉向」，被認為是國家治理的基礎和支柱的公共財政，從理論到實踐也面臨著一次全方位的轉變。

有什麼樣的財稅就有什麼樣的國家

　　人們很容易把國家對財政資源的汲取和支配能力視為其作為治理的基礎和支柱的理由，其實這是傳統的統治思維所導致的認識誤區。何為「國家治理」？通常是指在政治系統的特定範圍內行使權威，對政務或公共事務做出有效安排，以達到維護政治秩序和正義價值的目的。國家治理不只是指政府管理，一國之內所有共同事務的管理都可屬於治理的範疇，既涉及公共部門，也包括私人部門。治理的有效和合規，一般被稱為「善治」。治理與統治不同，統治是一元化的、說一不二的，而治理則具有多中心的和協商合作的特點，伸張的是民治和自治的價值，所以現代國家治理具有國家權力向社會的回歸，善治的過程便是一個還政於民的過程。

中國權力的邊界：稅、革命與改革
第二篇　政府花錢的秘密：稅收與公共財政

綜合聯合國開發計劃署和全球治理委員會（CDD）等的界定，現代國家治理主要含有五個基本要素：

——合法性（legitimacy），即社會秩序和權威被公民普遍認可和自覺服從的性質和狀態；

——透明度（transparency），即包括立法活動、政策制定、法律條款、政策實施、行政預算、公共開支等有關的政治訊息，公民都有權獲得，並積極參與公共治理和管理過程，對公權力實施有效的監督；

——問責制（accountability），即國家各級行政機構和公職人員依法必須履行其職責和義務，拒絕履行者或盡責不到位者將受到懲罰；

——法治（rule of law），在民主基礎上形成國家治理的元規則，法律面前人人平等，既規範公民行為，更制約政府權力。其最終目的在於保護公民自由；

——回應性（responsiveness），是為負責制的延伸，即國家各級行政機構和公職人須對公民的要求做出及時的和負責的反應，定期、主動地徵詢意見、解釋政策和回答問題。

上述構成要素無不以國家的民主和法治為基礎，亦與政府和公民之間的良好合作直接相關。沒有公民的積極參與，就不會有善治。所以，善治的基礎與其說是在政府或國家，還不如說是在公民或民間社會。

那麼，為什麼說「財政是國家治理的基礎和支柱」呢？按照德國經濟學家瓦格納在他的10卷本《財政學》的解釋，整個社會是由政治體系、經濟體系和社會體系三個子系統構成的，而財政是連接這三個子系統的關鍵環節，或者說，三大子系統以財政為媒介構成了整個社會。既然財政是「整個社會」的財政，那麼，當財政發生危機時，便會波及社會的各個子系統，釀成社會的系統性危機，「整個社會」的危機也就會透過國家的財政危機表現出來。[21]

在人類社會中，公共財政屬於新事物，只有兩個多世紀的歷史。在這以前的封建社會中，經濟體系並未從家庭和共同體中分離出來，政治體系和經濟體系也未分離，人們聽命於領主的命令，生活在約定俗成的社會裡，並不

需要財政作為媒介進行調節。市場經濟出現以後，情況才開始發生變化：經濟活動不再是為了領主和共同體而進行，而是為生產者自己謀利益。生產、分配、消費等經濟活動逐步擺脫了傳統社會的束縛，形成各自獨立的體系。這之後，三個子系統才從社會中剝離出來，經濟學概念中的「私人部門」和「市場社會」由是形成。現代財政制度與社會各子系統的關係，簡單來說，就是政治體系在土地、資本、勞務三大生產要素上設定個人所有權，透過財政管道作用於經濟體系社會體系，為其提供穩定的秩序、產權保護和公共服務，並調節家庭、社會間的糾紛。在此過程中，政治體系把從經濟體系籌措的貨幣返還給經濟體系和社會體系，以此換取這兩個體系對自己的支持，如此市場活動才能正常進行，經濟才有發展繁榮的基礎。

也是因為上述理由，財政還具有塑造國家的力量。在一定意義上說，有什麼樣的財政就有什麼樣的國家。現代研究成果表明，財政不只是簡單的技術或工具的問題，而是塑造某種特定的現代經濟、社會文化與價值、公共官僚體制、特定的國家與社會關係的利器，與此同時，也塑造著這個國家的人民。正如熊彼特所說：「稅收不僅有助於國家的誕生，也有助於它的發展。……一旦稅收成為事實，就好像一柄把手，社會力量握住它，就可以改變這個國家的社會結構。」[22]

問題在於，中國現實版的政治或經濟體制改革都沒有把財政作為社會子系統的媒介來看待，而是將整個社會的系統性危機與財政危機做了顛倒性的理解，使得財政與其中的經濟系統的關係顯得過於密切，忽略了財政與另兩個系統內在關係的建構，從而破壞了三大系統的平衡關係，極易觸發整個社會系統出現全局性的危機。因此，新的財政體制改革將不得不以銜接三個子系統的節點──財政為主線，對社會各子系統的相互關係進行調整，其目的，顯然不只是處理財政領域的局部問題，而是借此重構社會三大子系統的平衡，用以克服已然日益浮現的「整個社會」的危機。換句話說，若財政起不到這種「連接媒介」的作用，整個國家的有效治理就無從談起，也就無所謂現代財政制度的構建。

稅收和預算的法律約束問題

為什麼中國選擇在這個時候做出建構國家治理體系和推進治理能力現代化，並且把國家治理的基礎定義為公共財政呢？美國政治學者福山把現代政治諸要素歸納為三點：強大的政府、法治和負責制。他說，後兩個要素是用來制約第一個要素的。現在中國只具備第一個要素而尚未具備另兩個要素，因此經濟高速增長的現狀是難以持續的。今後一個較長的階段內，中國將著力從財政領域出發，補課現代國家的後兩個要素，而這後兩個要素，就是國家治理面臨的核心問題。而公共財政，既內在於國家治理（治理的每一個要素都與其有關），又外在於國家治理（連接社會子系統的媒介，又被定義為基礎和支柱），所以是個極其複雜的問題，甚至不少財政學者也很難認識到它的真實含義和理論價值是什麼，以往的以「國家分配論」為根基的財政學體系也無法準確詮釋財政與國家治理的內涵。其實核心文件將這兩者對等連接起來的做法與福山的觀點是相合的，即倡導稅收、預算和財政體制的法治化，以及建構各級政府履行公共服務職能的完整而嚴格的問責制。換句話說，這兩個環節可以把前述國家治理的 5 個要素基本涵蓋進去，而缺失了這兩個至關重要的環節，中國的轉型就不能說是成功的，中國的現代財政制度也就不能作為國家治理的基礎而存在。

在國家所有權力當中，支配財政資源的權力是核心的和實質的權力，所以只有法律和制度才有可能對國家行為構成硬性約束，約束了這部分權力也就約束住了包括國家職權和行動範圍的所有的權力。也正是因為財政達到了立憲的層次，這種法律約束才有可能成為一國政治結構中固定不變和永久性的一部分，於是，這個國家才有可能向一個真正的現代政治結構轉型。關於立憲、議會政治與稅收關係的問題，馬克思在《對民主主義者萊茵區域委員會的審判》一文中有清晰的論述，收錄於《馬克思恩格斯全集》第 6 卷，[23]而布坎南的公共選擇理論和隨後形成的立憲經濟學思想，更是財政立憲主義的經典文獻。

經歷了三十多年的改革，中國至今沒有在稅收和預算兩個方面建立起嚴格而縝密的法律約束機制，這已經成為中國社會轉型的主要制約因素之一。

約翰·坎貝爾在《國家與財政社會學》一文中指出,財政社會學探討稅收和支出如何被決定以及如何影響社會,但西方相關研究的文獻大多集中在支出方面,主要研究國家支出如何影響經濟活動,「對稅收的忽視體現了我們在知識上的一個重要空白」。而中國的現實是,財政立憲的研究在稅收等財政收入及公共支出兩個方面都是極為欠缺的,幾年來只在財稅法學界積累了一些文獻,作為政治學和經濟學的財稅學研究則基本沒有成為主流,以至於出現了研究成果無助於現實財稅問題(如土地財政、央地財政關係、財產稅改革等)解決的現象,成了一門「不中用」的學科,對此,財政學界的部分學者也不否認。

那麼,如何才能有效地約束財政權力呢?對此,布坎南等經濟學家的看法是,在國家開始履行日常行政管理責任之前,就應當先發制人地從法律的最高層面上對其有關財政的職責和權力範圍加以法律規制和界定。布坎南對人性的基本判斷是:人性是不完善的,每個人都有「惡」的潛在因素和追求私利、濫用職權的傾向(中國人也有「慎獨」的說法)。既然人們需要把一部分很重要的權力和資源交由同樣由人組成的政府及其公務人員,使其能夠承擔起履行公共服務職責的能力,那麼,如何防範他們濫用權力、營私舞弊就成了人們最大的擔心和最關注的問題。[24] 事實證明,這種擔憂並非杞人憂天。

幾乎所有的財政問題,都可以歸併到稅收和預算兩個方面,因而所謂財政立憲的核心問題,首先是這兩個領域的法治化。稅收問題,不管是直接的還是間接的,從來就是政治權力和人民自由的交集之點。稅收對現代國家起著支撐性的作用,是政府履行公共服務職能的前提條件,並且在邏輯關係上反映著國家公共權力與公民個人權利之間此消彼長的關係。如果沒有一個長效的機制對國家徵稅權加以控制,稅收就會異化為侵害人民財產和自由權利的工具。古今中外的無數事例可據以證明。

一國治稅權配置結構應該是:公民擁有稅收的最終所有權,把治稅權授給代議機構。代議機構只擁有立法權而無執法權,要把稅收治理權一分兩半,把稅收法律的決定權和預算的審批、撥款、監督、問責等權力留給自己,而

把另一部分——稅法的執行權以及預算的編制、執行權授予政府。這一制度格局具有普遍意義。在中國，對稅收的治理也不是政府一家完成的，是由政府和人民代表大會共同執行的權力、共同完成的。這是國家治理思維在稅收問題上的集中體現。所以，稅收的合法性，不能只從國家頒布的命令文本中去尋找，還要從這個國家的憲法和憲法精神裡去找。如果它的憲法裡沒這些規定，那就是這個國家的政府和人民在社會發展中必須解決的問題了。當前，稅收立憲急需解決的主要問題有：

——在憲法和法律上重新釐定現代政府與納稅人之間的權利、義務關係，在稅收問題上，人人擁有表達權，此為稅收之元規則；

——所有稅種都應由人民代表大會立法，使其具有完整的合法性來源；

——政府徵稅應奉行公民財產權在先和同意在先兩個原則，確定稅種、稅目、稅率時首先要確認和維護納稅人的財產權；

——每個稅種的徵稅目的都應該寫進稅法，並且所陳述的徵稅理由和目的是正當的、合理的和可檢測的；

——政治上排除對特權者的免稅，稅法面前，人人平等。

預算處於財政的核心位置，它首先是政治，不懂政治學是研究不了預算問題的。這是因為，財政決策過程，無論財政收入還是財政支出，都屬於政治過程而不是經濟過程。或者說，無論是何種政治活動，本質上說都是圍繞著預算資金的分配而進行的，各種政治衝突最終都會反映到預算的過程中。政治決策過程要對以下事項作出決定：公共服務具體提供什麼樣的生活資料和服務？為此需要從經濟體系中籌措多少貨幣？貨幣的籌措方法是怎樣的？等等。現代預算制度就是在此基礎上建立的。

不少財政學家認為，預算不過是政府未來的財政收支計劃表，或者說一定時期內財政收支事項的預計，這是一種嚴重錯位的認識。現代財政學早就解決了這個問題，預算是具有鮮明政治屬性的事物，是一定時期內納稅人對政府財政行為進行控制、具有實際約束力的至關重要的法律文件。

預算是一種外部政治控制，這就是法治思維，是布坎南特別強調的。諸如預算編制及編制依據，政府的財政部門和支出機構承擔的責任，預算計劃的內容、增收、增支事項，預算計劃的審議，預算變更及其理由，預算的履行情況以及責任承擔等等，舉凡政府的財政預算活動的一切，都應該以法律規範之，並提前告知於眾，接受納稅人的問責和監督。要促進預算和財政訊息透明化，在此基礎上才談得到人大審議監督、公民參與、財政以至政治問責，加上民眾所交之稅與其所享受的公共服務不再被稅制割離的因素，體制的糾錯機制才能真正建立起來。

當前的中國，經濟社會日益發展，公民社會逐步形成，通過對現行《預算法》進行系統的修訂，形成一部將法治（rule of law）與善治（good governance）理念融入其中的新《預算法》，顯得尤為重要和急迫。應當在以下方面致力於對中國公共預算的改造：

——使預算成為聯結政府與公民關係的紐帶，或授權書，或責任狀；

——使預算成為制定財政制度與政策的元規則；

——使預算具備約束政府權力的功能，降低行政運行成本，實現國家機器良性運轉；

——使預算成為公民利益和意願的表達機制，在訊息透明的基礎上，建構問責和糾錯機制；

——使預算在提高國家治理效能和行政機構協調能力方面發揮關鍵性的作用。

需要指出的是，立憲財政不是去權力之威嚴，而是使權力更加有效和更具有合法性來源，也更具有凝聚力和合乎人民的意願要求。用布坎南的話來說，對權力的控制，是透過對徵稅權的約束、對收入用途的約束來實現的。馬斯格雷夫也說過，稅收是現代民主制度興起的先決條件。換句話說，你要把權力關在籠子裡，卻沒有把徵稅的權力關進去，你等於什麼都沒有關進去。關於這個「籠子」，有人說是法律，有人說是制度，在我看來不過是一份具

有法律效力的、具有「外部政治控制」性質而我們至今竟告闕如的文件，這份文件就是預算。這樣的預算，我們從來沒有過，至今還很陌生。

央地支出責任的確認和財政問責制

中國十八屆三中全會核心文件提出「支出責任」的確認問題，即各級政府的支出責任和其所承擔的事權「相適應」，從而取代了學界長期的「財權與事權相匹配」的爭論，使其降為相對次要的問題。道理原來就是這麼簡單：與權力相對應的，從來就不是權力，而是責任，或者義務。現代財政學的知識告訴我們，所謂支出責任，應當來自於各級政府承擔的公共責任，而公共責任的來源則是國家的憲法和法律。其邏輯關係是，國家的憲法和法律確認中央和地方，以及地方各級政府的公共責任，然後經法律程序進行授權，是為「事權」的合法性來源。也就是說，有授權才有「事權」，先有責任才有權力，次序不能顛倒，接下來，才是各級政府之間「分錢」的問題。這才是對分稅制的正確理解。我們過去把重要的問題拋開去談相對次要層面的問題，當然很難找到解決問題的鑰匙。

「支出責任」（accountability）這個詞原本的狹義解釋是，行政當局向議會或針對議會的調查所提交的關於財政支出的說明或解釋；從廣義上說，則是行政當局就財政支出對議會負責。廣義的支出責任不僅要提交關於支出情況的說明，還應包括議會對於財政支出的批評，對於非授權支出或超額支出的制裁等。「支出責任」制度對於公共預算制度的發展至關重要，如果沒有支出責任制度的約束和監督，預算撥款就很可能是低效和和浪費巨大的，因為一旦公款到了行政當局的手裡，缺乏支出審查手段的議會就很難再控制監督了。這個知識來自於西方國家的財政史，對中國當前的公共財政制度建設也不是毫無價值的。

在政治領域，首先必須有權力才會有政治，隨之而來的問題是對權力進行控制，而不管是什麼權力和誰掌握著權力。所謂政治問責，其核心問題就是對權力進行控制以防止其被濫用。控制權力行使方式的最佳方式就是控制政府的活動內容和活動範圍，而控制政府活動的辦法，只有控制住它的「錢袋子」。對於實現政治問責來說，只有財政問責才最有實質性，因為它解決

的是權力轉移之後的使用問題,這是選舉制度無論怎麼先進都無法觸及的問題。政治問責只有與財政問責結合起來才有實質性的內容,於是,三中全會順理成章地提出了「預算透明」的要求。學者和官員最應注意的是,核心文件不再像以前那樣在淺層次談論「預算公開」問題,而是直指公開的目的——透明。一個真正做到預算透明的政府,才有可能是一個負責任的政府。當然,透明也不是最終目的,是為了在此基礎上建立起多中心的、全社會性質的問責和糾錯機制。

觀察政府能否提供良好公共服務的標準之一,是看直接面對公民的那一級政府是否有足夠的財政能力承擔起這種服務,而這正是中國財政體制改革的未完成領域。中國改革開放已過 35 年,但政府職能和公共責任的定位問題仍未解決,一是政府與市場的界限不清,國進民退、與民爭利的趨勢難以遏制;二是中央與地方以及地方各級政府之間的支出責任和事權劃分不清晰,央地財政關係仍處於失衡的狀態,地方財政高度依賴於中央政府,缺乏自主性。中央政府做了許多地方政府該做的事,而地方政府又不得不做許多中央政府該做的事,地方各級之間也層層向上集權,越到基層越困難。近年來,地方財政收入只占 46.7%,支出占比則高達 78% 以上,比例嚴重失調。過度集權的結果,是財政秩序紊亂,成為腐敗的溫床,而效率必然難以成長於其間。

調研中,常聽到新一屆政府和官員不願意為他們的前任做的事情承擔任何責任的說法,他是他,我是我,前任欠下的債是前任的事,「與我無關」。[25] 應該說,這完全不是一個現代政府的概念,也是各級政府機構及其官員責任與事權確認不清的結果。現代政府是一個法人,意味著以法人的身份與其他主體合作和做出的承諾就是契約,後繼者必須履行,否則要承擔法律責任。最近中共中央發佈通知,將加強對官員任期內舉債情況的考核,對給國家利益造成重大損失和損害群眾利益造成惡劣影響的官員,將追究責任。這說明責任制正式進入了行政官員的考核範圍,應該說,比過去單一考察 GDP 和財政收入的做法是個明顯的進步。

顯然，今後中國建構公共財政體制的邏輯是自下而上，重心應該在地方，特別是縣鄉基層政府的層面上，而不再是以往的唯上主義，而且一定是法律而不是一般性的規則起作用。所謂央地「兩個積極性」，也只有從這個意義上理解才有實際價值。在央地關係的處理上，當前應該做的事情主要有：

——在總體稅負不變的前提下重構地方稅主體稅種，可選擇的辦法，如分割增值稅和剛剛歸併於增值稅的營業稅，在商品零售環節上徵收銷售稅，此舉還對不同地域的公共服務及政府間關係具有難得的公平含義；

——銷售稅，還有醞釀中的房產稅等，其開徵與治理的決定權歸地方，注意不是中央開恩「放權」，而是法律意義上的「分權」，地方政府也就不必冒道德風險，以不合法的稅收優惠「關照」屬地企業了；

——在各級政府支出責任與經合法授權之後的事權基本適應之後，所謂「事權與財權相匹配」便不再是個如何重要的問題，可以在主體稅種共享而不是從稅種上徹底分家的基礎上建立起規範的分稅體制，其實世界上多數分稅制的國家就是這麼做的；

——建立中國性的基本公共服務最低標準，所謂轉移支付的均等化才是可能的，接下來，對體制便只是個「分錢」的技術層面的要求了，這就相對降低了央地財政資源配置的難度。

——中國政府會計核算依然實行傳統的收付實現制，而未接受當前世界通行的權責發生制。這不是一個簡單的技術或工具的問題。收付實現制並不核算未來年度的債務本息支出，導致中央政府得不到準確的財務報表，而一張不實的報表，將會誤導決策層和公眾，甚至釀成嚴重後果。中國至今還沒有制訂出一份國家資產負債表，也沒有提供出相對完整的政府財務報告，這是最近中央下決心進行中國性的地方債務審計的原因，也是三中全會強調建立權責發生制的政府綜合財務報告制度，建立規範合理的中央和地方政府債務管理及風險預警機制的原因。

「取之於民、用之於民」是學界和官方常用來解釋施政行為的說辭，看似挺有說服力，但經驗證明，只要有效的財政問責制度沒有建立起來，這些

承諾或說辭的可信度就不會很高。正如美國公共財政學家弗裡德里克·克里夫蘭所指出的，民主制度不能僅僅發展到選舉民主就停步不前，還必須實現預算民主，因為預算控制的缺失會使選舉產生的官員同樣濫用權力。他對此作過形象比喻：如果把政府看成國家這條船的船長，讓船長對船上的人負責的最好辦法就是控制開船所需的燃料。類似地，透過建立可以「告知過去的運作、目前的條件和將來的提議」的現代預算，公眾及其代表們就可以讓政府成為一個看得見的政府、一個有可能被追問責任和實施有效監督的政府。

以上我們從「福山定理」的後兩個要素的角度討論了財政與公共治理的關係，其實第一個要素同樣重要。以福山的原意，所謂「強大的政府」，並不是政府的規模和職能多麼寬泛和強大，而是指政府盡其應盡之責。若憲法或法律賦予政府的職責沒有做到，卻做了許多其他的事情，這樣的政府即使規模再大，也不屬於強大政府。在推進改革的進程中，中國的學者們和政府官員們應該仔細算一算，未來若干年內中國的 GDP 究竟能供養得起一個多大規模的政府，並開出一份政府行為的「負面清單」來，這才是今後一個時期中國社會發展的真問題，也是必須回答好的問題。

稅收與財政支出的公平正義

公平正義正在成為未來中國社會發展進步的核心問題，在筆者看來，其重要性一點也不亞於「深化改革」，現代財政制度既然充當著社會各子系統媒介的角色，在處理其與家庭、企業及整個社會的關係時，公平正義便是首要的選擇。這是財政之所以能夠成為國家治理的基礎和支柱，具有「塑造國家」的力量的奧秘之所在，也是現代國家治理概念的進一步延伸，對當前中國的改革發展具有非同尋常的價值。

桑德爾在《正義》一書裡是如此定義正義問題的：「要看一個社會是否公正，就要看它如何分配我們所看重的物品——收入與財富、義務與權利、權力與機會、公共職務與榮譽，等等。一個公正的社會以正當的方式分配這些物品，它給予每個人以應得的東西。」[26] 從古典自由主義的理論來說，公平正義的最終指向是「法律面前人人平等」，只有在沒有任何特權和歧視的情況下，自由才是可能的。所謂「沒有任何特權和歧視」的意思是，以同等

的方式對待每一個人，尊重每一個人。當人與人的自由發生衝突的時候，應當保障每一個人都享有最低限度的自由和權利，私人領域和公共領域應有明確的法律界限。應當接受差別原則，但某種不平等的社會安排，只有符合最不利者的最大利益才可能是正義的。這正是羅爾斯正義理論的第一個自由優先的原則的涵義所在。應當在滿足這一條件之後，再實施照顧弱勢群體的差別原則。

財政的公平正義在理論上應涵蓋收入和公共支出兩方面，以體現出人人平等的非歧視性原則。布坎南批判累進稅制的一個主要原因，就是在稅收方面追求法律面前人人平等的非歧視原則，避免被歧視群體承擔因尋租行為所產生的額外成本和制度低效率。他主張堅持稅制的經濟效率原則，即稅制設計秉持中性原則，這一原則的要點是：

——最低收入群體作為少數應經常性地得到一些稅收救濟，其形式是某種低稅率徵收或減免的政策，以保障其較低程度乃至最低程度的生活需求；

——高收入群體作為另一種少數群體，應為稅收增長承擔較多的責任，但多數人群不應對之強制施加歧視性的稅收負擔，以維護包括富人在內的少數群體的正當利益；

——徵稅總額一般由多數人來決定，他們也應該因此而最大程度地承受這一稅收負擔；

——過高的最高邊際稅率無異於殺雞取卵、竭澤而漁，因而應實行某種輕度的稅收累進稅率或輕型的稅收組合，以維持較理想的經濟效率，並創造深遠的稅收基礎。

哈耶克的「對社會中的每一個成員提供正向稅收之激勵」的思想具有啟示意義。此原則的意思是，稅收制度和政策應當具有鼓勵每個社會成員透過增加自己對社會生產的貢獻，來相應地獲得更多收入的作用。在這樣的社會，富人不是一個封閉的群體，富人俱樂部的大門是向所有有志者和成功之士開放的，向上流動的社會階梯也是向所有有志者和成功之士開放的。

與稅收等財政收入相比，社會對政府行使公共服務職能的基本考量，是保持公共支出的公平性，在基本公共服務領域實現人人平等的目標。財政若成為國家有效治理的基礎和支柱，支出正義具有同樣重要的價值，因為公共支出具有強烈的公共服務性質，是為市場和社會提供公共服務的資源配置活動，所有的政府服務於社會和國民的政策意圖都是透過公共支出進行的。所以首先要確保不能把公款花在與公共服務無關的方面，養活政府機構和公務人員的部分也不例外，更不能服務於狹隘的精英集團的利益和特權。與此同時，作為社會管理者的政府支出不能索取市場價格，不能追求市場盈利，或者說，一切與市場盈利有關的領域，都不屬於公共支出的範圍，政府都不應也不能介入。

　　政府開支一般透過兩個管道影響個人和家庭的經濟地位，即工資和收入。當政府改變財政支出的比例時，私人領域中相關的產品和服務價格就會受到影響，進而影響到人們的收入水平。同時，政府支出還透過直接的現金轉移支付和公共產品與服務供給的受益來影響個體和家庭的福利水平，這就是為什麼要減少與國民福利和收入水平無密切關係領域的財政支出的緣由。同時還應適當關照公共部門與私人部門的勞動報酬比例，在此基礎上，中國居民的收入水平在社會總收入中的比例才有可能提高。

　　公共支出公平正義的關鍵點主要有：

　　——讓公共服務惠及貧困人口、女性、兒童等社會弱勢群體，保證每一位公民過上有尊嚴的生活；

　　——優先保障對教育、公共醫療、法治等軟公共品的投入，因為這有利於優化市場環境和完善市場機制，也有利於縮小個體之間收益能力的差距；

　　——加大對勞動力市場的資金投入，使社會弱勢群體獲得同等的教育權利和差別較小的教育資源，使其「自然稟賦差異」降到最低，據以改善其就業狀況；

　　——建立公共支出的績效評價制度，據以對財政資金的花銷與辦事效果兩相比較，看其能否以較低的成本辦更多有效果的事。

第二篇　政府花錢的秘密：稅收與公共財政

　　公共支出績效要追求「4E」目標的實現，即經濟性、效率性、效果性和公平。經濟性是指以最低費用取得較高質量的公共資源，效率性是指是否以最小的投入取得了最理想的產出，效果性是指公共支出後達到的目標和預期結果如何，而公平性，則是公共支出在多大程度上實現了公眾滿意，比如需要特別照顧的老人、婦女、兒童等明顯處於弱勢的社會群體能否享受到更多的公共服務。中國至今還沒有建立起公共支出的績效評價數據庫，財政資金使用績效的相關數據收集、積累得還很不充分。財政部門雖然制定了一些財政支出績效的評價辦法，如國庫集中支付制度和單一帳戶體系等，但在法律約束力等方面顯得還比較弱。說找錢、花錢，許多官員的勁頭十足，談績效評估，則反應遲緩，無所作為。多數民眾對政府資金的使用效果越來越關注，但由於專業性所限、訊息不透明和缺乏傳導媒介，普遍的問責和責任追究機制還沒有建立起來。應該說，是集權化的政治結構和行政管理體制限制了公民的親身參與和監督，不僅政府與民眾之間難以就公共支出問題展開溝通協商，公民與人民代表之間針對公共服務問題的聯繫管道也並不密切和暢通。

　　建立中國的公共支出績效評價的法律和制度體系，就是要對其範圍、操作程序、實施主體、指標設置、評價結果應用等做出細緻的、具有可操作性的規定，以指導政府財政更好地履行其職能。要成立專門的政府績效評估組織機構，除了政府自我監督的審計部門的監督外，人民代表大會也要成立獨立的專業審計機構；除了事後的審計監督，還要把監督範圍擴大到預算的整個執行過程中去。總之，做正確的事——提供符合公民要求的公共服務，以正確的方式做事——以最低的稅收成本向公民提供高質量的公共服務，是全體公民對政府公共支出的基本定位和要求。

　　現在的情形是，人們一邊在交稅，一邊也在悄悄地給政府支出的效果打分，算計著自己交的稅值不值，然後決定自己該以什麼樣的態度面對眼前的政府，這並不是令人擔心的離心傾向，而是中國公民社會成熟的一個標誌，也是中國現實發展中的一種新的潮流。

　　熊彼特認為，財政是探討社會結構，特別是探索政治結構的最佳著眼點，是解開「亞利亞特納的線團」。經歷歷史轉型期的人們必須一邊解開「線團」，

一邊在迷宮中尋找出口，這是生活在歷史重大轉型期的人們的使命之所在。這個能夠使人們從歷史和制度的迷宮中走出來的「亞利亞特納的線團」就是財政。熊彼特接著說：「所有發生過的財政現象，都帶有政治結構發生變化的預兆」；「從國家財政入手的這種研究方法，在用於研究社會發展的轉折點時，效果尤為顯著。……社會的轉折總是包含著原有財政政策的危機。」這是因為在轉型期通常會發生財政危機，對其進行分析是全面展開社會分析的最佳出發點。他還指出，稅收不僅有助於國家的產生，而且有助於它的發展。[27]

當代學者研究財政現象的目的，就是從財政的角度展開對「所有問題」的探討，以尋找走出歷史性重大轉型期這一「迷宮」的路標。因為財政學是一門融政治學、經濟學、法學、社會學等重要學科為一體的交叉「綜合社會科學」，研究的是連接社會各子系統責任的事務，而遠不只是一門應用經濟的或政策工具的學科。確立其作為綜合社會科學的學科領域，這才是當代中國財政學者應當肩負起的歷史使命，也是建構中國「現代財政制度」（三中全會語）的關鍵環節之所在。

權力的邊界：稅、革命與改革 [28]

稅的由來是什麼

主持人：歡迎李老師來和我們一起探討稅收與法治。首先請問一下李老師，稅的由來是什麼？

李煒光：稅是應公共需要而生的，我覺得稅收應該產生於國家之前。這跟一般的說法是不一樣的。教科書上說先有國家然後才有稅收，國家不事生產，要靠別人來養活，所以它產生之後要倚賴自己壟斷的政治強權對國民收入來一次再分配，這樣就產生了財政稅收。但是，主流的說法還不是很清楚，因為國家的產生是一個過程，而且是一個比較漫長的過程，稅收在這其中哪個階段產生的？國家產生之後的這個「之後」具體指哪個時候？

中國權力的邊界：稅、革命與改革
第二篇　政府花錢的秘密：稅收與公共財政

　　考察歷史的話，稅收應該是在國家產生之前就已經存在了。比如說部落的祭祀活動、戰爭、治水，都會產生公共需要，當生產力發展到人們滿足自身基本生存需要之外出現一定量的剩餘之後，為滿足公共需要而進行的公共收支活動便成為可能。當時還是處於早期國家，國家沒有正式產生，但是由於「稅收」先其一步產生，推動著同樣處於萌芽狀態的國家承擔起越來越多的職能。部落或部落聯盟的首領的權力在這個過程中越來越成熟，也越來越大，慢慢超脫於社會之上。早期國家為滿足公共需要而出現的公共收支活動就含有稅的萌芽。而真正的稅收產生在私有財產出現之後，在中國，大致是春秋時期魯國的初稅畝改革（履畝而稅，不分公田、私田一律按畝徵稅）之後，國家要對私有制財產再進行分配，就會面對著徵收租金性質的收入，這個時候我們就認為它慢慢地像一個稅收了。當然近現代意義上的稅收還要晚，是在 1215 年，英王約翰被迫簽署《大憲章》以後，逐漸產生了經納稅人同意才能徵稅的原則，也就是「無代表不納稅」，這個時候真正的稅收才產生了。經過同意對自己的私有財產進行再分配，納稅人同意把自己的私有財產提供一部分交給國家去支配，這才是我們說的完整的或現代意義上的稅收。

　　主持人：現在國際上您最欣賞哪個國家的稅收？

　　李煒光：從制度的成熟、完善的角度說，我還是比較推崇美國的稅制。首先，現代稅制的各種要素比較齊備，比如：政府徵稅的權力來自於人民、經同意才能徵稅這一點在美國貫徹得最為徹底；法治化的預算編制、審議和撥款制度，國會設有各種專門委員會，與專職化的國會議員攜手處理各種公共預算問題。此外，治稅權在各級政府之間的配置也比較科學，講究公平和效率。美國的行政體系分為聯邦、州、地方三級，各級政府的公共財權各有各的配置，都做好了法律區分，不能違約。聯邦主要是個人所得稅和社會保障稅；州一級是個人所得稅和消費稅；地方政府主要是財產稅。這種體制比較成熟，抗變的能力比較強。拿教育來說，每年有大量的「外來人口」（移民或求學人員）進入美國，但是我們從來沒有聽說過哪一級美國政府的教育經費不夠用了。這種體制的應變能力還是相當強的，值得我們學習。

我們國家經常在中央、地方之間的稅權、財權的劃分上不穩定。不是中央少了、地方多了，就是反過來。上個世紀80年代鄧小平改革的一個主要特色是「分權讓利」，地方和企業獲得了比較多的財權、財力，這與當時地方政府承擔著比較多的「還文革欠債」的需要和經濟體制邁向市場經濟門檻是相適應的。但在1994年分稅制之前，財政收入的格局出現了中央政府難以接受的「兩個比重過低」的傾向，即財政收入中，中央政府所占比例過低、財政收入占GDP的比重過低，而國家的政治體制沒有隨之發生變化，仍是高度集權型的，這便影響到體制的存在了。分稅制是在中央和地方之間依各自承擔的公共責任劃定財權、財力的法律邊界，這樣的改革是必要的，但是改革之後出現的新問題是中國的決策機制又回到了集權體制上。讀《鄧小平文選》可知，改革開放最需要做的事情就是破除過於集中的、集權的決策機制，鄧小平深知這種機制的弊端，而且他所倡導的市場經濟體制需要的是一個分權性質的決策機制和體制。如果搞了半天又回到集權的老路上，這便違背了改革的初衷，會出現問題的。

主持人：從這個觀點，您要呼籲我們建立現代的財稅制度？

李煒光：對。現代稅制的核心是治稅權。比如說日常稅收的徵收、管理，可以由政府去做。但是它的前提是必須要經過人民的同意，經過人民代表大會的審議、批準、立法、授權的程序。所有這些都履行完了，政府才可以合理合法去履行它的管理權。稅收的統治權和稅收的管理權兩者相加，才是完整的稅收權力。如果這些我們還沒有做好的話，趕緊補課，把這些事情做起來。

人民代表大會的稅收決定權和監督權，政府對稅收的管理權，各自都應有法定的程序來加以明確、保障。聽起來我們改革有很多的障礙、很多的阻力⋯⋯但是你想想，如果從學理來說，它們其實是很簡單的。就像一個公司、一個家庭，也不能把所有的財權集中在一個人手上，也要把財權加以細分。日常的會計、出納工作，每年要形成完整的財務報告，報給董事會，董事會審議、批準來年的預算等等。一個國家更應該這樣。可是在中國，雖經30多年的改革，這些要素還不齊備。我們現在還沒有一個像樣的國家財務報告，

中國權力的邊界：稅、革命與改革
第二篇　政府花錢的秘密：稅收與公共財政

現代性質的國家會計制度還沒有建立起來，基本上還是計劃經濟時代留下來的預算會計制度，這顯然已經不適合現在的需要了。每年的財政數據和訊息還不很清晰、完整，納稅人如果想瞭解、參與的話，很難。

所謂現代稅制建設，不只是一個稅種、稅目設計的問題，還涉及權力的合理、合法、合程序的形式。這方面我們還有很多欠缺。

現代稅收原則

主持人：剛才我們提了一些國外的例子，現在我們來說說中國的財稅。中國在古代有沒有這方面可以值得借鑑的經驗？

李煒光：有。我記得我這個節目的活動預告上面「有名」和「知止」是《道德經》裡面的話，含有法治的意義。《道德經》闡述的是政治哲學的道理，老子一生沒有學生，沒有誰可以壟斷對《道德經》的解釋權，這就給我們後人留下了一個廣闊的解釋空間。大家都熱衷去解讀《論語》，我倒是更喜歡《道德經》。這兩句話非常重要，第一，始制有名，即權力的來源必須要正當合法。你執政，權力從何而來，一定要交代清楚。第二是「知止」，是指權力的行使要有一個邊界，不能想要多大的權力就擴大到多大。國家徵稅的權力也是如此。

政府也是人組成的，跟你我一樣是普通的人。既然是普通的人，我們犯錯誤，政府也可能犯錯誤，政府的工作人員也會犯錯誤。但他是掌握著公權力的人，他們犯錯誤比我們嚴重得多。如果公權力為惡的話，那就不得了。所以，一定要立憲，所謂的「憲」就是規則，或規則的規則。稅收是非常重要的一種國家權力，這種權力必須要得到制約。這種規則的基本意思是：別人同意你才可以徵稅，這是稅收來源合法性的一個基本依據。所謂財政，就是國家籌錢、分錢、花錢以及評判花錢效果的制度。

主持人：中國歷代王朝的興亡和稅收高低有什麼關係？

李煒光：剛才我說的是老子，現在要說說管子的思想。管子是春秋各派思想的集大成者，思想中道家、儒家比較多，融會貫通得比較好，尤其對法治問題的論述有的地方很接近現代——特別是他強調法治，不強調人治，可

惜後人沒有延續他的思想。例如《管子·任法》裡說：「法者，不可不恆也，存亡治亂之所以出，聖君所以為天下大儀也。君臣上下貴賤皆發焉，故曰法。」發，通「法」。「君臣上下貴賤皆從法，此謂為大治。」哈耶克據此認為，一個偉大的非歐洲的文明，即中國文明，似乎與古希臘同時發展出了與西方文明極為相似的法律觀念。

在稅收實踐上我們也有非常好的案例。比如，戰國時代，戰國四公子之一平原君在趙國。趙國有一個趙奢，曾經當過趙國的田部吏，也就是財政部長，徵稅徵到平原君家的時候，跟平原君手下發生衝突，下令殺了9個平原君家裡的傭人。平原君非常生氣，因為他的社會地位、政治地位都遠遠高於趙奢，他想殺趙奢。趙奢跟他有一個對話，在《資治通鑒》上有詳細記載。趙奢對法治與國家和個人之間的關係闡述得很清楚，既然平頭百姓都納稅，你也要納稅，貴族、高官也得服從國家的法律，法律面前，人人平等。中國的稅收法治實踐上有它獨特的歷史地位，遺憾的是很多法律思想的精華沒有繼承下來。

西方的國王始終沒有像中國這麼大的權力，他只有自己的莊園，在領地上，他有徵收權，另外有一部分特殊收入，比如說臨時有發動戰爭的需要等，可以要求貴族交納免役金或貢金等，但是事先要商量。這個規矩在中世紀就建立起來了。英國約翰王破壞了老規矩，所以貴族會議要跟他較真，迫使他簽訂了《大憲章》，在條文上明確了「經同意才納稅」的原則。到14世紀的末期，下議院就出現了。議會其實就是要對國王是否可以徵稅的問題作出決定，應這種需要才建立起來的。

輕稅：歷史上三次盛世

主持人：看中國歷朝歷代的歷史、看王朝的興衰，從它的稅制基本上就能看出來，您能給我們舉一個例子嗎？

李煒光：在稅收上考慮有節制的徵收，顧及到納稅人的生存問題，實行稅負為輕的政策，就會帶來一個好的治理結果，甚至出現盛世。中國的特點是，凡盛世的出現都是實行輕徭薄賦政策的結果，沒有找到相反的例證。中

中國權力的邊界：稅、革命與改革

第二篇　政府花錢的秘密：稅收與公共財政

國古代歷史上號稱有三大經濟發展高峰。第一次在西漢。西漢前期實行了輕徭薄賦的稅收政策，這是從漢高祖定下來的基本國策，堅持了70年，經歷了漢文帝、漢景帝，一直到漢武帝初期才停止，結果帶來了中國歷史上第一個經濟發展高峰，出現了「文景之治」，稅最輕的時候，曾經提出12年免田租，即主體稅種連年不徵。因為這個，朝廷大量地遣散宮女、減少宮廷建築，軍隊大量裁員，就讓國家花錢的地方越來越少，實行的是「黃老」的「無為而治」政策，是道家的思想，與民休息。中國歷史上大部分時間沒有用道家思想治國，主流意識形態是儒學，實質上最信奉的是法家，走國富民窮的路。但在歷史上，偏偏是實行了道家思想的幾個時期，都出現了盛世。

第二次是唐朝。唐朝最高統治者是李姓，自稱是老子李耳的後代。其實唐朝李氏家族的血統，已經不純了，長孫皇后有鮮卑血統。自唐太宗起實行輕徭薄賦的政策，公開宣布推行道家思想。它實行這個政策的時間更長，120年。120年時間之內，在國家治理上，大政方針沒有大的變化。由於長期實行輕稅政策，唐朝出現了兩個盛世。中國歷史上一個王朝出現兩個盛世的，只有唐朝，前有貞觀，後有開元。唐朝的成就在今天看起來也是很了不起的。經常有一句話叫「中華民族的偉大復興」，我不知道復興是指的什麼時候，但要是比較一下，中國在世界上軟、硬實力最強大的時候，那還是唐朝，在當時的世界上領先於其他國家。這跟它實行輕稅收政策有直接的關係，製造了一個非常寬鬆、和諧的社會環境，統治者能夠約束自己的慾望。唐太宗就是這樣，即便國家強盛起來之後，也能夠比較好地約束自己。

最後一次是清前期的康乾盛世，也是以道家思想為治國基調，也才有了彌合兩個民族因戰事而起的矛盾，經濟的恢復和繁榮。清的統治達到300年，是最長壽的王朝，在治理上有它的成功之處。

清末：革命和預算賽跑，革命贏了

主持人：您覺得我們現在的稅負重嗎？

李煒光：任何輕重都是相比較得來的。我做過橫向的比較和縱向的比較，皇權時代稅負不一定很重，反倒是長期堅持對農民實行輕稅政策。民國時候

的稅收也不能認為很重。過去的宣傳經常說它有多少苛捐雜稅，苛捐雜稅徵到幾十年以後。但是考察一下，它基本的稅收政策沒有那麼重，很多是地方軍閥徵的。從清末到民國時代，稅制建設很注重吸收西方的經驗，現在的分稅制實際上民國時就搞過，就是著名的「國地收支劃分」。「關鹽統」三稅，跟西方的工商稅制體系已經很接近了。

我有時候對中國在預算制度改革方面的超前性感覺有點吃驚。清末立憲，就是從預算開始的。1910年建立了國會，隨即開始審議預算，正兒八經地把1911年的預算往下砍了一大塊。要知道美國的預算真正建立起來也不過在20世紀初。中國近代的知識分子，比如黃遵憲、梁啟超這些人把歐洲、日本的東西引到中國來，推動力是很大的，而且跟民間結合起來，工商界的一批人士，如張謇等，推動著中國的制度轉型。當時的清政府，我也不認為它動作很慢，比起它祖宗來說已經快得不行了，但是仍然不趕趟。那時叫「革命和立憲賽跑」，最後革命跑贏了。民國時期，30年代初就有預算法，1946年進入制憲時期，開始為則政稅收立憲，搞主計制度的改革，當時這個東西在美國都還不成熟。它的意義體現在什麼地方？就是編制預算不是財政部門自己的事，而是由另外一個機構來進行。在美國是行政管理和預算局（OMB），即總統預算辦公室，編制預算是總統的責任。花錢的人不能編自己的預算，花錢不能自己制訂計劃，這個道理很簡單，從人的本性來說，肯定儘量給自己多算點，誰不願意手頭寬裕一點呢？可是這樣一來很容易造成財政資源的浪費和配置不當。

20年來的稅收

主持人：您覺得現在我們情況如何？

李煒光：計劃經濟時代談不上預算，稅收也不重要，政府徵收租金就可以了，國有企業繳納利潤。但是現在不行了，隨著經濟發展，私人財產膨脹起來了，政府領導的是市場經濟體制，稅制和財政體制的改革卻相對滯後。一些市場經濟通行的規則，我們應該尊重，要看到進一步改革的必要性，肯定跟計劃經濟時代有一個脫胎換骨的改造過程。

中國權力的邊界：稅、革命與改革
第二篇　政府花錢的秘密：稅收與公共財政

橫向比較也是這樣，我感覺跟西方國家相比，我們的稅負至少是不輕。總體稅負如果按大口徑來算，即全口徑計算政府的全部收入，學者一般都比較能夠接受的數字是 30% 到 35%。其實還有一些沒有算進來的，如果都算進來，35% 打不住，在世界上已經是屬於高稅負。因為發達國家的公共稅負一般也就是 30% 多一點，有的國家可能更高些，但那都是福利國家。

從 90 年代前期分稅制改革之後，稅負就慢慢開始加重，一直保持在 GDP 增速兩倍的樣子。近期經濟增長速度下滑，稅收的增長依然強勁，經過這些年來的結構性減稅，沒有出現明顯的稅負下行趨勢，而且逐漸形成了一種稅費此消彼長的內在機制。不能不說，我們在治國理財方面多少有點法家式的重稅主義。各級政府重視政績、重形象工程，大量金錢用在豪華慶典活動和運動會工程上面，很多資源的配置是不太妥當的。而真正最需要錢的地方，資源反而是缺失的。經常看到農村的孩子上學沒有一座像樣的橋，一條像樣的路，最該配置資源的地方沒有配置到。本來稅收負擔就重，資源配置又存在不當的問題，稅負便顯得更重，從兩個方面加重了人民負擔。人們享受不到很好的公共服務，卻又承擔著較重的稅負，我們的社會普遍對稅收有比較敏感的情緒，也就不足為奇了。

徵稅與納稅：權力邊界

主持人：您剛才說了很多權力的話題，我們可以先明晰一下兩個權力（利）：國家在稅收權力上，它的邊界在哪裡？作為納稅人來說，我們的權利在哪裡？

李煒光：你剛才提到了政府徵稅的權力和納稅人的權利，它們之間的邊界在哪。這個邊界包括各級政府機構之間的權力，分稅制體制就是分權的問題，包括國家立法機構和國務院行政機構各自的權力邊界，這屬於「有止」的問題。分稅制就是依據憲法明確各級政府所承擔的公共責任，依據這種責任賦予它權力和財力，每一項權力的授出都要履行嚴格的法律程序。授權之後，中央和地方之間便會出現一條法律的界限，誰也不能超越這個界限，所以真正分稅制實行以後，就不會再出現中央干預地方的事情。當然，實行完整的分稅制還需要稅制的改革和建設，使地方財政有「財」可依，比如美國

地方財政的財產稅，確保地方財政來源。中國比較傾向於事事維護中央，以後更應維護地方，因為地方政府才承擔著向社會提供公共服務的責任，必須保證它擁有足夠的資源做好自己的事情，特別是基層政府，與民眾基本是「零距離」，國家財源的配置，理應先顧及地方。

主持人：不管我們再怎麼改，首先要搞清楚權力是什麼。

李煒光：對。大家都認為稅收方面的問題太專業，不懂，不感興趣，其實不是這樣。稅收、預算之類的問題，官員、政府有責任把這些專業性很強的問題一項一項地分解開，讓民間充分瞭解並廣泛地參與討論。比如說預算的公民參與，這個經驗來自於國外，我們國家這兩年引進以後，很多地方做了很好的嘗試，而且有成功的經驗，可是它缺乏體制的支撐，沒有成為法律固定下來，有可能由於領導者的更迭半途而廢。改革要跟上，立法要跟上。

讓更多人參與到改革進程中來是好事情，但就怕大家參與進來一看，權力都集中在上面，下面沒有什麼可以自行決定的事情。體制必須要適應這個過程，該分權的分權，該立法的立法。體制和社會轉型的實踐現在有脫節的地方。

稅收的法定原則

主持人：下面一個網友問，為什麼中國製造的東西在原產國反而比出口到國外更貴，您認為稅收制度最重要的原則是什麼？

李煒光：稅收的法定原則是非常重要的。經立法的才可以徵稅，依據法律規定我才應該去交稅。

稅收的公平和效率原則也是應該堅持的。什麼是稅收公平？有橫向的公平和縱向的公平，橫向公平指相同收入的人稅負也大體相同，縱向公平是指不同收入的人納稅，負擔也不相同。效率原則，不是說收的稅收越多效率就越高，而是說「良好的稅制不影響市場效益的發揮」，更多地體現出稅收的中性來，不能說徵完稅以後，企業收入、居民可支配收入減少了很多。效率原則還有另一層意思，就是以儘量少的稅收成本來徵收同樣的稅收，徵收費最小化。比如說我們國家有上百萬的徵稅人員，機構龐大，除了國稅還有地

稅。美國不過就是十幾萬人，徵收量卻遠遠大過我們，相對來說我們的效率就不那麼高了。我們要把中國建成一個輕型稅收國家，中國不適合於重稅，歷史經驗不支持這一點。

中國人傳統上討厭重稅，常見企業家千方百計逃稅，個人也是，重稅影響創業和創新的積極性。其實別的國家也是如此，但是他們會透過一個「經同意才納稅」的原則來跟政府協定稅收。我們國家沒有這個程序，沒有把尊重納稅人財產權和其他權利放在稅收之前。

美國加州1978年的13號法令就是這樣，把原來的稅法推翻了，重新選一批議員開會制訂出一個新的稅則。我們這裡還是由少數決策者決定大家要交什麼稅，交多少稅。這樣我們就只有一個選擇，就是徵輕稅。這幾個月稅收已經明顯往下降了，政府也提出來「過緊日子」。我們要適應這種變化，從總量減稅做起，把我們的稅負切切實實地減下來。

歷史頑疾：分稅制不到位

主持人：下面一個問題是薛兆豐老師提的，中國正在走向城市化和人口積聚的過程，如何理順中央稅和地方稅的關係來促進政策，而不是阻礙政策？

李煒光：城鎮化會帶來很多新的問題。年初的時候曹遠徵老師和我曾經討論過這個問題，他提了一個建議，應該在城鎮化和財政體制的結合上下工夫。因為原來的體制是在中央和省之間劃分權力，主要還是依據原有的行政體制來決定財政體制，這就很難跟現在的城鎮化過程匹配起來。他的意見是將來按照城市集群，以超大城市帶動大城市和中小城市群，以後的財政體制就按照城市群落來劃分財權、財力。這個看法很有創意，但是它對我們現在按照行政權力劃分財政的體制是一個挑戰。我們現在是五級行政體制，按照這種設想，應該怎樣劃分財政財力？現有稅種怎麼才能劃分這麼細？如何改革？有很多問題需要進一步研究。

現在最大的問題是原來的分稅製做得不到位，還不完全是按照各級政府各自承擔的公共責任劃分財政財力，憲法和國家基本法律在各級政府承擔的公共責任（也就是人們常說的「事權」）上沒有做清晰的規定。一般說，越

接近於基層社會的政府，它所承擔的公共服務的責任就越重、越直接。應根據憲法和法律的規定確認的公共責任賦予這一級政府權力，然後要經歷一個法定授權程序，地方政府才能獲得和履行這些權力。對於地方政府來說，不是說有財力就可以了，還必須擁有財權。比如說現在地方政府在資源支配總量上並不比中央政府少，甚至有所超出，人們就認為分稅制並沒有影響地方財政來源與公共服務的匹配。要看到相當大一部分資源是透過專項轉移下來的，所謂「跑部錢進」就是這個意思，這個錢有項目指定的專門用途，是不能挪用的，否則要承擔法律責任，處分是很嚴厲的，地方官員不敢冒這個險。這樣一來就會造成地方花錢不少，但是不見得公共服務就做得很好，因為有財力而無財權的緣故。基層政府最知道哪裡最需要錢，錢配置在哪裡最合適，中央政府遠在天邊，在這方面它不如地方政府，那就應該把決定地方如何花錢的權力留給地方。如果地方缺乏支配充足財源的權力，就很容易造成財政資源配置不到位甚至錯配的問題。而且地方擁有財權和財源，預算公開和公眾參與以至建立我們自己的公共選擇機制，也才有實際意義，地方財源不足，就很容易出現土地財政或非稅收入過多這類尾大不掉的問題。

　　所以在城鎮化推進過程中，既要進行基礎設施建設、戶籍制度改革，更要關注到當地政府在提供公共服務的過程中涉及的具體問題，比如說城市基礎設施、醫療、養老、教育等，向這些城鎮新增人口提供，都需要錢，錢從哪來？這就帶來財政體制要跟上城鎮化發展的問題，要對現有分稅制體製做進一步的改革。應當明確，分稅制不是中央下放權力，而是分權給地方，是一種財政聯邦制性質的制度。1994年分稅制的一個缺陷就是停滯在省以下，暫時迴避了城鎮化問題，現在迴避不了了。目前18個稅種，原來地方的主體稅種是營業稅，營改增之後體制上劃歸中央了，財政體制的改革也變得迫切和複雜起來。財政研究者應該下力氣研究城鎮化中財政體制的新問題，重構央地財政關係。

稅收與法治

　　主持人：秦前紅老師有幾個問題，未來修憲時如何界定稅收法定主義？中國稅收法治與稅收民主的互動關係應該是什麼樣的？

李煒光：稅收法定主義現在還沒有到位。憲法第 56 條只規定了中華人民共和國公民有納稅的義務，並未涉及與納稅義務相對應的納稅人權利問題。作為一個國家的憲法，對於稅收的立法權語焉不詳，則稅收立法權到底歸屬於誰，是國務院還是人大，這些問題就會出現。特別是對稅收立法權、預算編制、審議、批準、監督、評估的一整套程序，還有財政體制，都要有所規定。這些問題倒不見得非要說得很細很具體，因為還有預算法、稅收基本法，但是憲法在這些問題上應當給一個說法。美國憲法說得很清楚，稅收法定、稅收分權和稅收司法三個方面都有所涉及，徵稅權歸屬國會。憲法是公法，主要目的是用來規範公權力的範圍的，不是規範公民如何做，公民納稅的問題可以由私法解決。稅收立法權歸屬和人民代表大會在預算和財政體制方面的決定權，在我們的憲法中至少要有一個原則性的規定，以後修憲，應當把它們補上。

稅收民主涉及公共選擇問題，現在人們強烈要求財政訊息公開，參與熱情很高，很多地方都有很好的試點，這是基層社會實踐走在法律前面的表現。「公開」和「公民參與」是解決問責和糾錯的機制，財稅運行不怕出錯，怕的是缺乏良好的糾錯機制。從立法層面上解決了這個問題，就可以減少很多無謂的資源錯配和浪費現象。一個公開透明的體制很容易發現和糾正錯誤，公眾透過預算看著你怎麼施政，怎麼籌錢、分錢和花錢，從這個過程人們甚至可以看出一個國家的性質是怎樣的。

納稅人交了稅，自然關心是怎麼用的，跟自己的利益有沒有關係，就像捐一筆善款是一樣的道理。在美國，納稅人可以很容易地在網站上查到自己納稅的情況，和自己所交稅款被實際應用到什麼地方去了，我們早晚也應該能做到。

未來改革的趨勢

主持人：在現在的經濟形勢下如何進行改革？您對未來的趨勢怎麼看？

李煒光：改革，不是總有機會的。我們沿著鄧小平開拓出來的改革之路前行，雖然很難，但它是一條正路，往前走就是了，但是在行進過程中總是

有人三心二意，想走回頭路。對民間，限制多於鼓勵，管制過於服務。這跟鄧時代是不一樣的，80年代，我們國家多有活力！現在的中國是一個新興經濟體，寬鬆、包容是它應有的狀態。你不能說今天這個不行，那個也不行，盯著百姓不能越界，這樣只能使改革變得越來越不可能。現在改革的空間實際上是在收窄，問題積累下來，難度越來越大。

現在看不清楚事兒的人越來越少，一些網友說的話挺到位的。要看到改革的緊迫性，時間不多，空間不大。

公共財政改革是突破口[29]

現代法治社會的重要特徵在於對於「公權力」的制約。政府擁有權力、資源，但這權力和資源只是它履行公共服務職能的必要條件。政府徵稅，是為了提供公共服務。

中國的稅負情況

三聯生活週刊：關於中國的稅負情況，民間呼聲和官方說法總是不太一樣。財政部門和稅收部門認為中國的稅負水平不高，但是從遍地開花的企業到納稅意識不斷增強的個人，都認為中國應該邁開減稅步伐。

李煒光：中國的總體稅負和微觀稅負都有偏高的問題。自1994年以來，中國財政收入已保持了近20年的高增長勢頭。2002年以來，中國政府的財政收入增長了約9.5倍，年平均增長率約為20.39%。同一時期GDP年平均增長速度為10.57%。即過去10年間，財政收入增速約為GDP增速的兩倍。中國政府的財政收入每年差不多都完成預算目標的170%以上，有幾年甚至超過預算目標的200%甚至300%。企業稅負偏高的問題一直沒有解決，最近我做過調研，民營企業呼籲減稅的要求依然非常迫切。

三聯生活週刊：財政收入的增速高於GDP增速的兩倍，是不是意味著政府對經濟成果的占有，遠遠高於社會對經濟成果的分享？並且這兩年我們的GDP增速開始降下來，可是稅負水平並沒有減少。

中國權力的邊界：稅、革命與改革
第二篇　政府花錢的秘密：稅收與公共財政

李煒光：政府財政資金的每一分錢都來自公民的口袋，稅的增加就意味著人民手中可支配收入的減少。公民納稅，政府則履行為國民謀福利的公共責任，也就是我們通常所說的公共產品和公共服務。公共產品和服務是個人力量很難生產出來的，所以需要人們把自己創造出的財富拿出一部分，以賦稅的形式交給國家，由國家來生產和提供。

這兩年我們的經濟受到國際大環境的影響，自身的經濟結構問題也進一步顯現。增速降下來了，可是我們龐大的財稅體制形成的慣性還在往前衝。經濟減緩時財政收入還在猛增，到了年底中央各部委卻又突擊花錢，儘管不一定違規但很難保證資源配置效率，這種現象是不正常的。政府不能既拒絕減稅又揮霍浪費資源。

三聯生活週刊：為什麼中國的企業尤其是民營企業對減稅的要求比較迫切？我們看到美國談到減稅，基本上是民眾對於個人所得稅特別敏感。

李煒光：這與中國的基本稅情特徵有關。第一，我們90%以上的稅收來源於企業繳納；第二，70%以上的稅收屬於流轉稅類；第三，幾乎100%的稅源屬於現金流。企業繳納的稅占到全部稅收收入的90%以上，可見企業的負擔是比較重的，尤其是中小企業，本來利潤就不多。中國70%以上的稅收屬於流轉稅類，也就是說公眾即使交稅了也不知情，沒有直接感覺到「稅痛」。流轉稅制特有的累退性給企業家投資特別是技術創新設置了高門檻，同時也推高了市場物價。

三聯生活週刊：給中小企業減稅應該是今年新政的一個重點吧。現在不論是啟動財政擴張還是貨幣擴張政策空間都很小，對經濟負面影響明顯。在這種情況下，減稅政策受到空前一致的認同。

李煒光：我認為給中小企業減稅，是當前政府減稅的一個很好的切入口。很多發達國家在稅收政策上採取「縱小容弱、宰牛殺象」的策略。給民營企業減稅體現的是一種政治智慧。對中小企業採取稅收寬鬆的政策，等它們成為有實力的大公司之後，交給政府的稅少不了。這幾年稅收對市場的擠壓非常明顯，企業負擔過重，企業家的預期就不會太好，如果這成為一種普遍的現象，對總體經濟的傷害就會非常大。

三聯生活週刊：這些年政府比較多地提到「結構性減稅」，你怎麼看？

李煒光：我不太認同「結構性減稅」的說法，實踐中也放了空炮。比如那種增值稅轉型式的改革，企業要購買固定資產才能享受進項稅額抵扣，可是當經濟形勢不好時，企業大批購置、更新固定資產的可能性並不大，那麼這個優惠政策的效用就會打折扣。實際上這兩年的結構性減稅，真減下來的稅沒多少，不少地方反倒增了稅。所以我認為，「結構性減稅」這種以「有增有減」為由的政策調整，不如直接進行「總量減稅」，切實把總體稅負水平降下來。

三聯生活週刊：現在社會上減稅的呼聲比較一致，有學者提出今年應該有 6000 億到 1 萬億元的減稅額度。具體到新一屆政府，你認為應該實行怎樣的減稅措施？

李煒光：我認為最好減稅（包括減費）至少 1 萬億以上，對總體經濟的影響才能看得出來。近年來一個不好的現像是，當稅收增速隨經濟增長速度回落而有所下降時，各級政府徵費的機制會「自動」增強，以收費彌補稅收的虧空，這種傾嚮應該得到有效抑制。在稅收方面，具體說來，流轉稅方面，應該進一步提高增值稅的起徵點，徵收率由目前的 3% 降到 2% 以下，擴大小微企業的受益面。營業稅的起徵點也應該有所提高，並將稅率普遍性地降到 3% 以下。在所得稅方面，年營業額 50 萬元以下的企業都應視為微型企業，不徵稅。小型企業應實行超額累進稅率，根據小型企業的盈利水平制訂新的所得稅稅率表。小型企業平均稅率應降到 15% 左右（世界平均稅率 17%）。最近我在調研中聽到不少民營企業反映所得稅的稅負偏重，所以我主張企業所得稅也應該減下來。

財稅是深化改革的突破口

三聯生活週刊：減稅政策實際上是政府主動讓利的一個過程，是推進改革的一個方面。但是政府怎麼減稅、減多少，這其中的制衡因素有哪些呢？

李煒光：政府首先應該將龐大的財政開支減下來，特別是行政事業費用、供養機構和官員的各種開支。民眾的富裕或者貧困，取決於他們與政府之間

的分配比例。如果一定時期內的社會財富是一個恆值，那麼政府占有的部分多了，人民占有的部分必定少。政府變得富有，關係民生的基本公共服務項目就很容易被忽略。

現在隨著政府掌控的國民收入的份額迅速增長，國有部門的壟斷進一步加強，一些政府官員和國企高管憑藉自己手中的權力和資源層層尋租。按照稅收中性原則的要求，政府徵稅之後，市場機制的運行不能被扭曲，企業的正常經營不應受到很大影響，但是目前這方面顯然做得不夠好。

三聯生活週刊：我們有一種理解是，政府將財政集中上收之後，會在最需要的地方增加公共支出，這樣就發揮了政府在總體上的調節作用。

李煒光：增加公共支出並不會自動提高公共福利，它可能產生兩種效應：一是稅收水平提高，個人可支配收入下降；二是產生「擠出效應」，公共行為在一定程度上替代了私人活動。我們如果用人均來計算政府實際財政收入（包括「第一財政」和「第二財政」），已經超過了每個中國人的實際可支配收入。顯然，現在政府的權力確實過大了。

從財政收入以及政府支出的數據來看，改革開放30多年之後，我們這個國家的體制在某種程度上來說，又回到了它的起點。一個職能、規模都呈現一種無限擴大、無限增長態勢的政府，正在我們面前一步步形成。

三聯生活週刊：稅收政策的改革，實際上也是限制政府權力的一種過程。

李煒光：溫家寶總理曾經指出：「其實一個國家的財政史是驚心動魄的。如果你讀它，會從中看到不僅是經濟的發展，而且是社會的結構和公平正義。」可以說，我們政治體制的核心和基本問題，是政府的財政體制和財政預算問題。

當一個社會的政治體制理得比較順的時候，財政的政治性沒有那麼強。可是當體制不能完全體現社會公平時，財稅制度的政治性就比較強。這是中國財政與西方國家財政的區別所在，中國財政學者和實踐者承擔的特殊使命所在。

稅就其本質來說，是政府履行公共服務的責任，因而具有更為強烈的「大眾化」屬性。政府徵稅須以公眾的集體需要為依據，構建社會安全網，提供良好的公共服務，使政府的財政活動符合全體公眾的利益需要。但政府與人民的利益並不總是一致的，既有合作的一面，也有對立的一面。公眾對於公共產品的相對價值（如增加軍費重要還是治理環境重要）和公共支出的順序（如經濟建設為先還是改善民生為先）的看法，與政府官員們的看法就經常是不一致的。這個時候怎麼去界定政府的權力，如何體現民意就顯得非常重要了。

三聯生活週刊：中國對納稅人的權利也有法律規定，但是從每個具體納稅人的感受來說，會覺得自己行使權利的方式太有限了，好像個人很難去影響稅收這樣的大政策。

李煒光：與其他社會經濟制度下的政府一樣，市場經濟中的政府也擁有權力，但那只是一個向社會履行責任和提供公共產品和公共服務職能的必要條件，一個服務於全體納稅人的載體。

政府應當情願把過大的財政權力退出一部分（如治稅權、預算權等核心權力）移交給人民代表大會，才有可能把自己定位於公共服務而非統治者的角色，才有可能心甘情願地接受民眾對它的制約和監督，從根本上杜絕財政腐敗，也才有可能自覺地推行有利於實現公平正義的稅收制度和政策。現在我們的預算程序和決策機制，尚不足以將日益增長的財政資源導向國家戰略與政策的優先領域。

三聯生活週刊：這種對權力的讓渡，也需要法律層面的配套。

李煒光：正是因為財稅民主是一個國家制度的核心，它很可能成為中國深入改革的一個切口。現在的改革非常艱難，每往前走一步，都會牽扯到各種利益糾葛。而財稅民主、預算民主是個根本性的問題。

我認為在中國未來的財政稅收的基本法中，應將納稅人的基本權利列為財政立法的宗旨和重要的法律原則，重點設置納稅人的立法權和監督權兩項基本權利。要進一步完善人民代表大會制度以保障納稅人上述基本權利的實

現，政府的所有財政活動都要真實而完整地置於納稅人的監督控制之下。公共財政改革，是當下推進改革的一個路徑。

改革推動力或許來自基層

三聯生活週刊：1994年實行的分稅制，是造成我們今天稅收局面的一個起點。今天回頭看分稅制的形成，我們會怎樣從歷史角度來評價它？

李煒光：上世紀90年代初期，中央媒體載文批評地方的「諸侯經濟」，說明中央和地方在資源掌控方面存在矛盾。在此之前，鄧小平時期的「分權讓利」是對「文革」時期政府高度集權的一種糾正。市場經濟是一個分權的社會，權力的配置應該是分散的，分權讓利的改革是它的第一步。但是這樣做與中國集權型的政治體制發生了矛盾。所以上世紀90年代中央政府急於解決「兩個比重過低」的問題：一是中央財政收入占整個財政收入比重過低，一是財政收入占GDP的比重過低。中央希望透過建立新的分稅體制，重新掌握對財政的支配權。

分稅制本身沒有錯，但分稅本應該是一個分權的改革，即中央和地方按照憲法確定的各自承擔的公共責任來配置財權、財力。當時地方政府的財權比較大，使得中國傳統的以集權為基本特徵的政治體制受到了威脅，所以1994年開始實行的分稅制，變成了一個中央上收權力的過程。當中央把大部分財權收到了自己手裡之後，地方政府不可避免地出現了巨大的財政缺口，只能自己尋找「創收」之路，於是土地財政就出現了。在相當長的一個時期內，中央對地方政府的一些打「擦邊球」的做法，睜隻眼閉隻眼，大概當時也只能如此。

三聯生活週刊：分稅制使得地方稅收不夠，這也是我們儘管詬病土地財政又沒有解決方法的重要原因。地方政府的發展受困於目前的分稅制。

李煒光：中央政府有增值稅、消費稅等作為主要財政來源，地方政府則主要依靠與中央共享的一小部分增值稅和營業稅，以及城鎮土地使用稅等地方稅種，地方稅的種類很有限。現在地方政府雖然可以透過「跑部錢進」得到一些中央的轉移支付，可是專項支付轉移是跟著項目走的，並且不能移作

他用。往往最需要財力的地方，卻沒有相應的資源配置，如某個小鎮上的孩子們上學要渡過一條河，河上沒有一座橋，那橋一直沒有建起來，直到渡船翻了，淹死了11個孩子。須知，地方政府與人民之間是「零距離」，直接面對為民眾提供服務，他們往往最知道民眾有哪些需求最為迫切。有些地方、有的時候，轉移支付並不見得是最好的選擇，地方政府應該有更大的財權、財力的支配權，與它們所承擔的公共責任和法定的事權相匹配。

分稅制的改革應該是分步驟實施的，可是中央政府在解決了「兩個比重過低」的問題後，就失去了進一步改革的動力，於是省以下就沒有繼續推進下去，分稅製成了一個半拉子工程。國家憲法應該對中央以及地方政府的責任和職能有明確的界定，再根據不同級別政府的職能，來劃定各自徵收的稅賦，用以滿足各自公共支出的需要。而人大，則行使審議批準的權力和依照法律授權的責任。這以後的程序，就是全方位和全過程的監督、控制。

三聯生活週刊：但是分稅制應該改革的呼聲也提了好些年了，總也不見動靜。中央財政自上而下主動放權的可能性大嗎？

李煒光：政府大小看財政，我們的集中式財政已經「養」出了一個職能過於寬泛、規模過於龐大的政府，正在向無限政府的方向步步發展，它所需要的財政資源越來越多，這種趨勢令人憂慮。發達國家在經歷長期經濟增長後，普遍形成的一種制度安排是，經濟增長與社會的福利化存在著正關聯的關係。改革的機會並不是總有，如果政府不趁經濟相對繁榮時主動地減稅讓利，並承諾從此不再與民爭利，可能就錯過時機了。

三聯生活週刊：這幾年中國民眾的納稅人意識增強了，從小區維權、對政府問責、關心制度改革等不同方面體現了出來。

李煒光：比起自上而下的改革，這十年我覺得中國公眾的納稅人意識日益增強，這種底層的變化更讓人欣喜。

但是，當民眾想關注我們公共財政的政策時，卻發現中國的財政體制是向上集中的。錢基本收到上面去了，與基層政府和民眾直接相關的事情，沒有多少財力可供支配，沒有多少項目可供選擇。以前總說我們的納稅人意識

淡漠，其實一些政府官員自己的納稅人意識也淡漠。實際上，公民們總體上並不厭煩交稅，他們反對的是稅負不公平或是個人享受不到好處的交稅。比如說房產稅，居民購買的是住宅，跨出自家的房體就是公共空間，就有權對小區道路建設、消防器材的配置、小區門口公交站的設立，甚至拴狗的設施等提出要求，這就是公共服務，大家也才有交稅的動力。比如加拿大的房產稅，對應的有 30 多種社區公共服務項目。也就是說，公民在交了稅之後，政府資源配置是跟著交稅者的需要走的。可是，我們在宣傳房產稅改革的時候，有哪一位官員認真地回應過民眾的這些要求呢？

現在中國在試點徵收房產稅，我覺得這可能是中國稅收走向民主的一個推動力。房產稅是直接稅，之前中國民眾很少直接去稅務局交稅，個人所得稅是代扣代繳的，流轉稅是含在商品價格里邊的，普通人很難感覺到「稅痛」。但直接稅是錢進了個人口袋後，需要再掏出來的。那麼每個人在交稅的時候，一定會非常在意自己獲得的相應權利是什麼，一定會關注開徵這個稅以後給他減了什麼稅，總不能改革後讓大家的稅負加重吧？現在的人們已經不再那麼好糊弄了。我覺得中國的公共財政改革，今後來自底層的推動力會更大，會發生以往我們未曾預料到的許多事情。

▌政府花錢的秘密 [30]

說不清的「秘密財政」

大家好！

今天講的題目是「政府花錢的秘密」。我想說的是，我們國家的財政一直不是很公開，財政收入支出總規模究竟是多少？中國人大、政府，一直沒有提供出一個全面、精確的數字來，可以冠之以「秘密財政」。每年「兩會」上的預算報告，只是預算內的。比如說 2007 年是 5 萬多億，2008 年是 6 萬多億，其實這只是財政預算的一部分，在它之外還有相當規模的預算外的收入數沒包括進來。如果把這些統統算上的話，國家財政到底有多少錢？到底花多少錢？還真說不清。

2007 年「兩會」期間，中央黨校的周天勇先生向記者透露了一個財政收入 9 萬億的說法，這等於向輿論界扔了一個炸彈。人們以為財政預算就是報告上的 5.1 萬億，結果出來一個數字是 9 萬億，大家都很驚訝：難道預算之外還有財政收入？事實告訴我們，有，而且規模不比「預算內」小多少。

過去看過一部老電影，作為一家之主，年終總是要把這一年的進項、出項算清楚並向全家人交代清楚，收了多少房租，多少地租，經商賺了多少錢，大奶奶二少爺這一年支出了多少？用在了什麼地方？做起來決不含糊，中國傳統的家庭還是蠻講規矩的。

中國國家制度上的一個重大缺陷，就是改革開放 30 多年了，還沒有把預算外收入這塊治理好。行政性收費這些年又興起來了，經營性收費只要是一級政府部門就有收費的權力，下個文件就可以收費，這是大家比較熟悉的弊端。這樣的政府預算就必然是非常不規範的，不受制約和監督的，這樣的政府財政預算也就必然是「秘密的」，有很多我們看不清楚的問題，甚至連管錢的人自己都說不清楚，一直沒有給出一個準確、清晰的政府財務報告來。

被忽略的納稅人權利

中國人民勤勞智慧，非常能吃苦，改革開放 30 年，創造了巨量的財富，這是沒有爭議的。問題是這 30 年經濟雖有大的長進，卻沒能使社會上的多數人享受到比較理想的國民福利，比如公共醫療、社會保障、基礎教育、基本住房等社會福利；還有，社會成員之間的貧富差距、東西部差距、城鄉差距以及城鄉各自內部的差距等，都有越拉越大的趨勢。而這些恰恰是政府收了稅之後應當提供的公共產品和公共服務。30 年來遺留下不少問題沒有解決，這是近來最讓人憂慮的事情。

人民創造財富，就應當享受到相應的國民福利，這是大家交稅的理由，兩者應該是正相關的關係。經濟增長使政府財政收入增加，財政增加提供公共服務的能力就提升，人民享受的福利待遇從道理上說就應該得到逐步改善，而不是相反。但是現在看上去感覺不大是這麼回事。這是我想講的一個悖論。

中國權力的邊界：稅、革命與改革
第二篇　政府花錢的秘密：稅收與公共財政

這個問題已經引起了決策者的注意，提出了建設和諧社會理念，並且從絕對額上開始逐步增加對社會保障、醫療、教育等財力的投入。政策上每年都在加大對社會保障等提高國民福利方面的財政支出，近年來力度在逐漸加大。

問題是我們剛才所說的種種不公和巨大的差距卻並沒有因為實施了這樣的政策而得到改善，反而更加嚴重了。這個悖論反映出了公共福利領域的供求矛盾日益嚴重和激化。各種本來應該由政府承擔的福利性制度安排在逐漸弱化。而公民個人承擔的教育、醫療和住房成本在不斷地上升。

GDP 增長很快，政府財政收入也很多，但是由於我們沒有很好地解決國民福利問題，整個發展含金量，它的價值、它的意義無形中下降了。

我們經常講經濟結構失衡，失衡可以從兩個方面理解。一個就是由於我們所處的客觀發展條件造成的公共產品和公共服務的供給不足；第二種失衡是政府能做，可以做，也做得到，但是沒有做，從而造成公共服務的供給不足。這兩種失衡，在改革開放的前期，第一個理由是成立的。但從 21 世紀開始的近 10 年的時間，我們感覺上確實是「不差錢」了，可以操辦世界規模的盛會，讓世界各國的人們刮目相看，如果仍以「國家窮」為理由，就說不過去了，所以不能籠統地講失衡，要看究竟是什麼東西失衡了。

為社會提供公共產品和公共服務，這是政府的職責所在。納稅人交稅，稅收除了維護政府日常運轉外，絕大部分都應該用來提高國民的福利，搞好公共服務。在座有很多學法律的，從法理上來說政府和公民之間是平等的關係。有一句名言，稅收是文明的對價。有些產品、有些服務，公民自己不能生產，只能花錢買，找政府買。所以這是一個非常簡單的問題，回到常識，要回你的國民福利、基本的公共服務和公共產品的權利，爭取到你作為一個納稅人的權利，比空談民主立憲要好得多、實在得多。

這裡有三個誤區：第一，公民繳稅的目的問題。稅收宣傳上一直說交稅是支援國家建設，到底是為了什麼？中國憲法第 56 條規定：中華人民共和國的公民有納稅的義務。但是現代稅制和公共財政的基本道理告訴我們，公民交稅，同時政府有提供公共服務的責任。

我聽陝西一位朋友講過一個真實的事情。去年，陝西省西安市一個多年的納稅模範戶，做油漆生意的。他鄰居家著火，很快把他們家也點著了，所有的家產一燒而光。他沒買任何保險，找鄰居索賠，鄰居家燒得一無所有，比他還慘。情急之中，他想，自己不是多年的納稅模範嗎，去找稅務局，看政府能不能救濟一下。找到稅務局，稅務局說沒這方面的規定，也沒這筆資金。這位納稅模範陷入絕望——平常交給政府那麼多錢，當我有災難了，怎麼一點幫助都得不到？這事之後，陝西的一些學者提出建立一個政府救助納稅人特殊災害的基金。這社會上遭災的人總是極少數，政府從稅收裡拿出一點零頭就足以支援受難的納稅人個體了，為什麼不能做呢？

如果我們的徵稅者、納稅者都有納稅人的權利意識，把納稅人權利認真地寫進憲法裡，或者寫進稅收基本法裡，這樣的基金就有可能成立。我們在納稅宣傳的時候，不能把交稅只當作公民的義務，它還是公民的一項權利。如果把這個觀念變成我們的一種文化、一種行動，情況就會好得多。

第二個誤區，政府職能的定位問題。改革開放30年一直在找政府職能的邊界在什麼地方。既然是邊界，就應該認真地用法律把它劃定下來，任何人不得越界。18世紀，英國首相小威廉·皮特有句名言：「風能進，雨能進，國王不能進。」就是窮人的破房子風能吹進來，雨能下進來，但是國王不能進，因為我這個破房子有法律保護的。中國雖然最近兩年有了《物權法》，但在許多問題上還有欠缺，有待完善。

稅收首先就要劃定權利範圍，徵稅是對公民的私有財產徵稅，至少得跟大家商量一下，透過代議制的形式，人大討論通過了，這個稅種、稅目、稅率大家都認可了、接受了，納稅人的遵從度自然就提高。如果徵稅這樣的大事都沒商量，我說徵得太多了，你還是該怎麼徵就怎麼徵，我自然討厭這樣的賦稅，唯恐避之不及。我記得消費稅調整的時候，汽車業100多家老總聯名給人大寫信試圖影響一下這個決策。但是直到政策實施，100多個企業家沒有收到中國人大的任何回應，這起碼是沒有尊重納稅人，高高在上的架勢。政府的公權力和百姓的私權利界限不清，這是一個需要解決的問題。

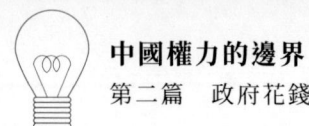

第三個誤區，公共支出問題。為什麼政府每年都要安排預算？我們跟美國或者其他西方國家不一樣的地方是，他們大部分的費用，支出在社會保障和國民福利上，而中國的財政支出大部分是用於經濟建設上。像去年開始的4萬億的投資，就是一筆很大的支出項目。這樣的支出項目沒有經過中國人大的審批。

因為財政稅收數字的背後就是涉及每個人的權利和利益，公民的納稅人意識在覺醒，很多國民開始意識到自己應該擁有這個權利。

影響公共服務水平的四個因素

影響政府公共服務水平主要有四個因素。第一，國家的經濟發展水平；第二，政府財政能力；第三，政府對公共服務支出的相對偏好；第四，政府提供公共服務和公共品的效率。政府財政資源都在政府的手裡控制著，它可以做這個事情，也可以做那個事情，那麼，誰來決定它做什麼或不做什麼事情呢？必須回答好這個問題。集權型政府的偏好對社會經濟的發展影響是很大的，比如政府想振興京劇，京劇準能振興。因為它掌握著所有資源的控制權。財政稅收、預算，也是一樣的道理。

這四個變量中，經濟發展水平和財政能力決定著政府提供公共服務的能力。如果經濟發展水平高、財政收入多，那麼提供公共服務的能力就強。這是制約公共服務的客觀條件。而政府對公共支出的偏好是主觀的因素，中國政府的公共服務水平還存在一些問題，就是公共品的供不應求、矛盾凸顯，有的人享受好一些，有的人就差很多。像農村的新農合就是這樣，50塊錢漲到100塊錢，這樣的比例對農民幫助是很有限的。這次新醫改方案拿出8000多億，三年內每年增加兩三千億的規模，規模聽起來不小，但是相對來說並沒有增長多少。多年來醫療占GDP的比重一直是3%到4%，在世界上處於末尾的水平。

中國有學者最近做了研究，收集了50多個國家和地區的統計數據，其中包括低收入國家、中下等收入的國家、上中等收入的國家和高收入的國家在內，對這些數據進行研究分析以後得出結論，由於我們剛才所說的政府主觀

層面的原因，造成了中國政府的公共服務提供量和理論上的適度偏好的提供量之間存在著很大的差距。公共服務理論上能夠提供多少，但是由於它的偏好使得實際提供多少？這樣一對比問題就出來了：1978年，這個差距是0.141個百分點，2006年這個差距被拉到了3.118個百分點，政府責任實現的程度由1978年的87.5%下降到2006年的52.4%。比如農村醫療，就很難說現在比30年以前情況好多少，實際情況依然嚴重。

實踐中我們希望人大對政府的財政行為造成監督的作用，在制訂或修改稅法、履行預算職責的時候發揮領導性的作用。中國憲法和立法法等法律都有相關的規定，但在實踐中，中國120來個稅種，只有兩個稅種是經過了人民代表大會確定的（後來增加了一個燃油稅，為3個稅種，加一個稅收徵管法），其他稅種都是由政府自行制定章程就徵收的。國家的預算一半多一點是經由人大審議通過的，其餘的都不是。

人大應該起的作用，就是「看好人民的錢袋子」，經濟上、財政上就是控制住預算的編制和審批過程，同時對預算的執行和決算過程予以實時的監督。

我曾經去過香港，香港的立法會對財政預算的審議是很認真的。我去的時候是2000年，跟香港立法會的一個議員談過。她告訴我，特首董建華曾打算改造一下棚戶區。我見過那些破房子，經過立交橋，底下就有。但是錢從哪兒來？香港的預算非常嚴格，定得死死的，嚴格到每一分錢都有安排，不能隨意更變。所以特首想改造棚戶區這個事情，必須另想辦法，開徵一筆新稅。可是決定徵稅的權力卻不在特首的手裡，他自己定不下來這個事，徵稅的權力在立法會。特首要得到徵收這筆稅的權力，事先必須得到立法會的批準，所以他就向立法會提出了一個提案。

這份提案到了立法會，議員們爭論得很厲害，大家認真討論、認真聽證，立法會外面有人遊行，表達自己的意見，都是常態。最後投票，結果是沒通過，提案退回到特首手裡。特首拿到方案修改了一下，第二次又提交到立法會。立法會再啟動一次程序，再重來一遍，於是又開始辯論、聽證，外面又

開始遊行，輿論、報紙就熱鬧起來了，可是第二次投票又沒有通過，提案又被退回特首。

特首拿到這個東西難為了。這時候他有兩個選擇，一個是放棄，不徵這個稅也就什麼事都沒有了；第二個選擇是他可以解散立法會，特首有這個權力。立法會解散了，可是香港不能沒有立法會，必須要形成一個新的立法會。可是不能說特首自己找一些人當立法會代表，還得香港人民一票一票選出來。新的立法會成立後，所做的第一件事還是審議那個提案。這時候特首後悔也來不及了，因為他已經啟動了某項政治程序。新的立法會再度審議這個提案，這個提案通過了可以徵稅去，沒有問題了，問題是沒有通過怎麼辦？沒有通過，特首就得辭職！財政預算上的權力劃分得清清楚楚，絕不含糊。

那次從香港回來，我特意帶了三大本預算報告，厚厚的，那裡面，每一項都規定得非常細緻，每一分錢都有安排，絕不含糊，非常嚴肅。涉及錢的問題，又是大家的錢，認真是應該的，不認真是不應該的。

讓預算透明化

總的說起來，要想讓政府花錢透明，不再變成一種秘密，就必須要實現人民代表大會對預算的控制和監督。

預算是關於政府未來支出的計劃，而不是政府財務支出的事後報帳。

我們經常把它當成一個事後報帳，事先不經過嚴格的批準。收入和支出都是處於糊塗的狀態。

第二，預算是統一的計劃，政府所有的收入、支出都必須列在預算裡，不能有例外，不能有游離於預算之外的財政支出。

第三，預算必須是一個詳盡的計劃。要明確地列舉所有項目的開支、數字，對它們進行合理的分類。

第四，必須清晰而細緻地說明預算中每一項開支的理由。不是對上級政府首長說明，而是對人民代表大會說明，對中國每一位公民做詳細的說明。

今年兩會上，蔣洪委員提出了一個議案，主張讓財政權利、稅收權利回歸人民代表大會，他專門附了一份文件，主張財政公開，把上海財經大學對中國 31 個省市的預算透明度進行了排名，要求政府公開透明地用錢、花錢。這個排名在國內、國外都引起了比較大的震動。在後來的一次會議上，有幾位教授站出來反對財政透明，理由是政府財政支出透明了，會影響國家安全，也不利於財政穩定，比如用多、用少了意見不一致會引起民眾不當參與，影響穩定。我感到很奇怪，財政透明了反倒不安定？這說明慣性思維影響學者的程度有多深。

第五，必須要對預算有所控制、監督。計劃之外的預算絕對不能予以報銷。

第六，預算計劃必須要得到人民代表大會的審議、批準並接受其監督。從開始編制預算到實行，事前、事中、事後，特別是事後，人大的監督也是嚴重缺位。這個漏洞客觀上被一些人利用，就造成了財政資金被亂用或者是權錢交易，腐敗現象始終得不到有效治理的情況。貪官們殺的殺，關的關，可是制度上、體制上的弊病依舊存在。

今天就講這些，感謝大家給我提供這樣的機會，謝謝！

公共支出的歸宿在哪裡？[31]

公共支出，也叫財政支出，即政府為了履行其職能而支出的一切費用的總和。公共支出反映了一國政府的政策選擇，代表著執行這些政策的成本有多高，消耗的資源量有多大。而我這裡所說的公共支出的歸宿，則是指政府公共支出對社會福利分配的影響，即公共支出的利益分別由哪些社會階層獲得。

政府的公共支出具有強烈的公共服務性質，是為市場和社會提供公共服務的資源配置活動，這是市場社會對政府安排公共支出的最基本的要求。政府不能把錢花在與公共服務無關的方面，包括養活政府機構和公務人員的部分也不例外。與此同時，作為社會管理者的政府支出不能索取市場價格，不

能追求市場盈利。或者說,一切與市場盈利有關的領域,都不屬於公共支出的範圍,政府都不應也不能介入。

保持公共支出的公平性,是社會對政府行使公共服務職能的基本考量,其中的關鍵之點,在於如何讓公共服務惠及貧困人口、女性、兒童等社會弱勢群體,而不是服務於狹隘的精英集團的利益和特權。市場社會對政府公共支出責任的約定是,要率先保障對教育、公共醫療、法治等軟公共品的投入,因為這有利於優化市場環境和完善市場機制,也有利於縮小個體之間收益能力的差距,同時與恰當的稅收政策相配合,將財富繼承者在個人生命週期收入中的份額約束在適當的水平上,使人們有更大的可能面對相同的機會集合,而這正是市場機制得以充分發揮(良性競爭)的前提條件。

但充分市場競爭的實現只是完成了事情的一半,因為它的結果常常是殘酷無情的:能者富可敵國,弱者「亡立錐之地」(《漢書》語)。這種並不理想的分配結果凸顯了選擇市場經濟體制的國家財稅職能的特色,即弱化財政的資源配置職能,而加強調財政的分配職能。透過稅收政策和財政支出政策的調整,改變不同社會群體分享社會財富的份額,以保證每一位公民都過上符合人之為人的起碼尊嚴的生活。如果這個邏輯成立,就意味著未來幾年內中國財政職能也將發生這種根本性的轉變。

政府開支一般透過兩個管道影響個人和家庭的經濟地位,即工資和收入。當政府改變財政支出的比例時,私人領域中相關的產品和服務價格就會受到影響,進而影響到人們的收入水平。同時,政府支出還可以透過直接的現金轉移支付和公共產品與服務供給的受益來影響個體和家庭的福利水平。這就要求政府適當減少用於與國民福利和收入水平無密切關係領域的財政支出,轉而大力增加涉及民生的投入,如教育、公共醫療及其他基本保障,同時適當照顧到公共部門與私人部門的勞動報酬比例,中國居民的收入水平在社會總收入中的比例才有可能提高。

此外,中國勞動者之間分配不公的現象很大程度上是由勞動力市場的人為分割造成的,這裡面不可避免地有政府的責任。只有建立相對統一的勞動力市場,實現公平競爭和勞動力均衡價格,解決勞動要素之間分配不公的問

題才有可能找到出路,這需要政府部門堅持以公共利益為最大化目標,加大對勞動力市場的資金投入。經濟學的研究表明,對個人來說,受教育程度越高,就業選擇的能力就越強,就越有可能獲得較高的收入。「幸皆柔淑姿,稟賦誠所獲」(宋梅堯臣詩《新婚》),政府透過對社會弱勢群體的教育投入,使其獲得與強勢群體同等的教育權利和差別較小的教育資源,把他們的「自然稟賦差異」降低到最低的限度,同時加大勞動者技能培訓方面的投入,即可有效地提高弱勢群體的基本素質,改善他們的就業狀況。

中國政府在上個世紀80年代針對農村貧困地區的一般公共支出和專項扶貧支出仍有相當的規模,對於減緩貧困的蔓延發揮了重要作用,可是自21世紀以來,儘管扶貧公共投入的絕對額仍在增加,扶貧成本卻也在不斷上升,扶貧的效率遞減、效果越來越不明顯是現象。例如貼息貸款是扶貧支出的主要支出項目,績效卻很差,大部分貼息貸款都沒有發放給農民,而是更多地投向了工業企業,對於減緩貧困於事無補。以工代賑也有問題,至今沒有專門針對貧困群體的需求安排的項目,而是更多地用在了一般工程項目上,與滿足農民需求和提高農民收入不怎麼搭界。應該對貼息貸款制度進行改革,適當增加小額信貸的發放,使農民真正成為財政貼息的受益對象,還應當增加對退耕還林、還草的財政補助,使其在扶貧方面發揮更大的作用。

不管怎樣,公共支出不能「歸宿」在少數貪圖不義財富者的私囊裡,然而這卻是多年來中國財政支出領域罹患的最大病症之一。如中國鐵路建設近幾年雖有飛速發展,但其中的貪腐問題也相當嚴重,鐵道部原部長劉志軍案即可說明問題的嚴重性。多數鐵路建設耗費的是納稅人的錢,上萬億的負債、每年數百億的利息,都將是極為沉重的公共負擔,關係到每一個納稅人的切身利益。

目前世界各國在公共管理中普遍推行公共支出的績效評價制度,許多國際組織、決策研究機構也參與其中。公共支出績效評估,就是對財政資金的花銷與辦事效果兩相比較,看其能否以較低的成本辦更多有效果的事,使財政分配實現「4E」目標,即經濟性、效率性、效果性和公平。經濟性是指以最低費用取得較高質量的公共資源,效率性是指是否以最小的投入取得了最

理想的產出,效果性是指公共支出後達到的目標和預期結果如何,而公平性,則是公共支出在多大程度上實現了公眾滿意,比如需要特別照顧的老人、婦女、兒童等明顯處於弱勢的社會群體能否享受到更多的公共服務。

中國至今還沒有建立起公共支出的績效評價數據庫,財政資金使用績效的相關數據收集、積累得還很不充分。財政部門雖然制定了一些財政支出績效的評價辦法,如國庫集中支付制度和單一帳戶體系等,但在法律約束力等方面顯得還比較弱。說找錢、花錢,許多官員的勁頭十足,談績效評估,則反應遲緩,無所作為。多數民眾對政府資金的使用效果越來越關注,但因專業性所限、訊息不透明和缺乏聲音傳導媒介,普遍的問責和責任追究機制還沒有建立起來。應該說,是集權化的政治結構和緊密的行政管理體制限制了公民的親身參與和監督,不僅政府與民眾之間難以就公共支出問題展開溝通協商,連公民與人民代表之間針對公共服務問題的聯繫管道也不顯得密切和暢通。

此外,觀察政府能否提供良好公共服務還有一個重要標準,就是看直接面對公民的那一級政府是否有能力承擔起這種服務的足夠的財權和能力,這就提出政府內部責任與財權劃分的問題,而這也恰是中國財政體制改革的未完成領域。

努力的方向,應是致力於建立中國的公共支出績效評價的法律和制度的體系,對其範圍、操作程序、實施主體、指標設置、評價結果應用等做出細緻的、具可操作性的規定,以指導政府財政更好地履行其收入分配的職能。要建立專業性十足的公共支出訊息數據庫,確保其真實可靠並及時公佈於眾,放開讓人民監督。應樹立這樣的觀念:凡涉及花納稅人錢的方面的規定,越細越好,限制的越嚴越好。凡財政訊息,公開的為一般,保密的為特殊,且保密的範圍也要經立法程序確認。要成立專門的政府績效評估組織機構,除了政府自我監督的審計部門的監督外,人民代表大會也要成立獨立的專業審計機構;除了事後的審計監督,還要把範圍擴大到預算的編制和執行過程中去。同時,還要繼續推進中國改了半截的分稅制,把支配財政資源的權力合理地配置於各級政府之間,將公共支出的責任和相應的財力配置給直接開支

資金的政府級別，這裡當然指的是地方基層政府，以保證他們在向公民提供某種公共服務時不至於囊中羞澀。

　　政府支出和收入增加的目的在於改善個體與家庭的經濟處境，這就是公共支出的最終歸宿。做正確的事——提供符合公民要求的公共服務，以正確的方式做事——以最低的稅收成本向公民提供高質量的公共服務，則是全體公民對政府公共支出的基本定位和要求。

第三篇　輕稅育民：稅與納稅人

▌公民更應當關注稅收幹什麼用了 [32]

　　研究稅收一般都是從政府的角度，關注政府的制度、政策應該如何調整和改革，而從民間、個體和家庭角度來研究稅收一直都很少。我認為，稅收是徵納雙方的關係，即政府和人民之間的關係，過去一般研究徵的一方，其實也應考慮納的一方，即納稅人的權利以及各種制度、政策和法律對其的保障。

經濟因素影響中國家庭的現代化轉型

　　我對稅收更熟悉一些，但是稅收與家庭的關係是一個陌生的領域，今天的講座實際上是一個自我挑戰，大家一起共同探討。

　　近幾年中國家庭研究提出了一個說法，家是一個個經濟合作單位，有共同預算，承擔著共同的賦稅負擔，擁有共同的財產。這種說法有中國的特色，繼承了中國傳統對家庭的認識，同時又考慮了近些年現代化發展進程對家庭的影響。至於家庭學界的認可度和研究前景，我不十分清楚，但至少是一個綜合性比較強、符合中國國情的家庭定義。

　　隨著改革開放，中國的家庭確實發生著變化。有幾個一般性的看法，一是家庭規模趨向於小型化，造成家庭結構核心化。所謂核心化，就是父母加上一個孩子。二是家庭的功能，從經濟單位轉向情感滿足。在傳統社會，婦女沒有工作和地位，就是相夫教子的角色，必須依附於丈夫。現在的夫妻雙方都要去工作養活一個孩子，有一個不工作都不可想像，負擔很重。現在說讓婦女回到灶臺是輕視婦女，其實想回也回不去，現代社會似乎更注重情感的結合。三是家庭內部關係，性別之間趨向平等。

　　就現在報刊反映出來的訊息，維繫中國家庭存在與發展的主要因素，除了感情，還有一個很重要的因素，就是經濟。上海電視臺《老娘舅》節目調查，80%以上的感情糾紛與經濟緊密相關，剩下20%還不見得都是感情因素。

中國權力的邊界：稅、革命與改革
第三篇　輕稅育民：稅與納稅人

即將組成小家庭，或者已經組成小家庭的年輕人，將來怎麼生活？經濟條件直接決定著他們的生活條件，決定了能不能買得起房子，能不能安自己的小家。不少80後跟我說生活的艱難，他們面臨婚姻和生孩子的重擔，交納的「五險一金」不知道誰在花，儘管不斷在交保險，但是他們對未來沒有任何把握。80後考慮問題比較注重經濟因素，考慮自己未來生活的處境，這是情有可原的，所謂「閃離」也不能完全用感情因素來解釋，去年發生的「加名稅」和因房產稅而出現的離婚或假離婚風潮，都說明經濟因素對現代小家庭的衝擊。設身處地為現在的孩子想一想，不考慮經濟因素，只考慮感情因素，怎麼過日子？家庭是社會的基礎，是最基本的社會細胞，這個細胞都不穩定，社會穩定從何而來？

個體家庭的因素應納入稅制改革考量

家庭經濟和稅收成為最重要的影響因素，可是我們的研究卻遠遠不夠。我們將這些問題聯繫起來，考慮稅收問題可能就更加實際。現在說要開徵房產稅，也要開徵遺產稅、贈予稅，兩稅並行。房產稅已經寫在十八屆三中全會的公報中。營改增之後，決策者在考慮重建地方稅制體系的問題，盡快推出相對靠得住的稅收來增加地方財政收入的來源。

我想特別強調，形勢變了、經濟條件改變了，新稅必然要推出，但在推出的過程中，不要增加老百姓的稅收負擔，這也符合公報的精神，即「穩定稅負」。新稅種要開徵，有個前提：老稅種必須減下來，原來繳納的跟老百姓直接相關的稅收，比如個人所得稅，還有間接稅，比如增值稅、營業稅等，都有減稅的空間。中國增值稅率17%，減到13%行不行？這一屆政府面臨的最大問題可能就是推出新稅的同時，怎麼來減老稅。未來推出來的稅種都是直接稅，比如說房產稅和遺產稅，意味著大家的稅收負擔是實實在在增加、個人或家庭可支配收入的減少。間接稅是直接對工商企業徵的，但可以轉嫁到價格裡。所以買東西為什麼貴，物價高，就是稅負高。

財政稅收改革的特點是專業化比較強，且離政治太近了。政府徵稅的過程，其實也是跟納稅人博弈的過程，不能有一方太軟弱無力，該說話時不能沉默。我認為，中國未來的希望就是80後、90後，即所謂以自我為中心的

私有財產意識和個人追求自由的意識覺醒。他們建立的小家庭，已經帶有西方私領域的意識，任何人不能侵入我的家庭，政府也不能侵入我家庭的利益，會因為財產、經濟問題、個人利益，去跟政策制定者斤斤計較、寸土必爭，然後國家法律制度和政策才會相應調整，只有這種調整過的改革才會真正有利於民間。

先有個人和家庭，才有社會。但在中國，這個先後關係一直都是本末倒置，強勢的社會壓制著家庭。實際上正如一位臺灣學者所說，一個社會，凡是個人能夠做的，社會就不要做了，凡是社會能做的，地方政府就不要做了，凡是地方政府能做的，中央政府就不要做了。從個體到家庭、到社會，是人類生存發展的基本道理和邏輯。

個體家庭的需要是社會如何進行改造、制度如何制定的依據，這顛覆了以往對家庭和社會關係的理解。包括我們後面探討國家應該怎麼制定經濟政策、稅收政策，每一種稅在設計的過程中除考慮政府收入的因素、地方經濟的波動外，還有一個因素必須考慮，就是稅收對家庭的影響。這幾乎是被稅收研究完全忽略的領域。

現代社會講「個體家庭」，跟過去理解的家庭又不一樣了。比如現在離婚很常見，美國離婚率達40%—50%，可是社會仍然保持著穩定，沒有說離婚率高了社會就會解體。而國家的各種社會保障和稅制制定，是以個體和照顧家庭的因素為依據的，美國的政策就是如此。比如美國的個人所得稅制，如果夫妻共同申辦，比個人申報的稅負要輕，這就成為稅收對婚姻的一種保護。如果離婚了，稅制也具有保護個人法定權利的作用，不至於稅負過重。社會保障也是針對個人設置的。如今男女雙方權利關係趨於平衡，家庭的多元化和流動性增強，成為個體家庭應對「不確定性」風險的主要手段。中國家庭流動性很強，造成徵稅的困難，但是不能因此就說無法實行家庭徵稅，沒有那麼嚴重。美國一百年前就開始建立起以家庭徵稅的方式，現在我們有這麼先進的技術和這麼嚴格的戶籍制度，為什麼就不能以家庭為單位徵稅了？

中國權力的邊界：稅、革命與改革

第三篇　輕稅育民：稅與納稅人

影響現代家庭最主要的因素是什麼？上海80—90年代的經驗表明主要是住房。而現在是什麼呢？我認為影響一個家庭收入增長的重要因素可能是稅收，住房買不買得起跟收入有關係，而收入的多少跟稅制有一定關係，最根本的問題是政府對個體家庭徵稅時有沒有考慮到這些問題。

稅收改革或轉型應「詔令有信」

在歷史層面，中國傳統家庭的稅收是怎樣的？中國人怎麼來看家庭和稅收的關係問題？我大致歸納了三點：

第一，中小家庭是國家的主要「輸稅者」，養活這個國家成千上萬的家庭。對這個問題的認識，最清楚的就是朱元璋，他用一篇長篇大論來教育太子，說億萬小農在田間勞作納稅，皇族才能過舒舒服服的日子，將來你做了皇帝要善待百姓。那個時候皇帝對家庭跟稅收的關係就有清醒的認識。

第二，稅收是影響家庭經濟最重要的外部因素。中國古代時，經常對家庭施以重賦，但也有相反的時候，比如西漢文景之治持續70年輕徭薄賦，甚至連續12年免除農民小家庭全部田租。西漢之後還有唐朝、清朝，號稱歷史上三大盛世，出現盛世原因都是稅負輕。因此我們要認真思考中國傳統文化裡提供的重要經驗，社會穩定來自於什麼？來自於合理的，而且應該是輕型的稅收。

第三，除了稅收輕重的辯解，還有「詔令有信」的問題。大家熟悉的孔子說苛政猛於虎的故事，其實就跟家庭與稅收的關係有關，老百姓寧願被老虎吃了也不回到村裡，不交稅，這是一種很悲劇的反抗。孟子說，一個農民家庭主要有三種稅，布縷之徵、粟米之徵、力役之徵，君子用其一、緩其二，如果三種都徵就太重了，會導致家破人亡的。《唐史》上說，唐德宗走進一戶農家，問這裡的百姓快樂嗎？戶主魏光奇回答說不快樂。唐德宗問及原因，魏光奇說「詔令不信」。對話中主要說了三點，第一，朝廷說好了兩稅之外不再徵其他苛捐雜稅，可實際上兩稅之外的負擔一年比一年重。秦暉教授曾提出「黃宗羲定律」，說明中國封建專制社會的稅負一年比一年重，稅負是越來越重的，不會越來越輕。第二是政府向農民徵購糧食，皇上有令要給老

百姓錢，但下面落實不了，糧食收走了，不見給錢。第三是過去徵稅、徵糧都是就近徵收，但現在越交越遠，來回好幾百里路，車壞了，牛死了，農家撐不下去就破產了。

《金陵瑣事》記載了這樣的一件事，陸二賣燈草，價值不過八兩銀子，可是沿途卻遇到多處抽稅，抽走四兩多，結果到了青山，又有收稅的來了，這時陸二已經身無分文，實在無法可想，乾脆一把火燒了燈草。

我一直都有一個觀點，稅收是政治問題，不是經濟問題。中國十八屆三中全會公報中用 110 個字寫稅收，這是前所未有的。過去長治久安一般都是說國家的大政方針，而將稅收和長治久安聯繫在一起，這是第一次。

每個公民都該過問關乎生活的稅收

稅收與現代家庭密切相關，稅由家庭中的成年個體分擔，複雜的費用扣除標準將是未來稅制改革的核心問題，確保納稅人家庭基本生活不受影響。比如，個人所得稅將來如果改成像公報說的，往綜合性的稅制過渡，改成綜合和分類相結合的稅制形式，那麼首先扣除問題就非常重要。

分類稅制是什麼意思？現在我們就是執行分類稅制，將收入分成 11 個類別，變成 11 個稅目，分別計算和徵收。也就是說我們國家實際上有 11 種個人所得稅。不要認為涉及到個人所得稅就是那 3500 元，那只是 11 種稅裡工薪部分的所得稅。比如稿費就要扣 20% 的稅，勞務費的稅率 20%，當然也有一定的數算扣除，但微不足道，稅負仍然很重。大家都在過問 3500 元是不是能提到 5000 元或是 1 萬元，其實沒有意義，那 10 種你沒有過問，這裡漲到 1 萬又如何？還有一種說法，現在財稅部門說，中國十多億人只有 2000 萬人在交個人所得稅，大部分人被排除在外，再提高「起徵點」，至少官方是肯定不能接受的。

政府也承認稅制不合理，開始向綜合稅制推進。美國的稅制就是綜合的，所有收入計算到一塊，然後算一種徵收的方法，特別注重的是扣除，美國稅制的扣除計算得非常細，它有一個原則，凡是過日子的錢都可以扣除，購買第一套住房，甚至有時候第二套住房都可以扣除，可以不交稅，分攤到若干

年。孩子上學、贍養老人的費用都可以扣除。甚至美國第一次賭博輸錢，在一定額度內也可以扣除。就是實際生活應該有的費用都要扣除，剩下的就要算稅，這保證了個體家庭日常生活不受實質性影響。

過去我們考慮稅收對效率的影響，實際上家庭能不能正常生存和發展，也是一種效率的體現，可是我們沒有強調這一點。我希望建立起一個完善的扣除標準，凡是過日子的錢就不該交稅。孩子上學、贍養老人、醫療、購房支出等都不交稅，甚至上班要購置一套新西裝，工作用的支付，用上班獲取的收入維持家庭，這些都屬於必要生活支出，可以不交稅。買油鹽醬醋的錢，更不能交稅。我們這麼多稅務專家們，應該好好幫助民眾算算這筆帳，不該交的稅就堅決不交，侵犯了居民日常過日子的稅不是良稅。

稅制設計要更加適應納稅家庭的具體情況。家庭處於多元化和流動的過程中，這裡面有很多問題需要研究，尤其是在逐漸向綜合稅制過渡時期。稅收為現代家庭享受國民福利提供財政來源。拿走的稅怎麼用，是不是更多地用於改善福利了，我們都必須過問。比如房產稅，為什麼要交，我們過問過嗎？政府部門認真地解釋過嗎？我看到很多地方政府官員或者稅收專家解釋說，徵收房產稅是為了增加地方政府的收入來源，這個解釋大家怎麼能夠接受呢？這跟我們有什麼關係呢？我們關心的是徵稅之後幹什麼用了。房產稅將來是地方稅，在西方國家有專款專用的性質，定向改善社區的公共服務。我在這個社區買房，牆體之內是我的房子，之外是公共空間，公共空間都是透過我交的稅建立和改善的，包括社區之內的道路、座椅、消防設施、門口的公交站，甚至社區旁邊遛狗拴狗的設施，還有社區居民消防培訓等。基層設施和財政有關係，而基層設施更跟大家有關係，我們交稅之後就會過問這些設施會不會得到改善，光過問那個 3500 有什麼用？

最後就是間接稅改革的問題，也構成對每一個家庭可支配收入的影響，增加了稅收負擔。今後我們除了關注直接稅稅制改革，還要關注間接稅的稅制改革。

▌走向「總量減稅」[33]

當下，減稅問題已經不僅是經濟問題，也是政治問題；不僅關涉經濟增長和就業，更關涉社會的公平正義。因此，我們需要把減稅問題放到對整個社會，包括政府自身的影響的背景下，深入細緻地進行一番梳理，讓減稅的邏輯更加明確和清晰。

告別「重稅主義」

南風窗：當前的減稅，主要還是集中在企業層面，保證就業和經濟增長的指向很明確。政府的說法是「結構性減稅」。但圍繞整體稅負問題，社會各界的爭論也由來已久。您提出過「總量減稅」，應該說超出了現有的結構性減稅的內涵。那麼提出的理由何在？

李煒光：減稅問題，不少學者包括我已經呼籲比較長時間了，而總量減稅，是最近一年多時間由學界提出來的，學理依據來自於供給學派的稅收理論。大致意思是，過高的稅率會傷害人們的勞動熱情，阻礙個人、企業的儲蓄和投資，會帶來經濟效率和福利的損失，所謂拉弗曲線講的就是這個道理。當稅率到達最高點後就開始下降，再提高稅率也無濟於事，因為高稅負把市場機制給破壞了，經濟運行提供不出更多的稅收，極端結果就是無稅可徵。類似的說法，我表達過多次，今年以來，看得更清楚，中國經濟增長速度7.6%，財政收入增長速度也下來了，上半年中國財政收入比去年同期的增速只有7.5%。過高的稅收沒有好處，我現在更加堅定了這個看法。

呼籲總量減稅，現實理由是，一方面政府推行的結構性減稅還不完善，還沒有看到明確成效，搞不好會變成空架子；另一方面，實際上稅負還在增加，沒有實質性的下降。現在稅收增速下來了，是因為經濟形勢處於下行的過程，不是減稅的結果。減稅對經濟的激勵作用，目前還只是停留在理論上。中國的稅收從十幾年的超常增長，到現在的社會普遍感到稅負過重，再發展下去，就要警惕了。因此，我個人建議，應該更明確地強調「總量減稅」。

南風窗：您用「法家式的重稅主義」來概括過去的稅收問題。如果我們仔細拆解來看，從對社會的影響來說，其涉及到市場效益的下降、居民可支

中國權力的邊界：稅、革命與改革
第三篇　輕稅育民：稅與納稅人

配收入的減少、徵收費用高企等。這些影響，應該說是逐步積累起來的。那麼，在當下，「重稅主義」走到不變不行地步的最顯著的標誌是什麼？

李煒光：經濟層面的影響，已經比較清楚了。財政投資 4 萬億，加上 20 萬億銀行貸款以拉動經濟，至少應該帶來一個中期的增長效應，特別是財政投資，應該是有一個乘數效應和帶動效應的，但為什麼沒有顯現出來？原因很複雜，但稅收過高至少是關鍵因素之一。

中國 70% 以上的稅屬於間接稅，屬於轉嫁性質的稅收，稅款加在了所售商品的價格之上，由消費者承擔。由於大部分商品是日常消費品，中國稅制又沒有專門針對日常消費品的減稅措施，間接稅就具有了推高市場物價的作用，加重了廣大低收入家庭的負擔，削弱了其消費能力。

中國企業的綜合稅負達到 50% 以上，銷售和進口貨物的增值稅稅率為 17% 和 13%，在亞太經合組織 21 個成員中企業的綜合稅負達到 50 以上，列第 4 位，這就進一步推高了中國消費品的價格。這些問題是無論哪派經濟學都否認不了的。

政府還可透過「通貨膨脹稅」得到利益，當然這是個比喻性質的說法，不是政府直接徵稅了。政府得到的好處是某一部分負債透過通貨膨脹還掉了。有個簡單的計算方法，目前中國銀行存款餘額過百萬億元，一年期存款利率是 3%，若通貨膨脹率達到 2011 年那樣的 5%，兩者相差就是 2%。，那麼這 100 萬億的 2% 就相當於「通貨膨脹稅」，差不多就是兩萬億的樣子，這部分收入最後還是回歸到政府手裡，政府的負債透過這個途徑減輕了。

間接稅過高還會導致不公平的問題，例如，中國大型工商企業多聚集於東部，稅交在本地，稅負卻是由中國各地的消費者承擔的，特別是中西部地區，但它們卻不能享受東部地區那樣的公共服務，這就導致了稅負不公平的問題。

稅負公平問題容易被忽略，應該納入減稅框架中統籌考慮。又比如，一個正式職工，假如一個月工資 4000 元，扣除 3500 元免徵額和各種社會保險費之後，就基本上不用繳納個稅了。但是還有不少人是「臨時工」，沒有被

單位正式僱傭而只是提供勞務，3500 的免徵額對他就沒有用，而是按照扣除 800 元，再乘以勞務報酬所得的個稅稅率 20% 的方法計算，他的稅後收入便只有 3360 元。這種情況在外來人口集中的地方很普遍，也是一種不公平。

南風窗：「法家式的重稅主義」有其內在的運轉機制。我們今天討論減稅，對於這個思想的頑固程度不能低估，尤其是在現在政府的財政收入形勢不太好的情況下。

李煒光：是的。「法家式的重稅主義」，很多人可能並不認同。叫什麼其實不重要，關鍵是要搞清楚當下中國減稅的邏輯。重稅，不僅僅是稅負重，還會自動生長出一些「機制」來。2009 年就比較明顯，當年稅收下降得厲害，一些地方和部門的收費機制就自動啟動，非稅收入的增長一時超過了稅收的增長，實際上政府收的錢並沒有減少，包括行政事業費、政府性基金、罰沒收入等。

政府非稅收入規模已經占到了半壁江山，2010 年就超過了 4 萬億。這個問題相當複雜，牽涉許多部門，存在重複徵收問題，主要由中低收入者負擔。稅收畢竟有法律、法規的約束，除非特別的外力作用，一般情況下是比較穩定的。收費不一樣，地方相關部門的自由裁量權太大，缺少規矩。雖然近年來也逐步納入預算管理，但沒有建立一個有效的總量控制和監督機制，現有的預算也起不到實際性的約束作用，法律也不健全。費不是財政部門統一管，而是分散在各個部門，不只行政機構，也包括事業單位、國企、高校、公立醫院等，嚴格說只要是公共部門的收費都具有財政性質。稅，無論如何還得考慮下與經濟增長的合理比率，考慮其與民眾的承受能力之間的比率，但分散在各個部門的收費，很難有這些考慮。

現在政府財政收入增速下降很大，我們要警惕這種稅轉費機制的「發作」，因為非稅的徵收對民眾日常生活的影響同樣很大。

建設「輕稅國家」

南風窗：您的研究發現，中國歷史上的幾次經濟發展高峰或者說盛世，都與輕稅有關係。這是一個很有說服力的論證減稅的理由。甚至可以說，傳

中國權力的邊界：稅、革命與改革
第三篇　輕稅育民：稅與納稅人

統上我們討厭重稅，這已經是一種政治文化心理。偷逃稅我們似乎也習慣了。而西方一些學者在比較從中世紀奔向現代社會的英法等國家稅負問題時發現，英國稅負比法國重，國家徵稅能力也更強。那麼，究竟如何理解一國稅制結構和走向現代社會的關係？如果說中國不適合重稅，那麼怎樣的稅制設計會比較合理？

李煒光：今天談減稅，不能只討論稅對經濟的影響，更要考慮對整個社會的影響。中國傳統社會比較傾向於輕稅，將其視為國策，特別是對農業方面。幾次所謂盛世的出現，都與輕稅政策的實施有密切關係。統治者在這個時期也比較注意約束自己的慾望，少搞或不搞工程項目，甚至包括大量裁減軍隊。而歷史上的農民起義，也都是因重稅重役而走投無路的一種暴力反抗，主要不是反抗什麼地主階級，而是反對政府的暴政。歷次的改朝換代，與稅有著莫大的關係。

今天的一些現象，比如逃稅，應該被譴責和懲罰，但也反映了民間對重稅負現狀的不滿，是對重稅政策的一種反制。所以我認為，政府應該從政治而不僅僅從經濟角度看待減稅問題。稅收是國家施政最重要的方面，是連接經濟、政治和社會三大子系統的媒介，這是財政社會學的主要觀點。政府為經濟系統提供公共服務，以換取其提供的稅收，同時為社會系統提供服務，以換取社會對政府的支持。從這個高度看問題，財政若出了問題，便是整個社會的危機。在和平時期，政府和人民之間的聯繫，稅是一個主要紐帶。

現在因為經濟形勢不太好，政府開始主動減稅，但不等於一個新的稅收模式建立起來了。如果經濟形勢好了，會不會稅收又走上老路？稅制結構還是維持不變？因此，我認為，應該把建設輕稅國家這樣一個理念，實實在在確立下來，透過體制和政策貫徹下去，尤其是要把民營企業和居民中低收入家庭的稅負（顯性的和隱性的）切實降下來。

輕稅，不是不交稅，相反，我們應當儘量減少不交稅的人，即使交的稅很少，甚至交完了再返還，也不把太多的人排除在納稅人群體之外。納稅，是一種義務，也是一種責任。現代社會的稅收和「攔路搶劫」的區別就是，好的稅制會產生「積極納稅人」，因為好的稅制改善了人們的福利水平，所

以民眾有可能比較積極地納稅。因此，好的稅制可以從根本上重塑政府與人民的關係，有什麼樣的稅收，就有什麼樣的政府。這是最重要的問題。

南風窗：在討論稅負問題時，政府部門總喜歡說很多開支不能不花，需要花錢的地方也越來越多。看起來，財稅支出「調結構」問題還沒有被提高到相當的高度去認識。您也多次指出政府稅收資源的配置不當問題。總體稅負比較重，政府的資源配置有很多不當，兩者加起來共同加深了人們的「稅痛」。我們看到，政府也在提倡自己要過緊日子，出臺了不少措施。那麼，您認為，我們如何設計一個系統的削減政府開支的計劃呢？

李煒光：減稅的前提是政府支出降下來，不然就是空談，這點很好理解。所以，減稅也是政府的「自改革」（龔自珍語）。過去稅收超常增長，政府有錢辦很多事情，現在不得不考慮減稅，最大的障礙就是如何把這些年膨脹起來的政府的某些過於寬泛的職能、過多的機構設置以及過多過濫的各種財政開支減下來。

觀察一些國家和地區，可以發現，在經濟衰退時期，政府減少開支都有實質性動作，包括裁減機構和僱員等。不這樣做，對減稅就起不了實質性作用。就像一個家庭過日子，只是說我一個月本來花 100 塊，現在減少 5%，少花 5 塊，力度也忒小了點，對減稅很難產生實質性的作用。

難就難在，政府的支出是剛性的，很多項目已列入跨年度預算，不是說停就停得下來的，這是第一；第二，中國的經濟增長主要還是要靠政府投資，這個模式不變，怎麼減支呢？減支等於減政績，誰會情願？第三，現在的國家預算，起不到實質性的約束作用。預算的實質是一種外部控制，預算軟約束，財政開支就沒人控制和監督。審計確實很重要，但那是事後監督，改變不了問題的實質。

研究下歷史，有太多的事例可以證明，因為搞重稅主義，國家對政府徵稅和用稅缺乏控制機制，最後搞到山窮水盡的地步，導致一個好端端的王朝短命而亡。政府應該花多少錢和能花多少錢，以及應該由誰來決定政府怎麼花錢，這些問題必須在國家憲法和法律層面上解決，否則，支出減不下來，稅也減不下來，最後，財政能拖垮整個經濟和社會。

對政府和人民關係的考驗

南風窗：當下的減稅進程，實際上與新開稅種等工作緊密聯繫在一起，房產稅試點，完善消費稅，研究把煤炭等資源品目逐步納入從價計徵範圍並適當提高稅負水平，等等。這是一個複雜的博弈過程。從政府角度看，新開稅種也決定著減稅的步伐到底會有多大。如果要有所作為，這些方面的改革進程如何把握？要動誰的奶酪？對社會有何種影響？

李煒光：現在推出新稅一定要慎之又慎，舊稅已然很重，不要再貿然推出新稅。即使因為稅制改革的需要開徵某種新稅，也必須走民主法治的路，全民討論，人大立法。我認為不管新稅舊稅，一個基本原則是，總體稅負到此為止，只能往下減，不能再增加了。

你提到的這些要做的工作，會有一些利益博弈，關鍵問題是明確稅收性質。比如不動產稅，只強調解決地方政府收入來源這一點是不行的，得正面回答這個稅徵上來做什麼用的問題。不動產稅就是社區稅，公共服務的性質很強，屬於直接稅中的直接稅，相當於直接從百姓的腰包裡掏錢，要求有非常和諧的府民關係。這個稅還具有一定的「專款專用」性質，政府相當於過路財神，用這個稅給社區提供公共服務，改善居民福利，而政府自身卻不能有利益在裡面。加拿大的房產稅，對應的是30多種公共服務，稅法上講得明明白白，人民相當於在給自己交稅，怎麼會不配合？其中的道理，你不向人民說明白，反而總是強調自己增加多少收入，人民當然難認可。

所以，像不動產稅這樣的稅收（遺產稅、贈與稅等也類似），可以說是考驗政府和人民的關係，以及政府自身施政能力的試金石，我認為目前開徵此稅時機還不成熟，社會配合程度不高，價值評估之類的技術問題也不好解決，央地關係在體制上還存在一些問題。其實，開徵不動產稅的阻力主要不是來自社會。業主們早就有思想準備，這個稅早晚逃不脫，交了稅大家心裡踏實。

南風窗：當前形勢下的減稅對履新不久的中央政府，其實也是一個難得的改革契機。如果簡潔概括一下，對於減稅大計的最終效果，如何來評定呢？

李煒光：應將減稅政策的直接目標確定為，增加企業留利和居民的可支配收入，消除稅制中的不合理因素（顯性的或隱性的），逐步壓縮間接稅比重而增加直接稅比重。據報導，「營改增」後，企業稅負確有所下降，效果「超預期」，雖然還需要進一步評估改革成果，但畢竟是在向減稅的方向邁進，值得肯定並希望進一步擴大這方面的努力。接下來，應該做些調減增值稅稅率的工作，在基本稅率和優惠稅率上有個比較明顯的下降。

今後中國應實行低稅率模式，降低貨物或勞務稅的稅率，降低與消費者日常生活密切相關的商品的稅負。稅制的整體累進程度不宜過高，更多地體現中性原則，以維護經濟激勵機制和企業家投資、創新的熱情。現在企業家們「腳踩兩只船」，而政府不得不自己投資去激勵增長，這是一種很難維持下去的增長方式，必須設法從中解脫出來。而解脫之道，只能從總量減稅入手。

看好人民的錢袋子[34]

大家好！

首先感謝劉老師、李老師這樣盛情地邀請，在著名的三味書屋來跟大家一起交流。也感謝各位朋友遠道而來，我們大家非常有緣，見到大家也很親切，這三味書屋是我們大家共同的精神家園。

今天我講的題目是《看好人民的錢袋子》，這個錢袋子指的是納稅人交的稅，這個錢是我們的，是中國納稅人的。中國有多少納稅人呢？所有的中國人都是納稅人，即使是剛出生的嬰兒。並不一定要直接向政府交了稅你才是納稅人，只要你消費，實際上就是向國家交稅了。過去我們講錢袋子指的是政府的錢袋子，現在我們要改變這樣的說法。我認為，既然是公共財政，既然是人民的政府，那麼收了人民的錢，反過來就只能是為人民辦事。過去我們的習慣做法，就是錢收到政府手裡以後就跟納稅人沒有什麼關係了，你也沒有什麼權利再說三道四了，因為這個錢是政府的錢了。甚至還有媒體報導一個企業家教訓另一個納稅人的故事：企業家是一個納稅人，他在交稅，別人也在交稅，可是有一個人偷稅了，企業家就批評那偷稅人，說你千萬不

要偷稅漏稅，因為道理上這樣做講不通，那是國家的錢，是不能偷的。直到現在我們看人們解釋稅收，還是這樣認為，那是國家的錢。其實這個說法嚴格意義上來說是不對的。這個錢不是國家的錢，是人民的錢。正因為是人民的錢，所以才更不能偷。我是這樣認為的。

那麼還有一個問題，我的題目是《看好人民的錢袋子》，那誰來看呢？誰有這個權利看呢？我覺得應該是議會，在我們中國就是中國人民代表大會和各地方人民代表大會。政府只是一個執行機關，它必須得到人大的授權，所以，所有稅收徵收的權利應該保留在人大，這符合我們國家的《憲法》。《憲法》明確規定：中國人大是最高的國家權力機關。我感覺到，中國人大現在還遠遠沒有發揮出《憲法》所賦予它的權利。人大代表代表著12億納稅人的利益。當納稅人的意願要發表出來的時候，當一部分納稅人因為自然災害或某種原因陷於水深火熱的時候，當政府修改某種稅制或制定某種稅收政策的時候，中國人大應當發出具有一定權威的聲音來。

香港特首難加稅

講到這，我願意給大家講一個我親耳聽到的故事。2001年，我去香港考察，考察期間，與香港立法會的議員李麗華女士一起座談。在座談當中我提到香港政府跟立法會之間在稅收問題上如何分配權力的問題。李麗華女士說這個問題問得好，給我講了一個當時剛剛發生的事。香港特首董建華在1999年想徵收一筆新稅，用這筆稅改造香港的棚戶區。香港的棚戶區我見過，就是用木板搭成的臨時住房，一些流浪者或者大陸偷渡過去的就暫時寄居在這些地方。條件很差，加上都是木板搭成的，香港的幾次大火都是從棚戶區燒起來的，非常危險。香港特首特別想要改造這些棚戶區，但是遇到政府沒有這筆預算開支的問題。香港政府的預算裡面，每一分錢用在什麼地方都要提前安排，你要做預算之外的事情必須另外徵稅。可是另外徵一筆新稅，特首自己是不能夠決定的，必須要經過立法會的批準。

大家知道，稅收就是錢袋子，錢袋子是所有的政治權力中，我認為最核心的權力。在西方有一種說法，錢袋子和刀劍，是組成國家政權的最主要的兩個權力。如果一個國王既有掌握錢袋子的權力，又有揮舞刀劍的權力，那

麼這個國王就可以為所欲為了，所以必須把這兩個權力分開。西方早就探討了如何把錢袋子從國王的手中搶過來的問題。如果把錢袋子搶過來，國王的刀劍就受限制了，就不那麼有力了，而且向著誰揮舞也得聽真正掌握錢袋子的人怎麼說了。香港很早就實現了對這些權力的分制。特首董建華要改造棚戶區，必須想辦法找到錢袋子，解決錢的問題才能做成這個事。但是找錢袋子的事就必須要先得到立法會的批準。於是特首就提出預算議案並提交給立法會審議。這個預算審議過程是最麻煩也最難的事，尤其在開徵新稅的時候。因為香港的立法會議員都是香港人一票一票選出來的，站在議員後面的就是投他那一票的選民，議員得對選民負責，議員承擔著選民代言人的角色，議員不能違背納稅人、選民的意願，否則議員將喪失選票，喪失所有的政治利益。

當特首把第一份議案提交給了立法會後，立法會就開始了漫長的審議過程。要舉行頻繁的聽證，要搞專項的調研，聽取社會各界的呼聲。甚至納稅人的某個群體對這個議案表示嚴重不滿也可能會遊行，繞著政府大樓或者議會大樓進行抗議。經過這些程序後還要進行投票表決。不光在香港，西方的議會在審查預算時都要花很長時間，而且項目也非常細。議會在審查預算時是一項一項非常具體的，這個錢花在哪了？是不是用在哪個學校了？是不是用在修橋樑了？哪座橋，應該不應該修？都要經過嚴格論證。等到這一切程序都做好後，香港立法會就開始對特首的議案進行投票表決，結果卻沒有通過。也就是說，這個議案又退回到特首手裡。

這事讓董建華感到有點鬱悶，他想，怎麼會沒通過呢？這麼好的事情，對改造城市景觀非常好的事怎麼能不做呢？而且確實有一批人在要求這麼做，但是很多人提出的異議也有道理。特首就把這個議案做了一些修改，第二次提交到立法會審議。第二次審議，原來經過的程序還要再來一遍，民主有時候是很麻煩的事。於是議會裡面該聽證的聽證，該吵架的吵架，急了也可能動手。因為面對面地討論，怎麼都說服不了對方時，常常會出現動手的現象，這些現像在西方議會，以及日本、中國的臺灣經常可以看到。這沒什麼稀奇的。第二次又折騰了一遍，架也吵完了，該舉手投票了。一投票，又沒通過，議案又退回到特首手裡。

中國權力的邊界：稅、革命與改革
第三篇　輕稅育民：稅與納稅人

這時候，按照法律規定的程序，特首有兩個選擇：第一個選擇，就是這個稅不徵了。兩次都沒通過，看來這事不能做，那就把它收回來，大家也都安生了，不提就過去了。第二個選擇，就是解散立法會。太不像話了，不就徵那麼點稅嗎？香港人每人也出不了多少錢，怎麼就是不讓徵呢？一定是立法會的人有問題。特首有這個權力，可以解散立法會。可是解散立法會是不是說就可以沒有立法會呢？不是的，還得組建新的立法會。這個新的立法會還得按照法律規定的程序，香港人一票一票地重新選擇。不能是特首自己找一幫好朋友、哥們，坐一屋子，什麼議案通不過？那就不是民主了。於是新的立法會選出來，又坐這開會了。這新的立法會審議的第一個議案，必然是特首提交的議案。因為上一屆立法會解散，就是因為這一件事引起的，所以就得先來審議這個議案。這個時候，特首後悔都來不及了。如果想撤回議案不徵了，不行，不能夠不審議了。現在特首只能在旁邊看著，沒有別的選擇。新的立法會開始審議這個議案，又是按程序重新再來一遍。如果通過了，那這個稅就可以徵了，沒問題。如果通不過怎麼辦？特首就得辭職，沒有別的選擇。這就是權力制約，就是民主，就是人民在看自己的錢袋子。你又想掏人民的錢袋子了是不是？你又打人民財產的主意了是不是？那麼好，立法會這關你通不過。通過了可以徵，通不過不許徵。

所以這件事對我，可以說不是一般的啟發。香港回歸好幾年了，鬧了半天我作為一個學者，居然對香港製度一無所知，所以回內地之前我把人家三大本預算制度都給搬回來了，這麼厚一本兒，這還只是一小部分，非常的詳細。那都是法律啊！立法會通過的就是法律，每分錢如何花都有法律規定。所以我就開始明白了什麼叫人民的錢袋子，什麼叫看好人民的錢袋子。這樣的體制之下，哪一個特首或哪一個總統能做太大的壞事兒？他想胡作非為，經過這麼多人的監督，他做得到嗎？這就是民主。表面上看起來，代價不小，過程很慢，成本不低。但是如果你算總帳的話，誰合適呢？人民合適。

另外，我們從這個故事中還可以看到，徵稅的權力不在特首手裡。但是仔細分析，決定稅收的權力也不是完全在立法會手裡，你想想是不是這樣？因為特首有權力解散立法會，如果解散得對，如果第三次審議通過，那說明立法會錯了。所以權力相互制約就在這個地方。還有一個問題我們要想，就

是如果所有權力都集中在議會手中,是不是好呢?就是所有的都民主了,都是少數服從多數了,是不是好呢?也不一定。大家都知道古希臘蘇格拉底的故事,他就是因為大家投票被判的死刑。這就是政治學上,學者們經常說的多數暴政。多數暴政在中國也不是沒有發生,我剛才跟李老師在討論「文革」期間的經歷,那是很多在座的老師朋友們經歷過的。就是說權力一定要分享,要制衡。

稅收的本質是博弈

稅收實際上從法律角度解釋,徵多了納稅人口袋裡錢就少了,這是關鍵的大問題,涉及到每個納稅人的利益問題。

為什麼我們說香港的這個例子呢?你從中可以看出來,它實際上是一個商量博弈的過程。就這個事是不是該做,是現在做還是以後做,或者根本就不應該做,大家有個討論的過程。所以稅收應該是協商的稅收,應該是納稅人和徵稅一方談判得出來的結果。經過協商談判定下來的稅率、稅種,它必然是大家願意遵從的。偷稅漏稅不能說沒有,但必然不多,這要被大家看不起。這就是說是大家的錢,你不應該偷啊。而不是我們所理解的那是政府的錢,跟咱沒關係,不是這個意思。

用這個來衡量我們社會發生的一些事情,就很能說明問題。我們的不少企業,包括個人納稅人,都有偷逃稅情況。企業偷逃稅範圍非常廣。個人呢,現在有點難了。個人實行的是代扣代繳制,就是應交的個人所得稅單位就給你交了,您甭操心了,可是逃稅的機會就少了。西方國家,像美國,每年4月份要報稅,報一年的稅,收入是多少就交多少稅,如果多交了,聯邦政府或者州政府還退給你。這是很公平很陽光的。任志強大家都知道吧?房地產大腕。他曾經跟我說過一個經歷,至少是三年以前,他跟我說,我每年交的個人所得稅超過百萬,這樣的人在中國沒幾個。我交了這麼多稅,按說給國家稅收做的貢獻不小,可是等到我真正去辦事的時候,發現有時候辦事我還得去疏通關係,該請客送禮一分錢也少不了,而且稅務局也沒給開張稅票。現在多少還有完稅憑證,那時候沒有。他出國以後,這麼一大富翁,人家先問你有完稅憑證沒有,沒有到我們這交稅吧。這還麻煩了,他說我們那沒有

稅票。美國人奇怪了，交了這麼多稅，怎麼連個稅票都沒有？偷逃稅的情況，對一個社會來說，損害是非常大的。沒有誠信啊！不少人都說能逃就逃，能逃就逃，它對我們民族文化的損害是致命的。一個正常的社會，應該是該怎麼辦就怎麼辦。

「一」和「多」的文化

我們知道中西方的歷史進程不同，這是我要講的第三個問題，就是中西方制度是怎麼形成的。曾經有人問過我，說中西方人們考慮問題的方式怎麼差別就這麼大呢？中西方兩種文化您能不能用一個字概括一下？一個字，這可有難度。但是最後我還是想出來了。我說出來，大家看看有沒有道理。我說中國文化是「一」的文化，西方文化是「多」的文化。

為什麼說西方是「多」的文化呢？西方文化起源，大家都知道是古希臘。你如果仔細觀察，能發現古希臘制度就是多元制度，像斯巴達的國王是兩個。國王也不是說有絕對的權力，還有元老院，還有公民大會。政治權力在各級機構中是分享的，國王沒有絕對的權力。然後到了黑暗的中世紀。黑暗的中世紀並不像很多人理解的，是人民遭受暴政的時代。確實，宗教方面做了一些過分的事情，但是從政治上來說，是一盤散沙的時代。正是在黑暗的中世紀，西方的契約制形成了。國王、各級貴族還有下面的騎士，他們之間都是用契約聯繫起來。然後是文藝復興，就開始把古希臘的東西繼承起來了。所以說中世紀沒有破壞西方文化的傳承。

到 11 世紀初的 1215 年，就出現了英國的《大憲章》。《大憲章》的主要內容，就是搶國王的錢袋子，即，沒有經過貴族會議的批準，國王不能徵稅，這是《大憲章》最核心的條款。然後再往下發展，就出現了議會。因為制約國王權力得有個開會的地方，大家選出來的代表得商議一下，這個稅該不該徵，是不是給國王徵稅的權力呢？於是議會就出現了。議會一出現，開始的時候只是貴族，後來普通的人也參與進來。到了 13 世紀晚期，市民階級、騎士、下層階級的人也都參與進來了，這就出現了英國的下議院。下議院出現後，很快把徵稅權力，主要是治稅權，給搶了過來。所以最開始的議會就叫財政議會，它的主要任務就是審議這個稅該不該徵。好，徵稅權力到了下

議院，國王很不甘心，這麼重要的權力你給我收走了，我以後要幹點什麼事情還得經過你的批準，國王不高興，他想把錢袋子再搶回來。於是在國王與議會之間，就發生了頻繁的鬥爭，搶來搶去，搶錢袋子。這一搶就搶了400年。這之間發生過無數次鬥爭，波瀾壯闊。所以溫總理曾在「兩會」記者招待會說道，人類的財政史是驚心動魄的。他用了「驚心動魄」這四個字。最後，溫和革命的發生算是給這場爭鬥劃上了句號，議會佔了上風。而查理一世為什麼掉腦袋呢？就是因為徵稅問題。因為徵稅，議會不同意，他動了手了，派人把幾個議員給抓起來。最後，議會通過決議，說他是叛國罪。當時殺他的時候，還沒有法國後來那種斷頭臺，那就是劊子手拿個大斧頭，生殺啊！這是歷代國王裡死得最冤的，就因為徵稅。可是徵稅的關鍵性就表現在這裡。

　　法國的國王因為徵稅掉了腦袋的也有啊，誰呀？路易十六。法國大革命為什麼爆發呢？就因為稅收問題。路易十六想讓第一等級和第二等級交稅，結果就召開了多少年沒開的議會，引發了一系列的事件。最後他逃跑了，帶著夫人，乘著馬車，化好妝，就逃，結果沒跑成，在邊境被攔住了，又給送回巴黎。也是被砍頭，他好一點，上的是斷頭臺。這個斷頭臺是他自己精心研究設計的，這回用上了。

　　在西方你可以看到，就在這種反覆的鬥爭、磨合當中形成了後來三權分立的政權。香港的制度只是它的一個縮影。我們看美國的國會，參、眾兩院，就是為了這個預算來回折騰，沒完沒了。仔細分析這裡邊的權力分割，太有學問了。

　　西方這種制度是建立起來了。那中國呢？中國是「一」的文化。要我說，中國也曾經是多元的。人類社會從一開始都差不多。比如說，稅收是怎麼出現的？財政是怎麼出現的？它一開始，比如我們這一屋子人是一個部落的，那時候還沒有國王，大家說哪個威望高，就選他做部落聯盟首領，他決定什麼事也得開會。這在西方叫酋幫時代，在中國叫部落聯盟時代。那個時候要決定什麼事情都要經過氏族部落的大會，包括首領的任命，世襲制那是有國王以後的事了。到了國家產生之前的最後一個部落聯盟首領大禹，大禹做了什麼？治水和發動戰爭，所有這些都不是為了他個人的利益，是為了整個部

中國權力的邊界：稅、革命與改革
第三篇　輕稅育民：稅與納稅人

落聯盟的利益。所以中國一開始也是這樣。西方進入古希臘時期，出現了許多思想家：蘇格拉底、柏拉圖、亞里士多德等。那是一個思想、文明的高峰，我們現在還受著它的影響。中國也是這樣的，跟古希臘時代幾乎平行的就是春秋戰國時期，特別是春秋時期，出現了百花齊放、諸子百家，有孔子、孟子、老子、莊子等等。

我發現中國的思想到春秋戰國的高度以後就停止了。我們現在對很多事物的看法沒有超出 2500 多年前的水平。比如說，治國要親民，要和諧，要以人為本，這些理念都是 2500 年前就提出來了。我們自從出了孔夫子，歷朝歷代的思想家都是在解釋儒家思想，獨尊儒術。一直到了明末的時候，出現了一個黃宗羲，否定皇權，把一些罪惡歸在皇權上，非常大膽。可是別忘了當時是什麼年代，正好是明朝沒落了，管不著他了，所以他敢說話了。在這以後又不行了，以至於到近代社會就被動挨打了。這是什麼原因呢？是因為秦代以後就徹底把思想箝制了，不可能產生（思想家）。包括財政稅收都是皇上一個人說了算。從秦始皇一直到宋以前，對皇帝治稅權唯一的制約就是中間有個宰相。宰相在中國政治體制當中是一人之下、萬人之上的，是有些實際權力的。但皇帝很快發現宰相是他的一個障礙，於是從宋代開始就逐漸把宰相也給取消了。宋代設三個宰相，有中書省、樞密院還有三司省。中書省管行政，樞密院管軍事，三司就是今天的財政部。有的人說這不是把權力分散了，可以相互制約嗎？對啊，但關鍵是對誰負責，是誰說了算？是皇上，所以實際上是加強了皇權。從此以後中國人就形成了這樣一種思維習慣，一定要有一個核心。明朝以後就乾脆沒有宰相了，很有名的張居正，不算是宰相，只是大學士、內閣首府。到了清朝，處理政務最高的機關就是軍機處，由若干大臣組成。這樣一個制度的好處就是維護了皇權，確保不發生政變，這方面做到了，並且非常完善。但是我們民族的所有創造力、想像力全部被扼殺了，沒有了，以至於這個制度越走越窄，曾經中國歷史上的好時候，比如唐宋的興盛風光就不再出現了。

到了近代的 1840 年，鴉片戰爭，打了一戰，我們沒醒過來。不就是在廣州打了一戰，敗了，有什麼了不起？再說當時不像現在通訊這麼發達，好多人還不知道。1856 年，第二次鴉片戰爭，這回就不行了，瞞不住了，打到

北京了，我們三萬騎兵打到只剩十幾個，這戰沒法打了，一直打到皇帝都跑了，然後火燒圓明園。關鍵是這些事發生以後，中國人開始明白了，咱們可能確實不行了。當然不是所有人都明白，就像現在，明白人總是少數，於是就出現了李鴻章、奕訢的洋務運動。怎麼搞起來的呢？因為當時錢袋子在皇帝手裡，朝廷的一些人說服了皇帝，拿出一部分錢來，政府投資建軍工廠，高薪請外國專家，引進先進技術，建立中國自己的艦隊，然後派遣留學生公費出洋留學。這些確實推動了社會進步。中國最早的一些設施，最早的郵局、電報、最早懂英文的留學生，包括我們現在看到的上海外灘就是那時候建立起來的，天津的租界也是那時候開始形成的。那麼，洋務運動的宗旨就是「中體西用」。中國的文武制度、文化都好極了，這些不能動，一定要堅持。咱們缺的是先進的技術、器物，比如說設備太落後，管理也不行，就引進這些。這次洋務運動，我把它稱為中國的第一次改革開放。

這次改革開放搞了多少年呢？整整30年，就跟我們當今的改革一樣。這30年的改革因為甲午戰爭的爆發而突然終止了。強大的北洋水師突然間土崩瓦解、全軍覆沒。於是中國人又明白了，我們的問題不是出在器物上，不是因為技術、管理不如別人，不止是這個，應該是制度有問題。於是又發生了「戊戌變法」，康有為、梁啟超這批人要求中國改變制度實現民主。但是後來給鎮壓了，菜市口殺了「六君子」。但是慈禧那時候有個談話，在回京的路上就迫不及待地發了個談話，說中國要搞改革開放，而且力度要超過「六君子」提出來的，她已經同意在中國立憲了。她派出了五個大臣到歐洲去考察，回來告訴她。老佛爺沒別的辦法，要立憲，就要用憲政控制一下皇室的權力。你這麼大的權力，錢袋子、刀劍都在你手裡，不行，要有議會。老佛爺就說，不行那咱就搞吧，不能總這麼落後著呀。封建社會有這麼個好處：所有者在其位，天下是我的。所以在清末的時候，山西曾經發生過大饑荒，死了大概幾百萬人，慈禧就帶著小皇帝到天壇，跪了7天。害怕啊，怕遭天譴。如果統治者最後的底線是怕遭天譴，那說明他還有救，因為還有一怕。慈禧同意立憲，但她畢竟是那樣一個年代的人物，她要用9年時間立憲，但最後歷史沒給時間，縮短到5年，5年也沒有了。但是在1900年，清政府自己建立的議會裡，當時叫咨政院，大家共同起來鬧，鬧什麼呢？就鬧預算和

中國權力的邊界：稅、革命與改革
第三篇　輕稅育民：稅與納稅人

徵稅的問題。居然在張謇這些實業家的爭取下，把 1911 年清政府的預算給裁減了四分之一。這可是體制內的會議，還沒有形成西方的三權分立，但皇上的錢袋子居然減少了這麼多。

在這之後，出現袁世凱復辟走回頭路，然後又到了 20 年代胡適這批人起來了，開始出現了一大批文化人物。他們反思中國的問題既不僅僅在器物上，也不完全在制度上。中國的問題出在哪呢？在文化上。這才真正把中國的問題思考到位了。所以現在很多人要求改革，他們的心情我都可以理解，但我們呼籲的基本上還是康、梁的水平，我們還沒有達到「五四」的水平。「五四」新文化運動提出了「打倒孔家店」，從文化上進行反思，它的「打倒孔家店」打倒的不是孔夫子，而是打倒販賣、篡改、閹割、歪曲中國文化的統治者們開的店。這是對民族文化缺陷非常好的反思，推倒這麼一座想像中的文化大廈。但「五四」運動只把事情做了一半，另一半沒做，就是說你推翻了一座，還得重新建立中國自己的主體文化，然後在這個文化的基礎上建立制度，那就好了。

所以反思這些對我們很有好處。我們可以看看一個「多」文化和一個「一」文化最終形成了什麼樣的制度，這樣的制度必然有一個錢袋子與刀劍的關係。當前我們面臨著人大職能不到位的問題，納稅人也總是覺得自己的權利不到位。整個社會在政府和納稅人之間缺乏一個制約、一道籬笆，所以才形成現在這種困境。那麼怎麼走出這個困境呢？今年的「兩會」開這麼多天，最後溫總理在記者招待會的講話突然讓我有點振奮了，總理提出了一個過去不怎麼提到的問題，就是財政體制改革。大家看一看財政史，確實是驚心動魄的，裡面包含一個國家基本的社會結構和公平正義。所以我今天也算響應這個號召，講了一點歷史上的東西，雜亂無章，就到此為止。謝謝大家！

▍財稅改革須以保障納稅人權利為先

財政是連接社會三大子系統的媒介

目前，中國社會納稅人權利意識普遍覺醒。一方面，隨著經濟的發展、個人財富的積累和社會進步，私人財產權逐步確立，公民作為納稅人身份的權利伸張越來越強烈，這是近幾十年來沒有過的；另一方面，存在一些利益的力量，極力維護國企和資源價格的壟斷，公民個人和民營企業的權利得不到應有的尊重和政策關照，行政部門的財稅自由裁量權得不到有效制約，人大對財政預算事項的決定權和監督權不到位，等等。這使我感到，財政的確是一個政治問題，而不是許多人所理解的，屬於單純的經濟和技術的問題。

以財政社會學的觀點來看，財政是連接整個社會的政治、經濟、社會三大子系統的媒介，因而財政的危機便很容易表現為整個社會的危機。財政具有決定一個國家的性質、形式和命運的神奇力量，或者說，國家收錢（徵稅）、分錢（配置）和花錢（用稅）的方式變了，這個國家就會隨之發生改變。所以每當社會轉型的關鍵時期，財政問題便會突顯出來。我們當前正處於這樣一個時期。這種情況可以反映在很多財稅改革的許多方面，比如個人所得稅法的調整和修改、房產稅改革、「營改增」改革、預算法修訂、央地分稅制的完善、土地財政和地方政府債務，等等。在當今中國，新舊兩種力量在財稅問題上較勁，無處不在博弈糾結之中，交鋒有越來越直接和白熱化的趨勢。

中國近些年來的民間反拆遷行動、財政訊息公開和公民參與式預算的試驗，以及某種新稅醞釀過程中民間強烈的意願表達等等，都可以視作當今中國的納稅人運動，它是符合憲法精神的，以自發的維護財產權為基本特徵，是護憲的而不是違憲的。我認為，這是我們國家由傳統國家向現代稅收國家演進的一個關鍵的歷史時刻。在這個時刻，國家應該順應潮流，推動預算民主和稅收法治化的進程，通過財稅改革促進民主法治建設，這才是一個現代民主法治國家的本分之所在。

一年前的這個時候，《預算法》修改稿剛剛經過了中國人大常委會的第二次審議，準備徵求意見後即提交中國人大常委會三審通過。由於《預算法》

修改稿還存在不少問題，部門立法傾向比較嚴重，不合於現代法治精神的條款未得到糾正，我參加了由上海金融與法律研究院主辦的研討會，與上海的韋森教授、蔣洪教授，以及北京的王雍君教授、施政文教授等學界同仁聯名給中國人大常委會寫信，要求暫時中止對這一稿草案的審議，並提出了許多具體的修改意見，到年底時接到通知，說我們的建議被採納了。這是一個好現象，說明中國決策層面在預算立法這樣的大問題上是持謹慎態度的。在共識還沒有達成的情況下，將所爭議的問題暫時擱置，待時機成熟時再議，是明智的選擇。

中國財稅的幾個現象

目前中國財稅的問題，大致可以歸納為以下幾條：

第一，在徵稅和用稅的過程中，納稅人權利被忽視的問題依然存在，沒有得到法律的充分保障。以市場經濟和公共財政的眼光看問題，財產所有權應該置於稅收之前，徵稅要首先得到納稅人的同意，這就要建立一整套憲法的和法律的程序予以保障。

第二，人民代表大會的職責和權力不到位，在稅收立法權歸屬和預算法修改這樣的涉及國本和每一個公民切身利益的大事上，經常聽不到人大的聲音。治稅權實際上掌握在政府手裡。在今年兩會上，人大收回稅收立法權問題曾備受社會關注，從表面上看似乎大家沒什麼爭議，但一往實踐層面上落實問題就出來了。目前我們國家最大的主體稅種——增值稅，還是以國務院暫行條例的形式存在著，已經很不合適，其他流轉稅都是這樣，沒有經過人大的審議批準，沒有履行必要的法律程序。這種情況若是放在20年前，甚至10年前還是可以理解的，現在就不能理解了，無論從法理上、從改革發展的需要上，還是從社會共識上，都是說不過去的。

第三，中國政府擁有大部分稅種的實際徵收權，以及預算過程的絕大部分權力。有些稅費的徵收和使用權甚至超出了財政部門，由其他一些部門行使，很不規範。當徵稅的權力全部或大部實際掌控在政府手裡的時候，增稅的衝動便很容易變成現實，在缺乏權力制約的情況下，導向重稅就是必然。

連續十幾年「重稅主義」的盛行，使得財政收入脫離經濟發展而獨自超常增長，接下來，不斷增長的政府收入又推動著政府支出的不斷增加，一個規模和職能越來越大的「無限政府」於是就會形成，這個龐然大物對稅收的需求只會更大更驚人。由於缺乏制約和現代政府會計制度不健全，政府的「家底」也成了一個說不清楚的問題，一直到現在，都沒能向社會提交一份真實、完整的資產負債表，這對一家公司來說都是不可思議的，何況這麼大一個國家？

第四，發生了比較嚴重的資源錯配和資源浪費的問題。由於缺乏公共選擇或民主監督機制，財稅的決策權過於集中以及制度的疏漏，財政資源錯配和浪費的問題有加重的趨勢，常見的公共服務不到位、工程質量事故和數量巨大的官員貪腐行為就是其例證。

公共支出具有強烈的公共服務性質，政府不能把錢花在與公共服務無關的方面，不能索取市場價格，不能追求市場盈利，或者說，一切與市場盈利有關的領域，都不屬於公共支出的範圍，政府都不應也不能介入。然而，從40000億財政資金大量進入國企可以看出，這樣的底線還遠沒有建立起來。中國至今還沒有建立起公共支出的績效評價數據庫，財政資金使用績效的相關數據收集、積累得還很不充分。財政部門雖然制定了一些財政支出績效的評價辦法，如國庫集中支付制度和單一帳戶體系等，但在法律約束力等方面顯得還比較弱。

在有些情況下，財政專項和地方舉債過程中腐敗問題嚴重，更是無需論證的問題。一位地方人大的有識之士曾跟我說，公眾指稱政府腐敗，多盯著「三公」不放，其實那裡的問題有限，真正的「大老虎」，則隱藏在地方融資平臺和數額巨大的項目中。

第五，財政體制，更是核心問題。現在最大的問題是憲法和法律在各級政府承擔的公共責任（也就是人們常說的「事權」）上未做清晰的規定。一般說來，越接近於基層社會的政府，其所承擔的公共服務的責任就越重、越直接，就應根據法律所確認的公共責任賦予這一級政府權力，隨之在收入來源劃分上作相應的資源配置。現在地方政府在資源支配總量上並不比中央政府少，甚至有所超出，有人就認為分稅制並沒有影響地方財政來源與公共服

務的匹配。實際情況是，相當大一部分資源是透過財政專項轉移下來的，所謂「跑部錢進」就是這個意思，這個錢有項目指定的專門用途，不能挪用，地方只有使用權而無支配權，最需要公共服務的地方該沒錢還是沒錢。地方不能支配充足財源，就很容易造成資源配置不到位甚至錯配的問題，以及土地財政或非稅收入過多這類尾大不掉的問題。另外，地方擁有實際的財權和財源，預算公開、公眾參與也才有實際意義。這些問題只有透過立法層面的改革才可能解決。

布坎南曾說，決策者也是由尋常人組成的，也就會犯尋常人的錯誤。他主張憲法中應包含專門針對徵稅權的內容。他的意思是說，如果其他各種約束都有，唯獨對國家的徵稅權控制不住，其他約束就很難產生實質性的作用。中國目前正處於財稅體制尚未深入改革、納稅人權利意識空前高漲的時期，所以社會矛盾表現得異常複雜而尖銳。這是一個必經的歷史階段，掉頭回轉，30多年改革開放和社會轉型之路將半途而廢。

▍中國個稅改革的是與非 [35]

值得紀念的一天

2011年6月的最後一天值得紀念。在中國公民和人民代表大會常委會多位委員的積極促動下，這一天，中國人大常委會通過了修改個人所得稅法的決定。這次修改包括工資薪金所得的第一級稅率下調至5%，工薪所得免徵額上調為3500元，納稅時限由7日改為15日內，工薪所得的稅率表取消了15%和40%兩檔稅率，由9級降為7級，生產經營所得的稅率表擴大了級距等，共五個方面。決策者經反覆權衡利弊得失，終於在一定程度上聽取了民意，這對於今後社會公眾參與公共決策而不總是充當旁觀者起了一個不錯的示範作用。

接下來的情形卻又多少有些令人失望，人們似乎僅僅滿足於自家上調「起徵點」的願望已然實現，而對個稅進一步改革的關注熱度馬上就降溫了，現在媒體上已很少有人繼續關注個稅改革就是證明。在這個起伏跌宕的過程中

有人們還沒有充分注意到的問題，即這次調整充其量只是對某個次要環節的「修正」，雖可在一定程度上緩解公眾對於不當稅斂的抱怨情緒，但絕說不上是一次實質性的稅制改革。鑼鼓傢伙敲得山響，個人所得稅改革的大幕其實並沒有真的就此拉開。

在當前微妙的經濟形勢下，CPI高企，民眾錢包縮水，個稅稅率卻未見跟著調整，納稅人的實際負擔表面上未漲，實際上卻增重了不少，每個家庭為日常過日子多花幾百元，低收入者更是感覺度日艱難。人人對此都心知肚明，坊間議論紛紛，就是少交一毛錢也是好的，否則就不會有那麼多人上來「圍觀」了。據說當時有8萬多網民參與提出了23萬條意見，比以往20多部法律草案徵求意見的總和還要多。對於3000元免徵額，85%的網民表示不贊成。當得知這些意見未被二審稿接受時，民間掀起了更大的反對浪潮，直到最後常委會議接受3500元的要求為止。這種情形，為幾十年以來所未有，稱得上中國政治生活中的一道靚麗的閃光點。

但這次個稅調整還是犯了老毛病，避重就輕，小打小鬧，解決不了稅制設計和運行之間久已存在的諸多老問題。「綜合稅制與分類稅制相結合」早就被確認為個稅改革的目標模式，卻至今未見任何動靜，與之相關的個人各類所得如何綜合在一起，以及應不應該以家庭為納稅主體、免徵額通脹指數化等問題統統絕口不提。

中國個稅制度的缺陷

中國是世界上少數實行分類所得稅制的國家之一，這種稅制最大的特點就是對同一納稅人不同類型的所得，分別扣除費用，又按照不同的稅率分別徵稅。這種差別待遇的徵稅方式顯然沒有全面考慮納稅者真實的承受能力，極易導致那些所得來源管道多樣、綜合收入較高的人逃脫稅收，從而造成稅負的縱向度的不平等。他們可以透過分解收入、多次扣除費用等辦法達到少交稅、不交稅的目的，而稅收負擔就會轉由那些收入來源管道單一、收入水平較低的納稅人來承擔，所謂稅收的公平性自然就無從談起。這樣的稅制，怎能不改？

中國個稅生計費用扣除與納稅人的實際生活成本之間的差距相當大，由於是以個人為納稅單位，對每個人都給予同等金額的費用扣除待遇，納稅人家庭成員的構成和家庭支出的因素就被完全忽略掉了，諸如撫養、贍養、就業、教育、醫療、購房等，它們直接決定著每個納稅人究竟能夠承擔多少稅收。這樣做的結果，就是納稅人所承擔的稅負常常遠超過其實際承受稅收的能力，量能負擔這一最基本的稅收原則逃得不見蹤影。這樣的稅制，怎能不改？

個人所得稅的費用扣除，其目的主要在於保障納稅人的基本生存權，故而必須貫徹納稅人必要生活支出免稅的原則。也就是說，過日子的錢只能用作過日子，不能用來交稅。由於中國各地經濟發展水平極不平衡，各地居民的收入水平和消費水平也就存在極大的差異，中國一刀切地實行一個扣除標準本來就不合理，這樣的政策卻在中國實行了20多年而未加改變。即使在經濟發達地區，中低收入群體仍占較大的比重，而這些地區的人們為維持必要生活而支出的費用成本也必然大大高於經濟不發達地區，如果不提高這些地區的免徵額標準，就可能出現百姓把居家過日子的錢當作國稅來上交的情形。這樣的稅制，怎能不改？

中國的個人所得稅幾乎沒有調節貧富差距的作用，一些權威學者對此判斷頗不服氣，拿出高收入階層納稅在個稅中所占比重作為根據來說事，但卻沒有多少說服力。其實將稅前基尼係數和稅後基尼係數拿來做個對比就一目瞭然了。仔細比照1994年至2008年的《中國統計年鑒》公佈的各年數據，發現中國城鎮居民個人所得稅稅前和稅後的基尼係數有微弱的上升趨勢，說明現行個稅調節貧富差距的作用不是丁點兒沒有，只是非常小，小到若取兩位小數點的話，稅前和稅後就是基本相同的數字，只能得出中國個人所得稅對城鎮居民收入基本不存在調節作用的結論。而美國、英國、日本等國的稅前和稅後收入比，一般稅前收入比相差會達到十幾倍的樣子，但徵稅之後再比，其收入差距就縮小到三至四倍了。目前中國的基尼係數已經超過0.5，收入分配不公的狀況早就大大超過世界多數國家。在中國，現在已經很難形成所謂的中產階級，不同群體之間的差距過大已成難以改變的事實，社會已然就此發生斷裂。這樣的稅制，怎能不改？

個人所得稅的詭異在於，當中低收入群體正在為免徵額標準的提升給自己帶來實際好處（少納稅）而雀躍的時候，某種不可測之壓力可能也伴隨而來。問題出在這一調整是在社會貧富差距已然過大的背景下和面向所有納稅人群進行的，費用扣除標準的提升在降低中低收入者負擔的同時，也會進一步拉大高收入者與中低收入者之間的收入差距，其結果，不僅不會給中低收入者帶來真正的好處，反而會增加高收入者的可支配收入。如此，中低收入群體當初的一點喜悅就可能保持不了多長時間，人們就又會為新的、更大的社會貧富差距而困擾。比如，當通貨膨脹襲來的時候就會看到，真正的受害者並不主要是那些富有者，而依然是窮人，現有的稅制可能連你最基本的必要生活費用都保證不了。如果沒有個人所得稅根本性的改革，這將是一個難以避免的和正在出現的結果。這樣的稅制，怎能不改？

顯然，現行個稅稅基狹窄，導致工薪之外的稅源大量流失，對調節財產性收入無能為力，也就幾乎沒有調節收入分配差距的作用。我曾經大聲呼籲在中國實行減稅政策，但若是在這樣的稅制結構之下運作，即使實行了輕稅政策，也還是解決不了稅負不均、不公正的問題。如果不徹底下決心對現行個人所得稅進行外科手術式的改革，我們就只能繼續看著社會貧富差距在自己的眼前一步步拉大而束手無策。

個稅改革的建議

在中國未來的個稅改革方案中，應當在稅前增加若干必要的費用扣除項目，簡單說，家庭日常消費支出，吃喝拉撒睡之類的費用支出都不應被徵稅。納稅人用於自身的和子女的教育費用、老人贍養、購買保險、大額醫藥費、為殘疾人家屬購買的自助設備、自用住宅貸款利息支出、公益性捐贈、災害損失等，也應被排除在免徵範圍之外。公民個人與組成家庭，在稅負上也應有個明顯的差別，不能像現在這樣都混在一起算。此外，還應考慮不同行業和職業的因素，等等。中國應借鑑國外的經驗，生計費用的扣除標準應與CPI掛鉤，由中國人民代表大會授權國務院或地方人大，每年擇機進行調整。

兩次世界大戰期間，西方各國大都實行了多級累進稅率，有的多達幾十個級別，但是，進入20世紀80年代以來，在世界性的減稅運動中，各國的

稅率級距明顯減少，稅率也大大降低。經合組織 16 個成員國的稅率級距平均從 10 級以上減少到不足 6 級，其中英國減到只剩兩個。歐洲和西亞多個國家甚至實行了單一稅率。在中國，稅率級次只要 5 個或更少些就足夠了，現在的 7 個還是太多，工薪所得最高邊際稅率 30% 也就可以了，現在的 45% 高得離譜，也不會有人認同在這個稅率層次上老老實實地納稅，應該取消。

關於以個人還是家庭為納稅申報單位的爭論，筆者更傾向於後者，因為後者更能充分考慮家庭成員的人數、家庭總收入、需要贍養的人數、是否有殘疾人等，也就更能體現納稅人的綜合負擔能力和體現稅收負擔的縱向公平。近期的改革可以考慮設置個人和家庭兩種申報單位，由納稅人自行選擇其中的一種，為將來全面推行以家庭為納稅申報單位做技術上的準備。

當前經濟動向與結構性減稅 [36]

凱恩斯主義不再是救市良方

近來中國總體經濟運行似乎有點吃力。國外，主權債高居不下，經濟復甦乏力，前景仍充滿不確定性。國內，經濟結構不合理的問題長時間得不到有效調整，中國經濟本身的問題開始從各方面顯現出來。金融危機後撥出的 4 萬億花完了，國企的麻煩隨之而來。2013 年 1 至 2 月份，中國規模以上工業企業實現利潤同比下降 5.2%，其中國企同比下降了 19.7%，資金使用效率和管理水平低下的老問題未見絲毫改善。4 月份，幾乎所有的經濟數據都出乎意料的差。工業增加值增速降到了 9.3%，自 2009 年 6 月份以來首次出現月度同比個位數增長，為最低水平，而與生產經營活動高度相關的發電量則幾乎停止增長。固定資產投資、零售、出口的增速也都明顯下滑，意味著「三駕馬車」都不約而同地慢了下來。

而從福建、廣東等製造業和外向型經濟相對活躍地區的情況看，從今年春節開始，小微企業關門歇業，或清產、轉行的屢見不鮮，反映出實體經濟也出現了明顯拐點向下的趨勢。股市也不大妙，5 月簡直就是去年 8、9 月份的翻版，H 股在半個月之內就下跌了近 15%，境外投資者對中國經濟的信心

眼見有所低落。有經濟學家預測,中國經濟再也不能像過去那樣收放自如,有可能進入了一個很長時間以來從未遇到過的下滑週期,這種趨勢在一些經濟較為發達的省市表現得尤為明顯。

其實問題早在三年前就埋下了。為了防止危機滑向蕭條,不少國家依照凱恩斯的經濟思想推出了一系列刺激社會有效需求的政策,中國由於急於擺脫實體經濟剛剛顯現的困境,竟也表現得爭先恐後,與經濟發達國家幾乎同步實行了反向操作的調控政策,其結果是使中國不幸成為一個危機輸入國家。中國經濟目前出現的減速並非自然趨勢使然,而是在很大程度上由於自家內外經濟政策組合不當而造成的。在對中國近年來總體經濟運行狀態做了一些分析之後,本人發覺自己對中國經濟發展趨勢不再像過去那樣信心十足,而是有所下降。直感是,中國當前的經濟增長減速,既不是因為經濟發展到了一個自然收斂的階段,也不是因為對外貿易依存度過高所造成,而只能用政策干預不當來解釋。「千斤撥四兩」的 4 萬億財政刺激加上 10 多萬億銀行貸款,中國在短短的兩三年內向流通領域投入了 20 萬億左右的資金,其結果不過是換來 9% 的增長率,財政政策的「乘數效應」並沒有真正顯現,而且持續效應較弱。上一輪刺激政策剛剛結束,通脹掀起的波浪還沒有平復,經濟就又開始掉頭向下墜了。

按照凱恩斯主義的拯救和治理危機的路數,當經濟危機到來之時,政府財政大幅擴張就在所難免,即政府可以透過舉債和增加財政支出來刺激經濟增長。但如今時過境遷,政府的財政支出再也不能像過去那樣可以有效刺激就業和需求了。因此,西方的凱恩斯主義和中國計劃時代遺傳下來的國家分配論都已過時,不能適應當前經濟的實際,不能再以之作為救市良方了。如何完善以市場為導向的資源配置方式?如何推進貿易自由化?如何激發企業家的創業和創新活動?如何有效防止金融危機和經濟衰退的出現?如何帶動整個社會走向新一輪的經濟繁榮?這都是當下的人們必須實事求是地思考和共同面對的問題。

結構性減稅應加快步伐

應該說決策層的行動很及時。2012 年 5 月中下旬，溫總理連續主持了六省經濟形勢座談會和國務院常務會議，分析經濟形勢並部署下階段工作，兩次會議，均強調要「把穩增長放在更加重要的位置」。已知推出的措施有家電節能補貼、扶持鐵路建設等，而按照會議的要求，還有更多的減輕企業稅負、滿足實體經濟信貸要求、促進消費、啟動並加快重大項目投資、鼓勵民間投資的政策措施出臺。其中，結構性減稅作為本輪經濟政策的核心環節具有十分特殊重要的意義。

客觀評價，近年來政府實施結構性減稅並非不認真，如提高工資薪金和個人所得稅費用扣除標準、免徵儲蓄存款利息稅、統一內外資企業所得稅、提高出口退稅率、推進增值稅轉型、調整車輛購置稅政策，還有最近實施的小微企業減半徵收所得稅、物流企業大宗商品倉儲設施減半計徵城鎮土地使用稅、蔬菜批發和零售免徵增值稅，以及目前正在上海等城市「熱試點」的營業稅改增值稅等等，這些措施對於遏止經濟下滑、刺激消費需求、推進節能減排和環境保護等都具有積極作用。

結構性減稅政策執行了 8 年之久，按說企業和居民的稅負不應該感覺很重了，但從各方面瞭解到的訊息看，人們不僅沒有感覺到稅負的減輕，反而有加重的趨勢。十幾年來，中國稅收收入總量保持著兩位數的增長速度。最高年份 2007 年達到 31.06%，同期 GDP 增速僅為 13%。目前稅收增速為 23% 左右，大口徑總體稅負超過 35%，接近發達國家水平。總量增長之下，出口和投資拉動的經濟結構面臨挑戰，內需不足的狀況難以改變，城鄉差距進一步擴大，收入分配嚴重失衡，社會矛盾叢生，政府汲取財富的能力遠超企業和居民。本人近期在溫州、西安等城市調研，有企業反映其所承擔的各種稅費負擔達到 50% 左右，這一點也得到當地稅務機關的確認。

筆者在鳳凰衛視參與節目錄製時，聽財政部科學研究所賈康所長談到財政收入增長率與 GDP 增速並不差得那麼多。因為 GDP 增速說的是實際值，而財政收入計算的是名義值，即要加上通脹的因素。這種解釋雖然比較專業，但從現場效果看人們並不大認可，似乎也沒耐心聽賈所長詳細解釋。

考查相關數據，1998年—2011年，GDP現價（即名義GDP）平均增速為13.08%，中國財政收入平均增速為19.54%，按可比價格計算，兩個增速之比也達到了1：1.49。照此速度發展下去，財政收入占GDP之比還會繼續提高。

顯然，減稅是必須的，但也是最難的。這裡所說的減稅，也包括減輕各種政府行政性收費和政府部門的經營性收費。在企業和民眾眼裡，所有夠得上「強制、無償、固定」特徵的政府徵收，都與稅收無異，都應該列在縮減政策的目錄裡。作為「有增有減、結構性調整」的政策圖解，應該予以更加精確的解釋。結構性減稅，關鍵在於首先落實減稅，並且不排除在稅制結構調整過程中開徵一些有利於調節貧富差距的新稅種和良性改造老稅種。要透過降低企業和居民個人稅負激勵社會的投資和消費需求，既有一定的逆週期擴張的作用，也有利於經濟結構調整這個老大難問題的逐步解決，還能有效提高微觀經濟主體的活力、創新能力以及競爭力。而減稅政策關鍵的著力點，在於調整現行稅制組合，變過分依賴流轉稅（增值稅、營業稅、消費稅等占稅收收入65%左右）為更多地倚賴所得稅（目前只占25%）和財產稅，實現真正的「雙主體」。

對於月收入5000元左右的居民來說，直接稅負擔只占個人全部稅負的2.7%左右，而間接稅負擔占比卻達到了97.3%。不降間接稅，減輕居民個人稅負就是一句空話。所以，個人所得稅由分類稅制向綜合稅制的過渡應當加快，針對個人徵收的財產稅（房產稅）試點應在強調法治和民主的基礎上進一步擴大，居民個人的稅負應當更加公平合理。

對於企業來說，營業稅改增值稅的改革步伐應加快，當然，其前提應是稅率趨向合理（如交通運輸業的稅率應在11%的基礎上有所下調），進項稅額如何實現有效抵扣問題的解決。凡與居民日常生活消費息息相關品的產品，其增值稅稅率應進一步降低；凡與小微企業和個體工商戶維繫生存有關的稅收優惠政策應一一落實；凡有利於節能減排、研發創新、生產性服務業及戰略新興產業發展的稅收政策則多多益善。中國經濟發展所需要的，是一種趨

向公平合理的和輕型的稅收組合，而不是相反。當然，減稅之難，難在政府的自我約束、自我消減。

企業家的創新才是經濟繁榮的根本動力

在中國，地方政府與市場的界限始終沒有得到釐清，是市場的主要參與者和受益者。現行分稅制財政大權集中於中央、地方財政「找米下鍋」的格局，不僅僅是財權與事權的不匹配，還反映出各級政府承擔的公共服務責任和與之相配適的財政權力的法律來源不清晰，政府財政行為嚴重缺乏現代預算制度的外部政治控制和監督，實際上是一種政治體制改革和政府治理滯後的效應，這就造就了永遠處於資金饑渴之中的投資型政府。只要這樣的格局不改變，高稅收助推地方政府高投資，推動著政府規模和職能的日益擴張，而超大、超強的政府反過來對稅收和其他財政收入的需求就永遠處於饑渴狀態，於是所謂結構性減稅也就很難變成現實。這是一條已經被制度死死鎖定了的路徑，很難走出來。

近期學界和實務界熱門討論的「個稅遞延型養老保險」，也可認為是一種頗富新意的減稅思維。中國目前的一個較為突出的社會問題，是中高收入者退休後的退休金與其退休前的收入落差較大。發達國家解決這個問題的辦法很有啟發價值，即用個人所得稅遞延政策鼓勵中高收入者在退休前為自己「籌措」養老金，是謂「個稅遞延型養老保險」。它是指投保人所繳納的保險費在一定比例之內，可以在個人所得稅前扣除，待到退休領取保險金時再補繳個人所得稅。此外，第三方（如保險公司）用該帳戶資金進行投資而形成的增值部分，其個稅也可遞延。如果交納人退休後社會保障收入加補充養老保險收入仍然沒有超過當時的起徵點，就還是不需交納個人所得稅。可見，這個制度設計的目的是降低個人的當期稅務負擔，並鼓勵個人參與商業養老保險，以提高未來養老期的生活質量。目前，個稅遞延型產品已經是一個相當成熟的產品，有他國經驗可供借鑑，其中最知名的當屬美國的「401K 計劃」。

這種稅前扣除和投資收益的做法並不等同於免稅，但含有減稅的作用，恰與中國當前的結構型減稅政策不謀而合。在中國，私人養老保險主要包括

兩部分，即企業年金和個人購買的商業養老保險，國內保險企業在年金保險方面已有數年的經驗積累。目前溫州金融改革試點已然獲批，深圳亦出臺了金融創新方案，上海個人稅延型養老保險試點已準備4年，目前正在策劃的養老金稅收遞延方案對以上兩種養老方式有同時免稅的計劃。民間也表現出較大的熱情，將其稱為「減稅養老」，中國推行稅延型養老保險在技術層面和社會接受程度上應無大問題。或許由於這個原因，個人稅延型養老保險試點已被有關部門列為重點著力的工作。但，該項工作推行起來也很不容易，目前仍然「只見風吹，不見草動」，實際進展不大。

危機之中，西方學者即開始反思近些年盛行的新古典主義和凱恩斯主義經濟理論，老古典的史密斯經濟學及其忠實繼承者奧地利經濟學，以及極力強調諸「元規則」作用的立憲經濟學重新引起人們的注意，對於中國來說，如果不在結構上取得一些突破性的進展，在很多小微民營企業已陷於慘淡經營的境地時仍拒絕減稅、減負，即使再及時的救市政策，也只能臨時擋一擋衰退浪潮，而不能從根本上扭轉經濟下滑的趨勢。

企業家存在的價值是持續不斷地創業和創新，只有他們才是帶動一個經濟體重新恢復活力的因素，而不是政府自己的狂熱投資。企業家專注於企業發展的熱情取決於他們對經濟前景的預期如何，他們對經濟發展前景信心不足，才會出現較大規模的資本外流和較為普遍的創業創新熱情低落的情形。我們的經濟政策恰恰在這個方面沒有做到位。熊彼特曾致力於構建一個以創新為內在動力的內生性經濟變遷的理論，20世紀80年代以後逐漸被模式化為「演化的新經濟增長理論」，從而獲得了新的理論活力，並開始被導入政府制定總體經濟政策的工具箱。人們越來越清醒地認識到，能夠帶來世界經濟復甦並重新走向繁榮的不是政府規劃、救市政策和無止境的投資驅動，而是企業家的創業活動和技術創新。救市政策最多只能醫治蕭條，卻不能激勵出經濟繁榮，真正的發展動力只會來自企業家們永遠不變的「毀滅性的創造」，來自市場交換和競爭。可以說，我們的社會到處都是企業家，到處都是技術創新者，可是「制度性封鎖」和各種各樣的「官僚障礙」，使得他們無從發揮，無處發展，我們只是自己限制了自己，一個新興的經濟體卻處處讓人體會不到它的活力和寬容度，一些人選擇「資本出逃」也就不足為奇了。

近幾年來，在激勵民間創新方面做得最好的仍屬美國。危機發生之後，美國的確毫不留情地批評了華爾街，但也在不打折扣地保護了市場機制和企業家，並在政策上給企業家騰出更大的活動空間，十分重視為小企業減稅和為中產階級永久性減稅，同時適當向富人加稅，被稱為「一加兩減」政策，美國經濟的復甦與長期不懈堅持的減稅政策有直接關係。傳統製造業在美國本土開始恢復，新一輪長週期的創新產業已初露端倪，作為創新產業發展風向標的納斯達克股票市場已經創出了 11 年以來的新高。中國大概有 4000 萬個中小企業，其中 90% 以上是小微企業。對它們的最大挑戰是在較為艱難的創業環境中，如何找到有效的融資途徑，發展壯大自己，僱傭更多的員工，創造更多的財富。它們需要大的經濟環境能盡快好轉，不至於做得過於辛苦。決策者們對此民情應該多多體會和留意。

多年持續高增長之後，我們或許需要平靜一段時間，推行實質性的減稅、減費措施，並為此不惜縮減政府的職能範圍和規模，給經濟運行提供一個休養生息、恢復元氣的機會。這個主張，源自奧地利學派如哈耶克闡述的「自然秩序原理」，也暗合中國古典道家「清靜無為」的精神，更主要的，是中國經濟現實發展的迫切需要。照著去做，也許帶不來新一輪的高增長，但至少可以規避很多風險，避開行進途中的暗礁險灘，讓我們的經濟之船行走得更安全、順暢一些。

▌市場舒緩時勿忘推進房產稅收領域的法治化進程[37]

據我手機上顯示的新華快訊，上海、天津、深圳等十大城市 8 月份住宅均價環比下降 0.41%，是去年 9 月份以來首次環比下降。看來目前一線城市的住宅市場價格在強力的行政性調控下確實開始出現下降的趨勢，其中受限購政策的影響可能是最大的。這是房地產市場變得有所舒緩的一個信號。但也應當看到，高地價推高房價上升的危險並沒有完全消除。這是政府壟斷土地一級市場、經營二級市場的體制的一個必然的結果。

市場經濟條件下，房市的價格主要應該由市場供求關係來決定，在中國，問題卻不這麼簡單，中央政府有 18 億畝紅線，地方政府各有各的政策，也

各有各的利益，而居民住房需求則帶有強烈的剛性，加上炒房者的興風作浪，解決如此複雜的經濟和社會問題，依靠市場調節為主是世界各國的普遍經驗。但是在我們這裡，儘管蹉跎了這麼多年，最後起作用的可能還是雷霆萬鈞的行政命令手段。

在過去十幾年 GDP 快速增長期裡，我們沒有很好地解決房地產市場的表層和深層問題，而是上下聯手追索利益、「燒錢」大搞形象工程，而本應首先承擔起來的公共服務職責卻被擱在一邊。現在面對市場價格居高不下、消費者怨聲載道的局面，經濟學家們不去認真分析研究其中的原因，比如土地財政和其背後的分稅制的問題，反而透過頒布多個調整政策來強行壓低市場房價，把所有的矛頭都對準市場、房地產商輪番轟炸，其結果只能是治標不治本。

強制拆遷與財政體制的勾連關係

新的《房屋徵收與補償條例》於年初正式實施後，行政強拆至少從形式上宣告停止，對於保障公民個人權益是一個進步，但卻成為地方政府推動保障型住房建設的障礙。6 月 11 日在石家莊召開的中國保障性安居工程工作會議上，各地反映的難題幾乎都是拆遷，這導致中國保障房建設進展緩慢，給中央政府承諾的 1000 萬套保障房建設計劃能否完成增添了未知數，也導致「強拆」捲土重來的可能性在增大。

近年來，中國許多社會矛盾和利益關係與強制拆遷相糾結，這種官民近乎水火的關係源於土地財政。站在開發商背後的是政府，衝在前面的是城管、警察。但問題不止於此，激烈的強拆行動能夠持續數年而至今湧動不息，還有更深層的原因，簡單說，就是盤根錯節的中央與地方的財政資源配置關係。

上世紀80年代，鄧小平的「放權讓利」改革曾使地方政府財政相當充裕，一度占到78% 左右。地方政府用這個錢補償「文革」欠帳，社會公共服務業普遍做得不錯，所以 80 年代被稱為中國人心情最舒展的時期。這種資源配置格局本來是建立市場化改革最需要的分權體制的極好機會，卻與中國傳統的集權體制發生了矛盾。

中國權力的邊界：稅、革命與改革

第三篇　輕稅育民：稅與納稅人

到90年代前期，中央政府為瞭解決兩個比重（即財政收入占GDP比重和中央財政收入占整個財政收入比重）過低，進行了分稅制改革，實際上是中央政府回收財權、財力的過程。經過一番制度洗牌，中央收入占整個財政收入的比重重新回到主導的地位，達到75%—80%，地方政府收入直線下降。歷經10餘年的分權改革，遺憾地畫上了句號，中國從此重回集權老路。

問題在於，中央上收了財權，並未同時上收公共服務的責任。地方政府財政收入急劇減少，然而，其與民眾之間「零距離」的性質，卻決定著它承擔的公共服務責任在不斷增加，這就導致了地方財政出現巨大虧空。在短期經濟增長無法提供充足稅源，而中央轉移支付又一時指望不上的情況下，預算外、體制外等非稅收入便成了地方財政的重要來源，而賣地，便成為其中最有效、最便捷的手段。這就是「土地財政」的由來。

從此，地方政府便把自己的利益牢牢地拴在了土地財政上，財政來源中土地出讓收入達到相當高的比例，有的竟達到50%甚至60%，但給被拆民眾的經濟補償卻越來越少，部分地方官員的態度越來越強硬。據對大連市的調查，1993年到2007年，拆遷補償率由最初的80%下降到現在的不到20%。另一個數據是，拆遷補償率普遍的越來越低於市場價格。當初還能做到按照市場價規定補償率，現在卻完全做不到了。一些地方政府與民眾的日益對立，就是從這個問題上開始的。

苦苦追求GDP，不只是為了全民福祉或上級施加壓力，還因為各級政府在此埋金。樓市下來了，影響的首先是政府收入，它不得不較真，所以當不祥跡象露頭時，政府救市比誰都急。有人把中國經濟比作一輛正在下坡的自行車，停下來就倒了。所以中國宣布明年繼續積極的財政政策，繼續追求高增長率，但迅速分化的利益關係又迫使決策者不得不考慮民生問題，緩解已然激化的社會矛盾。兩相兼顧，確實是一件非常困難的事。但不管怎樣，民生都得擺在上位。所謂公平與效率的關係，過去一直以效率為先，今後就得以公平為先，至少在再分配環節，它將被作為一個分配原則來遵行。

如果我們還是一個正常的健康發展的社會，如果公平正義還沒有遠去，就不應允許強拆事件死灰復燃，除了憑良知繼續修補好「新拆遷條例」外，

更重要的，還得從體制入手，改革財政資源的配置關係，修復政府與人民之間業已被破壞的關係。

房產稅的立稅依據

所以，在現行的分稅制體制下推行房產稅，必須妥善處理中央和地方財政利益的分割問題。由於中國實行的是絕對集權的行政體制，中央對財政收入和職能的控制是絕對的和不可置疑的，中央的稅收份額和稅基是不可侵犯的。而房產稅卻是一種地方稅，它開徵後將基本取代目前依附於現行土地財政的稅費徵收。在這個過程中，中央考慮的是房地產市場的穩定，地方政府考慮的是今後的收入來源能不能得到保證，兩者思考問題的角度並不完全一致。這應該是一個時期以來，中央比較熱衷於推進房產稅改革，而地方政府對此態度並不十分積極的主要原因。

但對房產稅問題的討論不應到此為止，因為財政體制無論怎麼重要，都還屬於行政體制內部的問題，房產稅徵收繞不過去的，還有一個公權力與公民的私有財產權之間的矛盾問題。中央收入具有絕對性，對於納稅者──企業和納稅者個人來說，地方政府的徵收同樣也具有絕對性。如果房產稅不能滿足地方政府的財政需要，又不能透過體制提升自己分享的財政比例，它的手還會跟以往一樣接著往下伸。所以，在徵收房產稅之前，有個非常關鍵的問題必須先解決，就是用法律在政府徵稅和公民財產權之間劃定一條任何權力、任何人都不能踰越的界限。而這，正是中國以往的稅制改革幾乎完全忽略的領域。

這個問題之所以特別重要，是因為房產稅不比別的稅種，它屬於直接稅，而以往我們討論比較多的增值稅、消費稅、營業稅等，都是間接稅。間接稅與直接稅最大的區別，是間接稅可以轉嫁，納稅人不見得就是負稅人；而直接稅基本上無從轉嫁，納稅和負稅人基本上是一體的，或者乾脆說，落在納稅人頭上多少稅，你的個人財產就得減少大的份額。所謂「稅痛」就是這麼來的。所以我們必須尋找到一種約束與監督機制，用來限制地方政府徵收包括房產稅在內的一切財產稅的過多的權力、財產稅稅率過高或浮動範圍過大

等。也就是說,要從法制上徹底制止任何執掌公權力者對民眾財產的過分剝奪。

在我們的國家裡,財政稅收的權力歸根結底屬於全體人民所有,如溫家寶總理所說的,「財政的錢是人民的」。既然稅收是人民的,就只能由人民決定如何徵稅和如何用稅。房產稅尤其是這樣:財產是人民的,稅是政府的(只能定向用來提供公共服務)。你想徵這個稅可以,不過得先問問人民是怎麼想的。這個話聽起來可能有點逆耳,卻是現代稅收法治的基本精神。

現代法治國家的特點是,公民個人依法享有對其財產的占有、使用、轉讓、收益和處分的權利,任何人,包括政府都不得非法限制、剝奪之,這就是憲法所蘊含的國家保護合法私人財產權的基本精神。為了公共利益和公共服務的需要,政府可以而且應當徵收財產稅,但應當事先徵得財產所有者的同意,經過徵、納雙方的法定的和充分的「談判」過程(一般以代議制的形式進行),由納稅人的代表舉手錶決,來決定這個稅該徵不該徵、怎麼徵、徵多少,然後「授權」給政府執行。只有經過這個程序的稅收才是合法的徵收,才可能得到納稅人的尊重和遵從,大家也才會心服口服地交稅。

由於政府掌握著全部國家機器,從理論上說,那種完全憑藉權力的徵收不存在任何實質性的障礙。不錯,房產稅與其他稅收一樣,具有鮮明的強制性特徵,但應明確,這種權力還應當具有道德上的正當性。例如,徵稅不得為非,不得橫徵暴斂,不得侵害公民財產權利和其他法定利益,稅款只能定向用於改善國民福利等等,這在房產稅收上體現的也會比其他任何稅收都要來得鮮明。正因為房產稅與每一戶、每一個民眾的利益直接相關,就對施政者接受民眾監督的心態和行政透明度產生了極高的要求。

現代稅收排斥對公民實行過分的和非法的徵收,從根本上說是保護公民財產。沒過法律關,任何稅都不能徵。像過去那樣動輒國務院甚或部委下發文件就開徵某個新稅的事,若發生在十幾年前還可以理解,現在就顯得不正常。應當樹立無法律不行政,無稅法不徵稅的觀念,一切法外的徵收都應當廢止,特別是稅收法定程序,是對稅務機構及其人員徵收權力的限制,必須

嚴格執行之，不得有絲毫的走樣。如果僅是把稅收作為一種增加籌集收入的手段，那就更加錯得離譜。

應該看到，中國社會當今出現的諸多問題，其實很少是由市場和民間造成的，而是由於有各級政府的財政利益纏繞其中，那麼多的機關，那麼多隻手，一次次地越過法治應有的範圍，同時伸向企業，伸向民間。所以，收稅必須要先履行程序，這是中國現行體制和制度文化中缺失的一課，也是未來房產稅「立稅」的前提。

房產稅的方案如何設計

關於房產稅與調節收入分配的關係，從法理層面講，其作為對不動產保有環節徵收的一個稅種，對收入再分配能夠造成一定的調節作用，但使該稅具有這種調節功能的前提是，先要解決一些技術性的難題，包括房屋產權確認，建立一個中立、客觀、公正的房屋評估體系，稅制設計，以及相關配套制度的調整和完善等等。這些基礎條件不具備，就不能開徵房產稅。

所謂房產稅改革的具體方案，我想至少以下幾條不能少：

第一，不管稅制怎麼改，不能造成納稅人整體稅負加重，如果讓人民在承受稅收的時候感受到自己的稅負在加重，房產稅的直接稅屬性就會發生作用，即得不到民眾的密切配合，逃稅和抗稅的行為就有可能普遍發生，地方政府在執行中就很難操作。

第二，房產稅是地方稅，就應該按照地方稅的模式運作。在法治和民主的前提下，地方人大和政府的房產稅治稅權，如計稅依據、稅率、收入規模、調節範圍、減免稅、開徵停徵、稅款用途等，都應由地方自行討論決定，目前世界上多數國家都是這樣做的，中國也不應例外。

第三，土地出讓金問題。很多國家對房地產的持有環節徵稅，並且將其作為主要稅收來源。美國的不動產稅在地方政府稅收中的比重平均達到60%以上，而中國的這一比例只有5%。但中國與國外的不同之處在於，土地是國有的，房價中已經包含了一部分交給政府的土地租金，而且比例巨大。所以土地出讓金和房產稅是否重複徵收成了一個繞不過去的坎，這也是人們反

對「房產稅」的主要根據。專家曾指出土地出讓金和房產稅是兩個概念，不存在相互替代關係，但在實踐中又很難完全撇清兩者之間的關係。另一些專家建議同步進行土地出讓金改革，從一次性收取改為分年收取，使其作為地租的性質更加明確，或許是走出僵局的一個辦法。

中國物業稅改革原來基本是按不動產稅的規則設計的，將土地出讓金問題一併考慮進來，但後來卻不知怎麼又變成了「房產稅」，不少人希望它能夠承擔起壓低房價的作用。其實，不管上海還是重慶的試點，都不可能具備這個功能。因為稅制改革的核心——土地問題被迴避，只是對房屋持有環節徵收 1% 的保有稅，可能連個水花都激不起來，稅負很容易被炒房者順風順水地轉嫁出去。還有，由於各地的城市投資公司基本上是以土地價值為融資抵押的，如果土地市場價格大幅下滑，債務風險就會提前到來。對於地方政府來說，土地價格的縮水比土地財政玩不下去更嚴重，所以兩個地方政府都堅決把土地出讓金排斥在新稅之外。但願我沒說對，但萬一說對了事情就變得有點可怕。

第四，計稅依據，即不動產價值的評估由誰來承擔的問題。一些專家的意見是由國土部門負責，稅務部門負責徵管，這個意見可取，但我個人更傾向於由社會中介機構進行評估。困難是中國社會中介組織的建設嚴重滯後，公信力不足，但公民社會的發展使我們早晚迴避不開此類問題，那麼就不妨從房產稅改革上入手進行大膽試驗。最下策，是由財政或稅務部門負責評估，坦率地說，現在稅務部門在民眾中的信任度不見得比新成立的中介組織高多少。

第五，稅率的設計，根據國際經驗，保有環節的房產稅一般定在房產原值的 2% 以內比較合適，並且應該區分經營性房產和居住性房產，對後者應採用低稅率。持有房產較多者，稅負可適當加重，可以實行調節貧富差距力度較大的累進徵收，也可以實行比較溫和的比例稅率，這個可以在稅率設計時多傾聽一下民間的意見。

在國外，房產稅是一個典型的服務性質的稅種，必須專款專用，只能定向用於為社會提供公共服務，而不能移作其他用途。我的一位朋友從國外發

回加拿大的房產稅徵收辦法，光是與其對應的市政服務就包括：警察配置、消防及防火、救護車、城市公共汽車、垃圾和循環再造物品收集、圖書館、鏟雪和清理行人路、街燈、公共汽車站的候車亭、社區中心、游泳池和溜冰場、康樂活動、兒童和老人服務計劃、公園和夏令營、建築許可證和檢查、結婚證書和重要統計、執行立法、物業標準檢查、動物控制、修建道路、人行道和溝渠、設計服務、經濟發展協調、特殊活動等。甚至狗牌的製作費用，也是由房產稅出錢的。一個房產稅，承擔了25種以上的公共服務項目。

我以為，這才是真正意義上的房產稅，開徵這樣的稅，不會有人不支持。而在我們這裡，說要開徵物業稅有十幾年了，2003年以後開始「空轉」，到現在也有七八年了，那麼多的專家、官員，為什麼不認真地向人民解釋一下，開徵的這個物業稅究竟要拿去做什麼用？

房產稅的稅制設計雖然複雜，但比起它的法理之辯還是簡單得多。有句老話說，「取之於民，用之於民」，這句話並不十分嚴謹。因為它沒有說清楚誰來取、誰來用的問題，而且從事物的次序上說，也是應該先有「用之於民」的合乎情理的解釋，然後才有「取之於民」的合法性來源。徵稅的程序要有正當性，目的也要有正當性，兩者結合，這樣的房產稅，才符合正義的原則，才可能得到納稅人的理解和認可。所以，我們期待著中國房產稅改革堅實穩妥地運行在民主法治的軌道上，像一列動車，勿脫軌，勿追尾。

人大應收回稅收立法權 [38]

人大的稅收立法權授權存在問題

採訪者：最近國際油價大幅下跌，燃油稅卻連續3次上漲，引起很大的輿論反彈，您覺得這3次漲稅存在什麼問題嗎？是否違背現行法律？

李煒光：違背現行法律倒說不上，關鍵是現行法律在當初設定規則時就不是特別科學，它的問題主要就是1985年中國人大對國務院的那次授權——中國人民代表大會授權國務院在經濟體制改革和對外開放方面可以制定暫行的規定或者條例。依據就是那次授權，否則的話就沒有依據了。

現在這個授權存在一些問題，第一是它的授權範圍太大了，凡是關於經濟體制改革和對外開放的事都可以授權給國務院。授權不應該是這樣的授法，國際上立法授權是一事一授權的，不能說這堆事由你隨便訂立法律，由你來說了算，這種授權就不是授權了，是把權力拱手相讓，授權應該是很細緻、具體的。

第二，授權應該有一個期限，要有時間限制，授權給你在這一段時間內可以去立法，過了期限就失效。可是我們的授權是1985年授權，現在是2015年，已經三十年了。一個授權三十年，這種程序就有問題了。

第三，這個立法權力授出去，應該是可以收回來的。因為權力的所有者是中國人民代表大會，如果權力授出去不收回來，或者想收也收不回來，那怎麼解釋呢？現在問題是規則本身的問題。你問它合不合現有的法律，基本上它是合的，但是規則本身或程序上有問題。

採訪者：第二次提高燃油稅的時候，給出的理由是環保，這個理由說不說得通呢？

李煒光：是不是說得通，得看它有沒有相應的法律或者制度來限定這個錢只能用在你說的環保或者是節約能源上。據我所知，它還沒有這樣一些規定，稅徵上去以後怎麼支配我們不知道，也不透明。比如2009—2012年這頭4年，燃油稅就徵了大概9000億元，這樣一筆財政資金用在哪兒了？如果確實用在了環境治理或者是環保事業上，那還是可以的。消費稅稅率一再漲，每年就增收一兩千億了，這個數字還會越來越大，這筆錢究竟能不能用到這個上面，這是一個很大的問題。我們不能光看它怎麼說，能不能做到是一個問題。

另外，所有的徵稅行為都應該陳述理由，像這次這樣陳述理由，應該是一個進步，進步就在這裡，為什麼要提高燃油稅的稅率，是為了改善環境，治理污染，促進能源產業發展，這個理由說得很清楚，能不能做到我們可以質疑。另外一個質疑的就是其他稅能不能像燃油稅這樣明確闡述理由，現在還沒有，目前除了車輛購置稅等少數幾個稅種說明了它為什麼要徵這個稅，其他的都沒說清楚。

人大應收回稅收立法權 [38]

採訪者：稅權收歸人大已經喊了很久，這在學界似乎已經成為一種共識。但是是否能夠看到實際的改革進展呢？難點和阻礙在哪兒？

李煒光：考慮到國家的制度建設，人大應該發揮它應有的審議、立法、監督的職能，稅收立法權就是一個重要問題。所以這幾年這個事被人大、政協的一些代表所重視，提出提案來。2009年中國政協委員蔣洪老師第一次提出來，可是當時並沒有產生很大反響，可能是因為提得早了一點，不過那次提出這個問題也非常重要。然後就是山東的劇作家趙冬苓，中國人大代表，提了一個關於稅收立法權要回歸人大的提案。這次情況不一樣了。

據我所知，稅權回歸人大這件事情到現在都沒有什麼實質性的進展，所以趙冬苓代表今年兩會上還要提這個問題，她跟我聯繫過，我也建議她不要放棄。但是究竟怎麼回歸還沒有深入探討，現在還處於提出問題的階段，今年再提的話就是第三次提了，會有越來越多的代表附議這樣一個問題。其實，政府也開始注意到這個問題了，財政部也在跟人大方面溝通。雖然還沒有具體的時間表，但議論來議論去，它已經是個事了，國務院和財政部、人大、政協這幾方面都在談這個事。我想今年兩會它也會是一個熱點話題。

稅權回歸人大的意義在什麼地方呢？未來幾年將是稅收立法的活躍期，非常現實的就是房產稅，立法在一兩年內就要完成，2016、2017年就要進入實施階段，我們說的財產稅主要就是房產稅。後面還有進一步的新的稅法的立法問題，比如遺產稅，徵遺產稅就必然要徵贈與稅，實際一下就有了三個稅種。還有增值稅的立法問題，《個人所得稅法》的修訂問題，個人所得稅已經不太適合於現在的需要了，它的修訂是很重要的。還有其他的環境保護稅等等，密集的稅收立法都將要在這幾年之內完成。可是立法機關，我們的中國人大，以它目前的情況能不能應對這樣一個局面還不確定，現在還在討論稅收立法的權力能不能收回來。

採訪者：剛才說的幾個稅種是不是由人大來立還不是非常確定？

李煒光：《立法法》規定是這樣，問題是在現實當中又不是這樣，這是中國法律秩序的常見問題。《立法法》寫得很清楚，關於稅收方面的法律規

中國權力的邊界：稅、革命與改革

第三篇　輕稅育民：稅與納稅人

定由人民代表大會來制定，第十條寫它可以授權給國務院，但實際上這三次燃油稅稅率上漲，是由於國務院把權力轉授給了下屬的財政部。

中國稅收機制偏離國際通行原則

採訪者：可不可以總體概括和介紹一下中國的稅收機制和國際普遍規則相比有哪些比較重要的偏離？

李煒光：我們稅收的基本原則跟國外通行原則就不太合。亞當·史密斯曾提出稅收四原則，第一個原則就是平等原則，但我們的稅收裡很少關注到平等問題。比如個人所得稅裡面就存在很大問題，它失去了基本的調節的功能。增值稅也存在著這個問題，增值稅屬於流轉稅，我們70%的稅都是流轉稅，流轉稅本身就帶有累退性，收入越高的人稅負不一定就重，這個稅制本身在設計上就這樣，不利於投資，也容易推高市場的物價。而增值稅涉及到居民普通的生活消費的一些商品，在稅率上也沒有任何照顧和優惠，造成底層社會稅負偏重的情況。中國的稅多是流轉稅，是含在商品價格當中的，所有的消費者在購買商品的時候都交了稅，所以稅負其實是很重的。在這上面存在平等、公正缺失的問題。

第二個原則是確定性原則。從最近的消費類稅率的頻繁調整，可以看出中國稅收的不確定性。不是說不可以做一些調整，但是要講程序，要尊重納稅人。這麼頻繁調整某一稅種的稅率，歷史上都很少見，而且它從幾方面都不太有利，尤其是在經濟下行的情況下加大流轉稅，是對經濟增長起反作用的，因為燃油稅的稅負是可以轉嫁到商品價格中的，這會抬高市場上幾乎所有商品的物價，因為所有的商品的價格都跟汽油、運輸業有關係。而我們的經濟情況已經不太好了，企業負擔已經很重了，企業投資意願已經很低了，這時候加大流轉稅，就不很有利。這就是確定性問題。

第三是便利性原則。現在隨著我們徵稅水平和技術的提高，這方面有了很大的改善，納稅人繳稅便利多了。但也不是沒有問題，企業在交稅的時候，個人所得稅申辦納稅的時候也會遇到不便，我本人就遇到過，我們一位老師

在稅務大廳裡跟稅務人員吵起來了，就是因為不便利，工作人員態度很差，納稅人來交稅，給錢，還被這種態度對待。

第四，最小徵收成本原則。在世界範圍來看，中國的徵稅成本還是比較高的。這沒有確定的數據，應該在6%左右，而發達國家一般在1%以下，我們是比較高的。

稅制改革要對減稅有清晰的交代

李煒光：從稅制結構上，中國的稅制一直是以流轉稅為主的，但中國現在應該屬於中等收入國家了，在稅制結構上應該發生變化，流轉稅地位應該下降，所得稅（包括公司所得稅、個人所得稅）的地位上升，特別是個人所得稅的地位要增強，而關稅這種稅應該是很不重要了，尤其是現在，世界經濟一體化的程度不斷加深，關稅起的作用應該是逐步下降的。

中國現在仍然以流轉稅為主，占70%左右。流轉稅本身有問題，對於企業來說，它加大了成本，給投資設了門檻，即使增值稅這種中性較強的稅種，也相對不利於投資。另外它推高市場物價，對個人消費、擴大內需是非常不利的。而且這一切並沒有隨著中國變成一個中等收入國家有所改變。個人所得稅仍然只占大概6%不到，在稅制結構上是無足輕重的一個稅種，在整個財政來源中並不是多麼重要，但是對每個家庭來說是百分之百的負擔。隨著經濟的發展，人民收入水平的提高，對財產類的所得稅稅類就要提高比例，這也是未來中國稅制改革的一個方向，這是沒問題的。透過累進的稅制，可能有的家庭的稅負就要進一步加重，有的也許減輕或者保持現稅負不變。

但是，稅制結構的改變必須要有一個前提，減哪塊稅要有一個說法。下一步的稅制改革的目標就是要增加直接稅，那麼在間接稅方面減哪些稅，要給社會、民眾一個清晰的交代。比如燃油稅三次提高，現在稅費占油價的一半多，但是徵稅部門沒有說在其他方面減輕納稅人的負擔。而且這種稅是價內的稅收，徵收的環節並不是消費環節，它實際上是轉嫁過來的稅收，並不是你在買汽油的時候再交一份稅，實際上是價格裡含著稅，真正納稅的環節是在生產和進口、委託加工環節，這是非常典型的一種流轉稅的徵收。

中國權力的邊界：稅、革命與改革

第三篇　輕稅育民：稅與納稅人

所以我們在稅制改革當中要明確一個原則，就是如果不減稅的話，就不能增稅，要增加新的稅種，必須減輕其他一些稅種，增和減要平衡。比如我們未來要徵房產稅、遺產稅，很多都是新稅種，政府部門應該跟社會交代清楚在哪些方面切切實實減稅了，而且這種減稅是實打實的減稅。以前老說減稅，但是對企業和民眾本身來說並不是直接的減稅，只是說一個減稅效應。我說的減稅是實質性的減稅，就是說直接要給納稅人在某些方面減稅。

採訪者：您剛才說的「減稅效應」能不能解釋一下？

李煒光：營改增，常常強調的就是一種減稅效應。比如增值稅轉型其中有一項政策，購買固定資產的那部分費用是可以抵扣進項稅的，這聽上去是具有減稅效應的一個政策，但必須是買過固定資產才能享受這個政策，如果推行這個政策的時候，某企業正好處在經濟衰退期，它不需要設備的更新改造或者買大量的設備，這個政策它就享受不到。而稅務機關說經過這個改革，中國可以減2000億的稅，可是這2000億從哪兒來的，怎麼算出來的，它沒有說，最後到總結、宣傳的時候，它說我們經過增值稅轉型減了2000億。怎麼就是2000億，不多也不少？這是不夠實在的表現。

作為一個納稅人，或者一家企業，稅負在哪些方面確實減輕了，應當是很清楚的。比如之前的小微企業減稅，總體上就比較明確，哪些稅可以不交了，說得很清楚，不要再搞什麼「具有減稅效應」，減了多少稅都是徵稅部門自己說。

下一步國家要給居民家庭增加直接稅的負擔，比如房產稅，可能以後房產每年需要重新估值，或者稅額每三年要重新定，家庭稅負可能每年到某個月都要增加，多支出一筆錢來交房產稅。那好，其他方面是不是應當減稅？如果不減稅，這筆稅是淨增加的話，這個稅制改革難度就大了，老百姓會反對。現在反對房產稅的聲音是很高的，哪怕是我這樣的學者，按說是挺為老百姓說話的，但是我一說徵房產稅有合理性，馬上被罵。這種稅，我們要清楚它為什麼徵？就像剛才你提出的問題，徵這個稅幹嘛用？不說清楚是不行的。

其實在很多國家，房產稅對應的公共服務的支出是很清晰的，具體用在哪兒，老百姓都知道。而我們這兒只是為了增加地方政府財政收入，因為地方政府財政缺乏主體稅源了，可是老百姓會問，增加你的收入我為什麼就得給錢啊？

採訪者：您2013年的時候說10年內房產稅很難開徵，現在能不能重新預估一下房產稅的前景？

李煒光：我們的政府有非常強大的權力機制，它想做的事情都能做到，誰也擋不住，它說2016年各種法律就要到位，就要制定出來，2017年以後這個稅就要開徵，我相信如果硬要去做的話，它是可以做到的，但是我仍然認為這個稅的開徵條件不成熟。

首先，房產稅的開徵需要非常好的府民關係，政府和人民之間的關係要非常和諧，要有納稅人非常密切的理解和配合。當然有人會說現在就很好，但我認為這裡有問題，因為房產稅是向老百姓直接伸手要錢，這跟其他稅都不一樣。過去70%的稅是流轉稅，大部分老百姓都不是直接交稅的，稅收透過價格轉嫁到消費者身上，是直接感受不到的。個人所得稅雖然是直接稅，但是它也可以代扣代繳，由單位財務科扣除。可是房產稅實打實的對一個家庭構成了負擔，而且由家庭直接納稅。

其次，是要有非常嚴密的制度設計。我們現在還不知道房產稅依據什麼徵稅，依據房產的價值嗎？如果這樣的話，怎麼樣做到公平呢？房產稅最重要的就是要保證橫向公平，稅率如果定1%，北京四環之內，房價一平方米4萬塊錢，100平方米一年就要交4萬塊錢的稅，你同意嗎？一般的住房都是屬於消費型住房，可是還存在著投資性住房，得分開。房價是在變動的，而且房價的變動主要是依據房產底下的土地，不是房子本身值錢，關鍵是土地值錢。可問題是土地並不歸個人所有，居民只有70年的使用權。在法律上政府必須要說清楚，制定什麼樣的規則來適應千差萬別的複雜現象。

再進一步，怎麼來評估每座房產的價值？房產的價值多長時間評一次，由誰來評估？比如稅務局來評估就不合適，稅務局是徵稅機關，它來評估，大家恐怕難以接受。那就得有第三方，這個第三方是誰？第三方必須是相對

獨立的機構，至少要獨立於徵收方的稅務機關，可是中國的社會組織很不發達。而且，它的公信力要求很高，要有一批房產價值的評估師，據說要開徵房產稅的話，中國評估師的數量不能低於十萬，現在合格的評估師還很少，對專業要求是非常高的。還有，評估出來以後納稅人不認可怎麼辦？要申訴，往哪兒申訴？這是複雜的技術問題。

房產稅我不認為現在時機很成熟，非要去做飯也是一鍋夾生飯，由於它的直接稅性質，很容易引發社會問題。世界歷史上，直接稅是引發過革命的，我們當然不希望什麼革命，尤其是現在這種時代，但是引起社會的一些不安定，是有可能的。

納稅人的權利與責任

採訪者：1月5日《稅收徵收管理法修訂草案（徵求意見稿）》公佈，有一條提到：國家實施統一的納稅人識別號制度。這個制度的出發點和立足點是什麼？它的可行性怎麼樣？

李煒光：應該是個好事，社會在發展進程當中逐漸規範化，需要有一個強大的政府，政府的強大表現為它對社會的控制力，這樣才能實現現代社會的治理，這是福山的基本觀點。他說中國就有一個強大的政府，但是光有這個不夠，最重要的是後兩個因素，法治和問責制。有後兩個因素制約第一個因素，它才能稱為現代治理結構。

傳統中國有一個龐大的政府，也是一個說一不二的皇權體制，但是它說不上是一個強大的政府。中國傳統社會的治理到縣以下就管不了了，只能鄉紳自治。但是現在的政府可以，可以管到每個人，每個家庭，所有訊息它都掌握。納稅人識別號其實就是一種表現，每個人在這個社會當中都被嚴密控制，表現出現代社會政府強大的治理能力。當然，它需要法治和問責制配合。交稅是大家共同的規則，這是公民社會的一個特點，稅收是大家同意的，交上稅來給大家辦事，如果有一個人逃稅的話肯定是逃大家的稅，其他人就會受損，從這點來說它是維持現代社會的一個必要因素，可以增強個體的責任感，從這個意義上來說是一件好事。

但是這也提出另外一個問題，就是當公民履行了這樣一個義務或者責任之後該怎麼辦？他既然承擔了這份納稅的義務，也就證明他是納稅人，而納稅人跟傳統的交稅者不一樣的地方就是他擁有相應的權利。福山所說的後兩個因素就體現了納稅人的權利。納稅人有權知道稅收的依據是什麼，是否符合法律程序，是否有大家的同意，收上的稅怎麼用的，應該有民主和法治的一套機制來兌現。這些是納稅人作為權利主體應該享有的，一手交稅，另外一手就要權利了。現代社會講究的是治理，治理講究合作、妥協、商量。

納稅人識別號的意義其實就在這兒，一方面逃稅空間很小，保護大部分合法納稅人的利益，實際是公平的。另一方面，它要求掌握權力的一方要更多地強調治理觀念，提倡法治和民主，讓更多的普通納稅人參與到決策和政策實施過程當中，而不應該在局外，從而有利於推進社會的民主進程。

採訪者：《稅收徵收管理法修訂草案（徵求意見稿）》還提出：納稅人依法享有稅收法律、行政法規和規章制定、修改的參與權。這項納稅人權利的提出應該是很正面的，但是怎樣才將它落到實處呢？

李煒光：最正當的管道就是透過人大來進行。

另外，應該允許社會成立一些NGO組織。美國那種國家特別明顯，政府跟個體公民之間有一個龐大的社會，有很多事情不一定政府來管，而是由這些民間團體來做，政府甚至給錢支持。現在美國一些小鎮甚至還有一部分預算是由這種團體來支配的，是政府允許的，成立一個委員會，每年給它一部分預算專門用於社會的治理，比如臨時救助的工作可能是由這個委員會來決定，社區來了流浪漢或者生活沒有依靠的人就由他們來照顧。凡是社會能做的事情政府就儘量不去管，現代社會管理越來越複雜，政府也管不過來。如果政府管不過來，又不允許社會管，就會出現有些事情沒人管的情況。我們經常可以看到有很多社會生活當中細節的問題，中國做得不到位，但到日本去看看，就可以發現它所有的細節都做得非常到位，這是去過日本的中國人最感慨的，他們為什麼能夠這麼用心呢？其實是社會發揮作用的表現，都由政府來管的話，管不了這麼細。怎樣發揮納稅人的作用？社會的積極參與是第二條途徑。

再往下，每個公民個體也應該有參與的權利。美國的財政訊息高度透明，公民訪問一個網站就可以瞭解所在地方一共收了多少稅，作為個體，很容易就可以查到自己交了多少稅，甚至可以看到他的稅用到了什麼地方，而且越是地方財政越具體，雞毛蒜皮的事項都很清楚。西方的特點就是事務官和政務官分開了，政務官是有任期的，但是事務官就是做這個事的，政黨換了，領導人換了，他不換，他們是為社會提供服務的。

採訪者：缺少納稅人權利意識可能仍然是一個比較普遍的現象，尤其在農村地區。

李煒光：確實如此。中國普遍的間接稅是原因之一，因為不直接交稅，納稅人的權利意識就難以培養出來，再加上中國兩千年的皇權社會，很多人認為交稅是不需要理由的。這種傳統觀念的力量是不容易改變的，靠我們幾篇文章、幾本書，作用有限。

這幾年納稅人權利意識在覺醒，剛才說的法治化、民主化，這些東西有一個前提，就是大家都接受一種價值：納稅人應該擁有權利。因為專制皇權在中國統治太久了，大部分中國人歷來沒有這個概念。但是隨著財政制度的變革，越來越沒有繼續保持那種落後價值的空間了。比如說房產稅一旦開徵，你肯定要過問，政府憑什麼向我徵這麼多稅？這麼多稅拿去幹嗎了，跟我有什麼關係？這些問題會自然而然出現在他的頭腦裡，而且他會把將來享受的福利、服務，跟他所交的稅放在一塊兒。等到大家都思考這些問題，再說納稅人權利就能得到更多普通人的呼應。

我 2009 年出書提倡納稅人權利，寫文章就更早了，那時候就已經引發一些學者和國民來注意這些問題，現在這些觀念很多人都已經接受了，不過還有更多的人不懂，或者說不是完全不懂，而是不感興趣，但是以後他可能不能不想，因為如果直接稅改革這兩年加快，而其他稅如果不往下減的話，就可能造成家庭或者個人的稅收負擔加重，他不當回事不行了。

近幾年要徵房產稅，如果設計得不夠合理，可能就通不過，人大通過了，下面也不執行。比如我的小區，如果真有幾戶人就是不納稅，他說房子不值那麼多錢，拒絕交稅，你能把他怎麼樣？若不抓他，就會出現一個示範效應，

憑什麼他家就可以不交稅，我家就要交稅？關心這些事的人就會越來越多，就當回事了。交完這個稅，我們社區的公共服務還像原來那樣行嗎？有什麼改善？交的這些稅幹什麼用了？這幾年的反腐坐實了大家的一個感受，就是官員腐敗現象很嚴重，再讓老百姓交稅，大家肯定關心官員是不是拿自己的錢去腐敗了。這是雙刃劍，一方面反腐懲治了貪官，另一方面讓大家看到，官員也是普通人，也有可能犯錯，誰也不比誰更高尚。

國民作為主人的權利意識覺醒，就是在這個過程當中一點一點樹立起來的，一方面靠自己，一方面靠社會力量。咱們在這兒呼籲納稅人參與制度建設和監督，人家就是不想參與，你一點辦法都沒有。可是等到他覺得不參與不行了，「納稅人權利意識」自然就有了。人最原始的衝動就是保護自己的財產不受侵犯，不管這種侵犯是來自於誰，為這個，人豁得出去。

大家都過問稅怎麼交，怎麼用的時候，社會就走向成熟了。現在之所以這個底線還不清楚，還沒有形成共識，就是因為我們社會還沒成熟到這種程度。一百多年前的德國就是這種情況，德國原本是歐洲最落後的國家之一，經過俾斯麥時代，改革三十年發展起來了，到19世紀90年代的時候，德國已經成為一個富裕的歐洲國家，GDP世界第二，僅次於英國。這時候韋伯警告，說德國要出問題了。如果我們像原來那樣落後不會有什麼問題，但現在我們堆積了大量財富，經濟發達了，但是政治不成熟，政治不成熟有具體所指，那就是市民階級（中產階級）不成熟。在這種情況下，德國未來可能會出大問題。

如韋伯所說，政治不成熟，經濟卻非常發達，會造成某種危險，其實這種情況在中國也一定程度上存在。

第四篇　以史為鑒：古今稅收與法治

第四篇　以史為鑒：古今稅收與法治

▎法國大革命：驚心動魄的財政史 [39]

　　1791年6月20日深夜，法國國王路易十六喬裝打扮，攜全家潛出杜伊勒裡宮，乘上一輛事先準備好的特製馬車，向法國東北部邊境飛馳而去。如果他們的逃跑成功，法國的歷史就是另一種寫法了，但以後發生的事使得這一切都沒有實現。21日，在離盧森堡邊境不遠的瓦朗納斯鎮，國王一行被一位小酒館的老闆認出並被押回巴黎，再次住進了受到嚴密看守的杜伊勒裡宮，此時的路易十六，實際上已經不再是國王，而是一個人質了。這就是法國大革命史上著名的「國王出逃」事件。

　　路易十六為什麼逃跑？因為此前他為挽救財政和政治危機的一切努力都歸於失敗，現在，大革命正在那個國家裡如火如荼地進行著，王室已「靠邊站」了，舊制度的秩序已被打破，而新制度還沒有完全建立起來，國家陷入混亂之中，國王繼續留在法國不僅沒有任何意義，連人身安全也難以保證了。而這一切嚴重事件的起因，竟是路易十六本人積極推動的財政改革！

　　任何一個社會出現足以顛倒乾坤的危機，它的前兆必然是財政危機，法國也是如此。問題是，一次旨在克服財政危機的改革怎麼會引發如此嚴重的後果呢？這是200多年後今天的我們不得不關注的問題。

從財政改革到革命

　　路易十六並不是一個極端專制、暴戾的國王，相反，在法國歷史上，他是一個在私生活方面少有的能夠有所節制的君主之一，也能夠對社會政治制度進行某些重要的改革，特別是他為克服財政危機而實施的改革，放棄了前任國王的一些過分專制、揮霍的政策和做法，有的西方學者甚至稱他為「激進的改革家」。然而，大廈之將傾，一個帝王的開明，並不能夠挽救行將崩潰的帝國，當舊制度腐朽到極點的時候，不論是開明帝王還是鐵腕帝王，誰都無法阻擋一場革命的暴風驟雨的到來。

中國權力的邊界：稅、革命與改革
第四篇　以史為鑒：古今稅收與法治

　　路易十六是 1774 年即位的，此時的法國面臨著嚴重的財政危機：在大陸及海外進行的曠日持久的戰爭、向特權階層提供的名目繁多的年金、凡爾賽宮的奢華無度、超龐大的政府機構支出以及對北美獨立戰爭的支持，導致王國政府財政出現巨額赤字。到 18 世紀 80 年代，王國政府每年花費在應付債務上的錢遠遠超過 3 億裡弗爾，「國家的債務已經占國家稅收的一半以上」；債務利息則高達 8.5%—10%，比英國政府借款利息高出一倍。[40] 為了支付到期的債款和利息，王國政府又不得不舉借新債，從而使國家財政狀況陷入惡性循環，政府陷入了嚴重的信貸危機。路易十六認識到，要想改變這種極度困難的局面，必須對下層民眾積怨已久而特權階層死守不放的賦稅徵收制度進行脫胎換骨的改造。他為此做過多次努力，先後任用過四任財政部長，採取了一系列整頓財政的措施，但都由於觸及特權階級利益，無一例外地以失敗告終，最後竟到了「走投無路」的境地，不得不於 1788 年 7 月 5 日同意召開已中斷 160 年的三級會議。

　　三級會議於 1789 年 5 月 5 日開幕，根據慣例，教士、貴族、第三等級三個等級分廳議事，按等級投票。[41] 但會議開得很不順利。國王關心的只是財政問題，財政大臣內克聲嘶力竭發表冗長的主題報告，要求第三等級同意徵稅。第三等級則認為，三級會議不能成為特權等級維護私利的場所，必須制定一部憲法以維護人人生而有之的基本權利，必須建立一套新的國家機器以取代弊端叢生的專制機構。在他們看來，如果繼續實行三個等級分廳議事並按等級投票，稅收權利和政治權利的平等就是一句空話。

　　6 月 17 日，第三等級將有名無實的三級會議改為「國民議會」，並且賦予自己批准稅收的權力。對此，路易十六並未想出什麼化解危機的良策，而是採取了一個愚蠢的行動——關閉第三等級的會議大廳，結果引發了著名的「網球場宣誓」。7 月 9 日，國民議會又自行將名稱更改為「國民製憲議會」。

　　路易十六在王后及部分宮廷貴族的鼓動下，向凡爾賽和巴黎四周調派軍隊企圖加強對局勢的控制，激起了普通民眾的強烈不滿，並迅速演化成一場社會動亂。7 月 14 日，以攻占巴士底獄為象徵的革命行動，[42] 使得法國民

眾突然發現自身竟然擁有如此巨大的威力，同時，他們也發現，世界上本來並不存在什麼「堅不可摧」的神話。

就這樣，一場財政改革的結果竟然引發了驚天動地的大革命。當巴黎演繹著這慘烈的一幕的時候，身在凡爾賽的路易十六卻感覺遲鈍，並未悟出局勢的嚴重性。在他的流水帳式的記事本中，7月14日也並不是一個特殊的日子：「14日，星期二，無事。」然而，就是這個看似不起眼的事件竟然決定了法國革命的進程甚至決定了革命的最後結局。

革命行動迅速蔓延到外省，農民暴動席捲法國農村，手持武器的莊稼漢沖進壓迫他們的封建領主的城堡，搜出那些登記著封建特權的古老證書和徵收捐稅合法的契據，在村子的廣場上把它們付之一炬。農村形勢的迅速變化迫使制憲議會考慮保護農民權利。8月4日夜制憲會議通過了著名的「8月法令」，廢除了一切不合理的封建特權和賦稅。1789年8月26日，制憲會議又通過了在法國史乃至世界史上具有里程碑意義的《人權與公民權利宣言》，從根本上剷除了舊制度時期的特權原則，取而代之的是人權和法治原則。

財稅是什麼？

路易十六無法接受發生的一切，為了控制局勢，他命令駐紮在杜埃的佛蘭德團向凡爾賽進軍，激起巴黎民眾更大的憤怒。10月6日凌晨，一群情緒激奮的群眾沖進王宮，國王的幾個貼身侍衛被殺。關鍵時刻，生性怯懦、溫和的路易十六[43]選擇了不與民眾對抗，於是他被暴動的民眾押回了巴黎，被軟禁在杜伊勒裡宮中，成了「革命之囚」。這是法國大革命史中的又一起著名事件——「10月事件」。

國王原先絕對擁有的預算權、治稅權以及國家財政收支的批準權和監督權此時已轉移到制憲議會的手裡。1789年10月以後，制憲議會開始對法國的政治、經濟及社會結構進行脫胎換骨的改造，行使它已經擁有的各種財政權力，併力爭克服嚴重的財政危機。

中國權力的邊界：稅、革命與改革
第四篇　以史為鑒：古今稅收與法治

　　至 1791 年夏天，法蘭西國家的改造工作已經初步完成，憲法的條文也已基本成型，法國似乎距離立憲君主制度只有一步之遙了，然而，問題就發生在這功敗垂成之際。也許是國王急切地想恢復王權秩序，也許是國民議會透過教會立法的原因，或者他就是為了逃生——因為明眼人都看得出來，此時國王已沒有任何人身安全的保證，如果有人以革命為名大開殺戒的話，他路易十六肯定排在第一個——反正他神差鬼使地選擇了「逃跑」的策略，於是，就出現了本文開始時介紹的那一幕。只是他的運氣不好，沒逃掉，又一次被押回了巴黎。

　　以後發生的歷史大致是這樣的：1791 年 7 月 16 日，立憲派出於避免外國干涉的考慮，促成制憲議會宣布恢復路易十六的王位；1791 年 9 月 14 日，路易十六接受了制憲議會制定的憲法[44]並向全體議員公開道歉；1791 年 9 月 30 日，完成立憲任務的制憲議會宣布解散。但是，憲法並不能保證立憲君主制在法國的真正確立，大革命新一輪的浪潮又洶湧而來。1792 年 9 月 21 日，領導暴力革命的國民公會宣布廢止君主制，第二天又宣布法蘭西為共和國。1793 年 1 月 16 日，作為立法機構的國民公會就路易十六的生死問題進行表決，激進派僅以 1 票的微弱多數決定了路易十六的命運。1793 年 1 月 21 日中午，年僅 39 歲的路易十六被送上了設在大革命廣場（今協和廣場）的斷頭臺。同年 10 月，王后瑪麗·安托瓦內特也被推上了斷頭臺。

　　法國驚心動魄的往事證明了筆者在幾年前提出的一個觀點：在任何社會中，財政、稅收都首先是一個政治的和法律的問題，然後，它才是一個經濟問題。

　　路易十六在革命爆發的前後表現得極為被動，但他在財政改革中提出取消財政特權，主張財政權利平等，這是他之前的專制統治者們遠遠做不到的，他在嚴峻的財政形勢面前顯示出的勇氣令人欽佩。他所提出的「自由憲法」包括平等納稅、定期召開三級會議、議會有通過投票決定撥款的權力。顯然，如果不是發生民眾暴動，法國完全可以向英國那樣逐步地建立起立憲君主制度，走上憲政之路。但遭受封建壓迫剝削太久的法國人已經沒有耐心繼續等

待了，他們把百年仇恨毫不猶豫和毫無保留地全部傾瀉到了可憐的路易十六的頭上。

一個從舊制度向新制度的社會大轉折，就像一輛巨大的載重車，要調過頭來必須十分謹慎，這個過程需要智慧，需要理性，需要妥協，唯獨不需要政治俱樂部的鼓動和街頭的暴力行為。而一旦不幸革命爆發，便不再以人們的意志為轉移，必將充滿血腥地一浪高過一浪，直到人死「夠」了才算完成整個過程。在大革命期間的 1793 年到 1794 年的一年時間裡，就有 17000 人上了斷頭臺，其中甚至包括那個敲響路易十六喪鐘的「革命者」羅伯斯庇爾在內！

路易十六之死顯然是一個巨大的歷史悲劇，200 多年以後，我仍然與諸多的歷史學家們一樣為他的死而遺憾不已。專制強權的路易十四在位整整 72 年，昏聵無能的路易十五也在位 59 年，而溫和善良、願意改革卻又十分軟弱的路易十六，歷史留給他的時間竟只有 15 年！他要透過財政改革恢復國家經濟秩序和實力，他能恢復被歷代國王廢止了 160 年的三級會議，把中國幾百名代表請到凡爾賽來「共商國是」，在大革命爆發後，他又一次次地妥協、讓步，並沒有真正實施武力鎮壓，都可以說明他是一個比較開明的國王，人們還能要求一個舊制度時代的君王做些什麼？

對法國財政與社會的深層剖析

為什麼一場財政、稅制改革會引發大革命？為什麼良好的改革願望帶來的卻是否定改革者自己的結局？為什麼進行減稅和平均稅負的改革反而激怒了人民？路易十六時期總體上仍處於舊君主制最繁榮時期（1789 年農業收成情況良好，一度缺糧的問題已得到緩和），[45] 為什麼繁榮反而加速了大革命的到來？大革命與舊君主制以往的歷史之間有什麼內在的關係？這一連串「為什麼」的背後，有著極其複雜的原因。

路易十六面臨的財政困難形成的原因有多種，但最主要的原因是制度上的。召開三級會議，「對於政府來說，取消稅收豁免，讓貴族和教士交出他們的特權，跟其他人一樣納稅，這是至關重要的」。[46] 也就是說，在稅收問

題上，國王與第三等級的利益本來是一致的。但此時的第三等級，是僧侶和貴族之外的一切社會階層，力量空前強大，他們早就不再滿足於納稅多而權利少的政治地位，只要有合適的機會，他們就要將自己的意願表達出來，重新改組社會結構和重新分配權力，此時召開三級會議反而為第三等級提供了一個難得的機會，他們不失時機地將這次會議變成了制憲會議。於是，第三等級的代表就不只是作為納稅人，更是作為立法者來參加會議。所以，這次三級會議注定不會是一個僅僅事關財政事務的會議，而必然是一個重新劃分社會權利與權力的會議。對此，路易十六竟沒有絲毫察覺，更沒有提出任何社會改革的方案以應對第三等級可能提出的要求。這樣看，國王早在他批准召開三級會議的那個晚上，就給自己簽署了死刑判決書，或許，在他登上斷頭臺時仍在為當初的輕率地決定召開三級會議而悔恨不已。

歸納起來，引發大革命的財政原因主要有以下幾個方面：

第一，君主專制制度製造了一個超級龐大的政府，人民不得不用有限的資源去填補這個巨大的無底洞，由此形成無法擺脫的財政負擔和難以化解的社會矛盾。在君主專制制度下，統治者的財政需求是無窮的，「加之又不願意向三級會議索取，於是賣官鬻爵制度應運而生，這種現象世所未見」。直接後果就是官僚機構空前的臃腫龐大，冗官冗職充斥中國，形成龐大無比的、無限發展的政府。鬻官政策雖然暫時增加了王國政府的財政收入，但卻是一個地地道道的飲鴆止渴的愚蠢行為，可稱之為「鬻官制陷阱」。一旦啟動該機制，將迅速導致國家財政來源枯竭，王國政府為此付出的巨大代價將遠遠大於鬻爵所帶來的利益，並出現惡性循環，成為未來引發財政危機的主要誘因。

在舊制度下，國王的財政資源配置的權力是無限的，他把國家財政當作私產，沒有有效的監督機制，錢用到哪裡是他自己的事，旁人無權說三道四，這也是無限政府的表象之一。在法國，國王把貴族們儘可能地籠絡到身邊，讓他們成為弄臣，花天酒地，醉生夢死。大革命前夕，小小的凡爾賽城居住著 4000 家貴族，他們的經常性聚會社交場所，就是凡爾賽宮，養活這些人的金錢，也是全部來自王國政府財政。「宮廷開支最高時曾達到 3500 萬里

弗爾」;[47]「法國的財政收入已經達到 2000 萬,可路易十六仍然覺得不夠花,要求國民繼續掏錢。於是,在短短的一代人時間裡,財政收入飆升到超過 1 億。」[48] 顯然,這是一種沒有剎車裝置的制度,終將會一敗塗地,不可挽回。

第二,君主專制政府的財政、賦稅制度徵收缺乏正義和平等,是導致階級矛盾和社會矛盾激化、最終引發革命的根源。考察法國歷史,我們可以清晰地發現稅收與權力之間的利益交換關係。法國的舊制度就其性質而言是一種貴族政權,國王為了削弱和分化貴族階層的權力,防止其對王權構成威脅,向封建貴族和教士作出妥協,放棄了向貴族和教士徵稅,給予其「所有特權中最令人厭惡的特權」——免稅特權,以換取他們的支持。而鬻官制的廣泛實行,使資產階級中的一部分人也加入到盤剝農民的隊伍中來了。這樣,在政府的賦稅徵收額不斷增長的同時,承擔這些賦稅的人數卻不斷下降,維持無限政府龐大國家財政需要的稅收負擔便全部落在第三等級的肩上,尤其是落在農民肩上了,出現了富人免稅而窮人納稅的情況:最無能力應付的人卻得交稅,「於是,在已經存在所有個別的不平等中,又加上一項更普遍的不平等,從而加劇並維持所有其他的不平等」。[49]

免稅特權的產生,是專制的孿生毒瘤,它一旦成為一種社會性的制度安排,這樣的社會離衰落就不會遠了,免稅權的存在極大地激化了社會矛盾,到君主專制社會的後期,「貴族授封制度絲毫沒有減少,反而無限地增加了平民對貴族的仇恨,新貴族引起了從前和他地位平等的人的嫉妒,從而加劇了仇恨」;[50]「在巴黎的大街上和咖啡館內,人們的確怨聲載道」,[51] 整個社會就這樣陷入仇恨的怪圈,形成惡性循環。當人們的賦稅負擔與他人不能平等,不能充分得到自己的勞動成果的時候,必然對這個制度產生仇恨,此時的人們要麼選擇繼續忍受賦稅的不公正,要麼起來反抗。

第三,君主專制政府的賦稅徵收體制存在著致命的弊端,賦稅徵收缺乏制約,制度分散而無序,徭役徵發隨意性極強,導致民眾特別是農民因稅負超重而日益貧困化,加劇了統治階級與被統治階級之間的矛盾和鬥爭,成為未來社會動盪的禍因。在舊制度下,國王擁有絕對的治稅權,法國國王自查理七世(1422—1461 年在位)時就「做到了不需要各等級同意便可任意徵派

軍役稅」，而貴族只要自己能夠享受免稅權，就卑鄙地聽憑國王向第三等級徵稅，從那一天起便種下了全部弊病與禍害的根苗。正如15世紀時召開的三級會議指出的：國王竊取「未經三個等級同意和協商而以人民的血汗自肥的權力」任意徵稅乃是一切流弊的根源，「並在王國身上切開一道傷口，鮮血將長期流淌」。[52]

君主專制政府和它所代表的特權者透過賦役持續地剝削農民，在政治和法律上殘酷地壓迫農民，這是農民階級最終選擇支持大革命的根本原因，一旦革命風暴驟起，那個被他們一直看不起的農民階級決不會輕饒他們，必將成為舊制度的埋葬人。

以上三點可以說是法國大革命發生的歷史原因，這些問題與路易十六並無直接的關係，帳要算在他的老祖宗頭上，但這並不是說大革命發生的當代統治者沒有責任，只是路易十六的情況非常特殊，他是在改革的過程中垮臺的，大革命發生在舊君主制度最繁榮的時期，其中的原因非常複雜，甚至令人難以理解。此時的路易十六，已經是舊制度的象徵，他必須跟著走，沒有別的選擇，他必須承擔所有的歷史責任，必須承擔失敗的痛苦，甚至付出他的生命。正如羅伯斯庇爾在1792年11月20日國民公會演說時說的：「路易應該死，因為祖國需要生！」[53]

新制度誕生的前奏

當太陽王路易十四在全歐洲稱霸的時候，他統治下的王國已經開始衰落，這一點是確實無疑的，但就在大革命爆發的前三四十年，情況發生了變化，「整個民族終於動起來了，彷彿復活了」。請注意一點：這並不是舊制度的復活，而是一個新社會誕生前的「胎動」，新的精神、新的力量在艱難地推動著這個古老的國家由停滯不前轉向進步。正如托克維爾所說：「推動這巨大軀體的精神是新精神，它使軀體復甦片刻，無非是為了使之解體。」[54]

路易十六的腦子裡似乎也多少融進了這種「新精神」。他推行的財政、賦稅政策與他的前任已經有了很大的不同，是節制的，甚至可以說是溫和的。作為國王，此時的路易十六對窮人的苦難體現出「真正關心」，這種現象也

是以前找不到的。稅收的蠲免更加頻繁，稅務部門也很少對窮人施暴（這在路易十六以前的各代是常見的現象），國王還增加所有的基金，專門用於在農村創辦慈善工場或救濟貧民，他還經常設立類似的新基金。

隨著被統治者與統治者精神上發生的這些變化，這個時期法國的社會經濟以前所未有的速度繁榮起來了。「所有的跡象都表明了這一點：人口在增加，財富增長得更快。北美戰爭並未減慢這一飛躍發展。國家因戰爭負債纍纍，但是個人繼續發財致富，他們變得更勤奮，更富於事業心，更有創造性。」[55]

但問題是，這些表面上的繁榮並不能證明舊制度還有生命力，歷史造成的苦難並沒有消除，資產階級與貴族的對立，農民階級與貴族、與資產階級的對立仍然處於極為嚴重的狀態，這樣的社會充滿了各種激烈的矛盾，危機仍然一觸即發。就是在這座「乾柴堆」上，路易十六點燃了他的財政改革之火。與一切專制統治者一樣，他總是把面臨的深刻政治危機和社會危機看作是一種「小危機」，他的注意力總是放在諸如增加財政收入這樣的具體問題上，唯獨不願意聽取有關政治制度改革的意見，而是企圖透過財政、賦稅體制的修補來克服那個「大危機」。實際上，嚴重的財政危機往往是嚴重的社會危機的反映，需要進行全面的社會變革，對此，路易十六毫無認識。即使是財政制度本身，也並沒有發生任何實質性的變化，實行的仍然是過去的一套舊的財政管理體制。這種迴避主要矛盾、捨根本問題取次要問題，並試圖透過解決這些次要問題來解決根本問題的「改革」對於解救危機無濟於事，反而進一步加重了財政危機，從而命中注定他所進行的財政改革實際上變成了舊制度滅亡前的一種毫無前途和希望的掙扎。而當他的改革遇到難以踰越的障礙時，國家的各個部分已經「沒有一處保持平衡，最後一擊便使它整個動搖起來，造成了前所未有的最大動盪和最可怕的混亂」。[56]

警惕重壓下納稅人的反彈

上述分析給我們的啟示是，以降低絕對剝奪的政策如減稅或提高納稅人權利為特徵的財政體制改革並不必然帶來穩定的社會秩序，反而有可能引起社會的不穩定，這是法國大革命前夕財政改革的一個主要教訓。政治不穩定

中國權力的邊界：稅、革命與改革

第四篇　以史為鑒：古今稅收與法治

不一定來自於絕對剝奪，可能在更大的程度上來自於相對剝奪，或者說，來自於經濟發展和政治自由度的提高。托克維爾透過對法國大革命的研究首先發現了這個道理，而以往人們對這個觀點是比較忽略的。托克維爾認為，一個國家經濟越是繁榮，舊制度消失得就越快；政治自由程度越高的區域，民眾對革命的支持也就越積極。他認為，在大革命發生以前一段時間財政政策的調整改革可以帶來經濟的發展，民眾的生活水平也能做到比過去有明顯提高，但大革命恰恰就爆發在這個總體情況相當不錯的時期。他說：革命的發生並非總是因為人們的處境越來越壞，最經常的情況是，一向毫無怨言彷彿若無其事地忍受著最難以忍受的法律的人民，一旦法律的壓力減輕，他們就將它猛力拋棄。對於一個壞政府來說，最危險的時刻通常就是它開始改革的時刻。

有一個事實可以證明單純追求經濟改革、經濟發展並不一定帶來社會安定、避免革命發生的結論。臨近巴黎的地區在革命前幾年就對舊制度最早最深刻地進行了改革。在那裡，1789年以前就取消了個人徭役，軍役稅的徵收比法國的其他財政區更正規、更輕、更平等，竟然可以做到「經所有納稅者的協作而制定，再沒有行會理事的專橫，再沒有無益的暴力」，[57] 但這裡卻恰恰是大革命的主要發源地！

還有一個因素不能忽視：革命前的20年裡法國政府變得過分活躍，連連發起從未有過的各種事業，成為工業品的最大消費者和國內各項工程的最大承包人，造成社會上與政府有金錢關係、對政府借款頗感興趣、靠政府薪金為生、在政府市場投機的人數以驚人的速度增長，國家財產和私人財產從未如此緊密地混合在一起。財政管理不善在過去是政府的「公共劣跡」之一，是從來就有的老問題，但現在卻正在成為千家萬戶的私人災難。一方面是民眾發財慾望每日每時都在膨脹，另一方面是政府不斷地刺激這種狂熱，可是又不斷地從中作梗，點燃了又想方設法把它撲滅，最後，終於熊熊大火燒起來再也控制不住了，君主專制政權就是這樣從兩方面加速了自己的毀滅。

就這樣，權利意識已經覺醒的、對專制制度已經難以繼續忍受的、私有財產慾望日益膨脹的民眾到此時已經不會再把任何希望寄託在政府、國王的

「改革」上了，他們要親自動手了，也就是從這個時刻起，一場流血的革命就不可避免了。而革命一旦爆發，統治者將完全失去回天之力，舊制度中的壞東西和好東西必然會一股腦地同歸於盡，整個社會將付出難以想像的巨大代價。

所以，我們分析大革命發生的最後一個原因是，路易十六由於歷史的和階級的侷限，沒有把財政當作政治問題來處理，未能進行包括政治制度在內的全方位改革，而是把財政看作純技術問題，進行的只是一種低層次的改革。也就是說，他把財政問題看「小」了，在啟動改革後，只是把眼光盯在解決財政收入來源這樣的具體問題上，期望透過局部矛盾關係的調整解決全局性的問題，這種侷限性極大的改革在一個民眾的權利意識、民主精神已經有所覺醒、社會矛盾已經急劇激化的社會裡，只能帶來經濟狀況的暫時改善，卻無法拯救舊制度，甚至會引發革命，加速舊制度的滅亡。

事後看，召開三級會議在為第三等級提供機會的同時，也還是為路易十六進行基本制度的改革提供了某種機會，而且這機會稍縱即逝，以後再也沒有出現過。如果他能夠以更高的視點觀察判斷所面對的形勢，順水推舟，適時地把財政改革的觸角延伸到政治領域，在確定公民權利、三級會議的權限和王權的限度、放棄貴族諸多特權方面採取一些實質性的作為，更加主動地將此次會議變成一個真正的制度改革的會議，法國將會順利地建立君主立憲制度，避免流血革命，他自己也可以避免悲劇性的結局。實際上，一直到改革失敗前的最後時刻，歷史仍然在給他機會。然而，當他看到隨著來凡爾賽開會的第三等級代表洶湧而來的、聚集在王宮外的人群，並沒有堅持他最初的改革設想，而是本能地在一切決定中將恢復秩序和穩定作為第一考量，在猶豫不定中錯過了這一絲絲的機會。當一切上層建築改革的資源全部喪掉的時候，剩下的，便只有暴力革命了。

在任何時代、任何社會制度下，財政都是個大問題。財政、稅收實際上是一國政治的全部經濟內容，「因為從經濟學的角度看，政治不過就是決定公共物品提供即公共資源配置（包括收入再分配）的社會機制」。財政、稅收不僅是由國家政體的性質決定的，而且還是由與國家政體相適應的政體形

式決定的,它與市場經濟制度的作用發揮、國家自由民主制度的構建、人民的主人翁地位的確定、現代法治的形成等一國的政治、經濟、文化、軍事等所有大事都密切相連。向誰收稅,收什麼稅,收多少稅,怎麼收稅,公共資源的配置方向和數量界定,稅收、預算權如何分配,如何決策,透過什麼程序決策等等,根本就不是什麼純粹的經濟問題,而是關係到立憲、民主、法治的政治大問題。既然是大問題,它顯然不能僅僅依靠「稅種設置」、「稅率調整」、「費改稅」之類的具體措施來解決,而是要在重新界定中央與地方的關係,重新劃分各級政府的事權、財權、稅收自主權和預算決定權,構建財政民主制以體現民主的經濟內核,真正實行納稅人對政府財政活動的直接監督等方面進行實質性的革新,而「這些都不是納稅人簿記上改個科目、把幾種費合為一種稅的小打小鬧,而是政治改革、社會改革的大問題」。[58] 當年路易十六就是因為看不到財政問題之「大」,不具備解決大問題的大思路和大策略,所以才失敗,所以大革命才會發生。這條經驗極其重要,對於那些正處於社會轉型過程中的社會改革來說,是足資借鑑的。

最後,我想用一個真實的細節來結束本文,這個細節恐怕是任何一種法國大革命史的教科書和著作都不會遺漏的:

1789 年 7 月 14 日,巴黎市民攻克巴士底獄的當夜,當路易十六聽到消息時詢問身邊的廷臣昂古爾公爵:「這是一場叛亂嗎?」

昂古爾回答:「不,陛下,這是一場革命。」

「商人總理」管仲的人本經濟學[59]

管鮑分金的由來

管仲(約公元前 725—前 645 年),名夷吾,春秋初期齊國潁上(今安徽潁上)人。少年時,因家道中落,境遇困頓,與好友鮑叔牙一起,在南陽(今山東鄒縣)一帶小本經營。民間流傳著一個「管鮑分金」的故事,說管、鮑聯手做生意,賺了錢管仲總要多占一份兒,旁人有議論,說管仲「揩油」,

鮑叔牙卻護著管仲：你們莫亂講，他家裡急等錢用，多拿一點兒怎麼了？我願意。鮑叔的好品質史上有名，那時就看出來了。

在中國傳統社會，商人的地位處「四民」之末，歷來備受歧視。其實，商人牟利的手段固然詭異，有時不免損人利己，但大都待人友善，主張協商合作，尊重對方產權，很少見哪個商人凶巴巴做生意的，這就是所謂「工商文明」，對人類的文明進步起過大作用。歷史上，商人或商人家庭出身的政治家很少，但大都比較成功，如戰國時期的呂不韋、西漢武帝時期的桑弘羊等，美國總統安德魯·傑克遜、赫伯特·胡弗也曾是成功的商人。

商人管、鮑後來攜手轉入政界，分別擔任公子糾和小白的老師。齊襄公時，朝政昏暗，兩公子由各自的老師陪著避禍於別國。一場宮廷政變之後，公子糾被魯國所殺，管仲因設伏於路、箭中小白帶鉤而被囚。

公子小白登上王位，即歷史上有名的齊桓公。

管仲被押解回國，生死時刻，又是老友鮑叔牙站出來相救。鮑叔對齊桓公說：你要想治理好齊國，有我鮑叔牙就可以了，但是，若想亂世稱霸，則「非管夷吾不可」。他鄭重地提醒桓公：「夷吾所居國，國重，不可失也！」[60]

鮑叔的一番話打動了齊桓公，不僅接受了建議，沒殺管仲，且委以「上卿之職，三歸之家，仲父之尊」，說明他有寬廣的政治胸懷，深識人才於事業成敗的重要性。這以後，商人出身的管總理輔佐齊桓公，革新朝政，促進經濟發展，國力迅速提升，在一個不長的時間內，就使齊國崛然興起，「九合諸侯，一匡天下」，成為響噹噹的春秋首霸，縱橫 40 年無敵手。

以人為本，令順民心

管仲治國的基本原則是：「夫霸王之所始也，以人為本。本理則國固，本亂則國危。」[61] 這一思想，與古希臘哲學家普羅泰戈拉（公元前 490—前 421 年）「人是萬物的尺度，是存在的事物的驚訝，也是不存在的事物不存在的尺度」的論斷如出一轍，同樣充溢著人本精神的哲理。管子之後孔子的「仁者愛人」、孟子的「民為貴、君為輕、社稷次之」等觀點，都與管仲的人本思想一脈相承。

中國權力的邊界：稅、革命與改革
第四篇　以史為鑒：古今稅收與法治

在管子看來，一個國家的興衰，關鍵在於它的統治者是否得民心：「政之所興，在順民心；政之所廢，在逆民心。民惡憂勞，我佚樂之。民惡貧賤，我富貴之。民惡危墜，我存安之。民惡滅絕，我生育之。能佚樂之，則民為之憂勞。」[62]

管仲的告誡是：一個國家，政令之所以能推行，在於順應民心；政令之所以廢弛，在於違背民心。所以，當人民怕憂勞，就應當使他安樂；人民怕貧賤，就應當使他富貴；人民怕危難，就應當給他安全感；人民怕滅絕，就應當讓他生育繁息。管仲認為，既然政府憑藉強權占有了資源，它就有讓人民安居樂業的責任和能力，它的政策就必須尊重民意、體會民生，如此才能贏得人民的信任和擁戴，人民就願意為其服役、納稅，哪怕付出貧困和辛勞的代價。

管仲把社會的弱勢群體作為政府的救濟對象。如《管子·問第》中記載：「問獨夫、寡婦、孤窮、疾苦者幾何人也？……」詢問面相當廣泛，準備把這些人都列在救濟對象的名單中，並把救濟工作分為緊急情況下的困難救助和幫助擺脫貧窮狀態兩個方面：「養長老，慈幼孤，恤鰥寡，問疾病，吊禍喪，此為匡其急。衣凍寒，食饑渴，匡貧窶，振疲露，資乏絕，此謂振其窮。」[63] 說明他曾精心構思和編織過齊國的社會安全網。在世界文明史上，這應當是最早的社會保障制度。

作為一個大國的總理，管仲十分重視政令的制定和實施，指出，政府的各項政策都要保持「與俗同好惡」：「俗之所欲，因而予之；俗之所否，因而去之。」[64] 俗就是人民的風俗習慣、意願要求。在他看來，政府的政令之所以得到暢通無誤的執行，並不是因為統治者的權力有多大，而是這個政令得民心、順民意，得到了人民的理解和支持：「下令如流水之原，令順民心也。」[65] 著力於改善統治者與民眾的關係，達成和順暢達的官民關係以推動改革的進行，構成管仲施政的一大特色。

一個國家，統治者不僅坐擁統治百姓的權力，還承擔著為民做事的責任。要維護自己的權力，首先要履行好自己的責任，權責對應，順合民情民意——這是管仲所有思想言論中最精闢的部分。目前仍在倡導的「以人為本」方針，

人家管總理2700年前就提出來了。請注意，他說的不是以國為本、以民為本，而是以「人」為本，論其達到的思想高度，今人有所不及。

藏富於民，知予為取

管仲曾對齊桓公說：「王者藏於民，霸者藏於大夫，殘國亡家藏於篋。」意思是，施行王道的君主懂得藏富於民的道理，施行霸道的君主總是藏富於權貴，富的是少數人，而那些昏聵的君主只會把財富捲到自己的錢袋子裡。

桓公一時聽不懂，反問道：「何謂藏於民？」管仲答：「請散棧臺之錢，散諸城陽，鹿臺之布，散諸濟陰。君下令於百姓曰：民富君無與貧，民貧君無與富，故賦無錢布，府無藏財，貲藏於民。」[66] 管子的主張是，把國家財富分發到民間，讓百姓富起來。民間富裕了，君主就不會貧窮；民間貧窮了，君主不可能富有。這樣表面看起來國庫空虛，可是一旦需要，人民就會踴躍地提供賦稅，君主便無財政之憂。財政來源於經濟發展、人民富裕為前提，這個道理，管仲比誰講得都更清楚、更早。

管仲把施惠於民稱作「予」，把徵收賦稅稱作「取」，指出：將欲取之，必先予之，「知予之為取者，政之寶也。」[67] 其中的道理是，只有對民有所「予」，才有資格對民有所求，也才「求」得來。「予」於是成為徵收賦稅的前提條件，前提不在，徵稅便沒有了合理性。管仲深諳取予之道：取之有度，輕徵薄斂，由取之有節而致取之有恆；取之無度，有取無予，結果只能取之一時，直至無予無取。例如，管仲制定了「無奪民時，則百姓富」[68] 的政策，輕徵徭役是為了保民富，手段和目的劃分得清清楚楚，其思維遠遠先行於其他諸侯國，因合乎歷史趨勢而成為春秋時期各國所普遍主張的徭役徵發原則。

為實現富民的理想，管仲對國家的土地和田賦政策做了大調整：「相地而衰徵，則民不移。」[69] 相，是察視的意思；衰，音 cuī，依一定的標準遞減之意。「相地衰徵」，就是根據土地的不同而分等徵賦。土地好，產量高，則多徵稅；土地差，產量低，則少徵稅。三代時的「夏後氏五十而貢，殷人七十而助，周人百畝而徹」，強調的是按一定的土地數量徵收什一之稅，沒有考慮土地質量對農民賦稅承受能力的影響，容易導致負擔不均，耕種劣質

土地的農戶不堪重負,逃離土地,對農業生產和賦稅來源都有不利影響。管仲的政策彌補了這個缺陷,不同地塊的稅額確定後,百姓透過精耕細作而增加的收穫物,就將歸己所有,對於調動勞動者的耕作積極性大有益處,生產發展了,生活有保障了,世世代代靠土地存活的農民怎麼會逃離土地?

「凡治國之道,必先富民」[70]、「不煩不擾,而民自富」[71],是管仲給齊國規定的制定各項財政政策的基點,也是他奉獻給人類的又一個深刻而偉大的經濟思想。至少我本人,還沒有在中國歷史上發現過比這更早、更高明的財政思想,而歷代統治者最容易忘記的,正是這條「管仲定理」。

取民有度,用之有止

從這一認識出發,管仲又派生出另一個重要的觀點,即「不奪民財」[72],認為,政府對人民的索求應當加以克制,要適度,要限定在一定的數量界限之內:「取於民有度,用之有止,國雖小必安;取於民無度,用之不止,國雖大必危。」[73] 取民無度,失掉民心,國家就危險;取民有度,得到民心,國家才能興盛。國家安危、盛衰就系於取民之「有度」和「無度」之間,超過了這個限度,政事就會往危險的境地墜落。

輕徵賦稅,是管仲最重要的治國之策。在桓公踐位的第 19 年,齊國實行了大減稅政策:「賦祿以粟,案田而稅,二歲而稅一。上年什取三,中年什取二,下年什取一,歲饑不稅。」[74] 令其他諸侯國大為驚訝。當時齊國的商市稅的稅率已然很低,國內「五十而取一」,「關賦百取一」,但管仲還是實行了更加便利通關和商貿的零關稅的貿易政策:「關譏而不徵,市廛而不稅。」[75] 商人通達關卡和進入市場,只對人員和貨物進行登記檢查,而不向他們徵收任何賦稅,這也是當時天下最優惠的稅收政策。去齊國發展,便成為以追逐利潤為目的的商人們無法拒絕的選擇。如此,齊國的工商業焉得不有大發展?齊國發展了,各國商人焉得不獲利?這就是管仲在《霸言》中所說的「以天下之財,利天下之人」,管仲不僅說到了,也切實做到了。

管仲認為君主對人民不可任由自己的「無窮之欲」宣泄不止,不可隨意揮霍浪費財政資源,並把它當做國家大事來對待。他指出:「國侈則用費,

用費則民貧。」「審度量，節衣食，儉財用，禁侈泰，為國之急。」[76] 他認為「未有多求而能多得者也」，求之無度則民難供，最後只會走向反面，所得反而會變少，且有損於領導者的威信，造成上下關係的緊張，從而使在上者的關係處於危殆之中：「地之生財有時，民之用力有倦，而人君之欲無窮。以有時與有倦，養無窮之君，而度量不生於其間，則上下相疾也。」[77] 只有取民有度，量民之力，才能使「民無怨心」，「下親其上」，才可保持統治地位的穩固和擁有持久的財政來源。他繼而指出：「不為不可成者，量民力也。」「量民力，則事無不成。」[78] 財富乃民力所出，而人民的承受能力總是有限的，所以一定不要做那些民力難以承受的事。只要注意到量力而行，也就沒有什麼做不成的事了。「量力而行」，這是管仲揭示的又一個前所未有的理財原則，古今的統治者們最難做到的，也正是這一點。

予之為取，天下同利

輕取於民，財政收入來源必減少，而不事生產的國家機器離開了賦稅的支撐便無法運行，這個矛盾怎麼解決呢？商人總理管仲自有高招。此人治國理財，極講總體調控之藝術，由他制定的政策，總是蘊含著極高明的政治智慧，令後世的執政者們望塵莫及。

一次，齊桓公打算透過增加稅收來充實國庫，問政於管仲，兩人之間有過一場交談：

桓公：「吾欲籍於臺榭，何如？」（我要對房屋徵稅，你覺得怎麼樣？）管仲：「此毀成也。」（那樣做等於毀掉已經建成的房屋）桓公：「吾欲籍於樹木。」（我要對林木徵稅）管仲：「此伐生也。」（等於砍掉尚未成材的樹林）桓公：「吾欲籍於六畜。」（我要對牲畜徵稅）管仲：「此殺生也。」（等於濫殺牲畜，不讓它正常繁殖）桓公：「吾欲籍於人，何如？」（我要徵收人頭稅）管仲：「此隱情也。」（等於隱瞞人口的實際數字，另說：等於離間統治者和人民之間的感情）桓公：「然則吾何以為國？」管仲：「唯官山海為可耳。」[79]

這是個有趣的場景，二人像是在表演話劇，齊桓公說一句，管仲堵一句，國王被擠到了牆角。凡涉及增加民眾稅負的事，這位首席執行官便搖頭，這也不行、那也不行，難怪齊桓公著急了——天啊，不徵稅，財稅從何而來？管仲卻不慌不忙地只用一句話就打發了他：「官山海」嘛。

齊國的位置，在今天的山東西部靠海的地方，是西周開國功臣姜太公的封國。史書上說這一帶「地隰鹵，人民寡」（土質鹼性大，不適於農耕，勞動力也很缺乏），發展農業令人絕望，但齊國靠海，魚、鹽資源便豐富，被稱為「海王之國」，這就不能恪守農本思想不放，而應當優先發展商貿和手工製造業。

鹽，作為人每日的生活必需品，誰都少不了它，「十口之家，十口食鹽，百口之家，百口食鹽」。[80] 齊國管仲主張利用這一自然資源，允許私人製鹽，政府控制收購、批發和零售環節，管仲稱其為「官山海」，就是食鹽專賣，透過商業活動，於一買（從生產者）、一賣（向消費者）中謀得利潤，而不是直接徵稅來獲取財政資源。

論做買賣，管仲絕對是行家裡手，如今治理一個國家，老習慣依然不改。為實行專賣，他曾算過一筆細帳：在每一重量單位的鹽或鐵的價格上微量加價若干，由於有龐大消費者群體做底數，集合起來便是一大筆收入，「百倍歸於上，人無以避此者，數也」。只要政府控制住流通環節，嚴禁私鹽流出，就可以在消費者不知不覺中獲取大量財政收入，而表面上卻沒有加重任何賦稅徵收，正常的市場交易不受影響，消費者不受影響，納稅人的負擔沒有加重，生產成本卻極為低廉，等於是「煮沸水以籍天下」[81]。也等於是讓天下所有的人都在這個過程中得利，如管子所說的：「與天下同利者，天下持之。」[82] 管仲繼續說，如果不實行專賣，而是徵人頭稅會怎樣呢？比如，每人每月徵收 30 錢，應徵人口 100 萬，一個月下來也不過得錢 3000 萬，只及食鹽加價的一半，且人必「囂號」（反對），隱匿人口以逃稅。如今實行專賣，「非籍之諸君子，而有二國之籍」，收了相當於兩國的人頭稅，除了商人出身的管仲，誰能設計出如此美妙的政策來？

這個奇蹟，曾經讓其他諸侯國們驚奇不已，始終也沒弄明白這個姓管的傢伙究竟施了什麼魔法，齊國稅率絲毫未提，還減了稅，財政收入卻一增再增，最後竟發展成了一個實力雄厚無可比的超級大國，奧妙何在？

理論上說，專賣制本質上仍然是稅，只不過是一種隱蔽稅收，寓稅於價，形式上無「徵籍」，實際上卻「無不服籍者」[83]。其中的奧妙是人人都要食鹽，購買鹽的同時也就交了稅，是「予之為取」的原則的具體體現——予之有形，取之無形。這是管仲對中國財政思想的一大貢獻，即在傳統的加強徵斂的財稅路數之外，又開闢了國家經營主要工商業，集山澤工商之利於政府之手，而不另外增加人民負擔的理財方法，顯然這樣的政策給人民帶來的好處較多而壞處較少。

與食鹽專賣並行的，齊國還實行了鐵器專賣，政策細節與鹽相仿，大同小異。鹽和鐵在當時市場上是銷售面最廣的兩項舉足輕重的主要商品。把這兩項重要的利源控制起來，從鹽鐵的國家專賣中擴大財政來源，比利歸私商，而另向人民徵強制性的人頭稅或其他捐稅要好得多，比當年幫周厲王出點子、「好專利而不知大難」的榮夷公更是高明萬倍。

善治鼻祖，啟智千秋

在當時，「相地衰徵」和「鹽鐵專賣」等改革，是國家經濟政策中前所未有的新事物，在眾人瞪目結舌中，齊國悄然興起，令世人刮目相看，且不得不跟在這位新興的超級大國後面更新自己已然落後的制度。終春秋世，許多經濟改革隨之在各國相繼出現——晉國的「作爰田」，鄭國的「作丘賦」，魯國的「初稅畝」等，大都以管仲的改革方案為藍本，歷史就是這樣步步前行的。而由他一手創行的「直接專賣制」，則一直實行到唐中期，名相劉晏改革時才改為間接專賣制。因此，說管仲是中國善治的祖師爺，不會有什麼爭議。

管仲善於發現和遵從經濟規律，儘量少用行政命令的手段，而更加注重發揮貨幣、信用、價格、貿易的作用，達到了「聖王之至事」的理想目標——「富上而足下」[84]。與此同時，管仲卻極為厭惡官商一體，禁止商賈在朝，

更不能讓商人過分參與政治。他說：「商賈在朝，則貨財上流。」[85] 事實上管仲並非禁止商人出仕，而是禁止他們出仕後還兼職經商，因為這容易導致政治腐敗和賄賂橫行。值得注意的是，其善於利用市場機制的思想竟然超前到即使今天也完全不過時的程度。

管仲的人本經濟學不是支離破碎的，而是構成一個完整的體系，其中有近乎經濟自由主義的、注重發揮市場而不是政府力量謀求發展的思想觀點，也有經過實踐檢驗卓有成效的具體政策。在西方，說總體經濟理論的創始人是凱恩斯，大概不會有多少爭議；而在東方，總體經濟理論的創始人應該是管仲，但產生的時間卻比西方早了千餘年，其主要文獻便是號稱「難讀」的中國文化寶典——《管子》一書。[86]

如美國人約翰·斯圖亞特·湯姆森在上個世紀初就承認的：「我們美國、英國和德國把社會學、經濟學、商業、稅收和關稅這些原則，作為我們最新的發現，可實際上中國遠比我們早得多。」[87]

管仲改革之所以能成功，也得益於齊桓公的全力支持。難得的是，君臣相伴40年，始終無渝，不猜疑，不忌刻，真正做到了知而任之，任而信之，攜手共創齊國的輝煌。其事其例，在中國歷史上並不多見。而鮑叔牙，則甘居管仲之下，為齊大夫。管仲有這樣的知己好友，一生足矣，也是他得以幹出一番驚天偉業的動力和條件。管仲對鮑叔的救命之恩和謙讓美德非常感激：「生我者父母，知我者鮑子也。」[88]「管鮑之交」也就成了後世久久流傳的一段佳話。

桓公四十一年（公元前645年），管仲病卒。為卿相40年，享年七八十歲，得其善終，子孫也得其餘蔭。作為歷史上的第一個政治經濟全方位的改革家，他的結局可說是很好了。其偉業，其卓越無比的思想，曾得到眾多「粉絲」的追捧。子曰：「管仲相桓公，霸諸侯，一匡天下，民到於今受其賜。」太史公在《史記·管晏列傳》中說：「其為政也，善因禍而為福，轉敗而為功。」宋人蘇洵在《管仲論》中說：「管仲相威公，霸諸侯，攘夷狄，終其身齊國富強，諸侯不敢叛。」「管子為大理財家，後世計臣多宗之。雖然，管子之理財，其所注全力以經營者，不在國家財政也，而在國民經濟。

國民經濟發達，斯國家財政隨之。管子之所務在於是，故有以桑弘羊、孔僅、劉晏比管子者，非知管子者也。」說這話的，是近代梁任公。

管仲是一位獨步中國歷史、能穿越時空隧道的思想家，古今一流的政治人物，驚人的稟賦、無盡的智慧和慈愛的情懷，使他可以從容不迫地治理一個超級大國，在經過幾千年的大浪淘沙之後，仍然屹立在歷史的潮頭。今天我們思考治國理財之類的大問題，還是不得不設法追上管仲的思路。我們曾經擁有這位偉大的智者和先知，卻從未深切理解過他那獨特而深邃的思想的價值。作為中華文化的繼承者和開拓者，我們是否丟棄了一些更加珍貴的東西？

初稅畝運動中「國人」的全面退卻[89]——財稅改革視角下的先秦民主政治衰落過程

中國古代的民本稅賦思想

一、道家的財稅思想

道家思想的代表是老子。「民之饑，以其上食稅之多，是以饑。民之難治，以其上之有為，是以難治；民之輕死，以其上求生之厚，是以輕死。民不畏死，奈何以死懼之？」老子認為，統治者的橫徵暴斂是人民貧困的根本原因。「有為」，是指執政者利用國家機器與民爭利。「甚愛必大費，多藏必厚亡」，老子認為，政府必然會為過分追求財政收入而付出巨大代價。自古以來由民間負擔過重引發的農民戰爭便是這一觀點的實證。「治國之道，始制有名，名亦既有，夫亦將知止。知止所以不殆。」[90] 老子認為國家行政機構首先要明確其各自的名分等級，並將其職責和權力限定在合理的範圍之內，如此，國家就會長治久安，沒有危險。這是防止政府權力膨脹的思想。

歷朝歷代在開國之初，一般採用老子的財稅思想治國。漢初「明用黃老，不用儒家」，採取輕徭薄賦、與民休息的政策，開創了中國歷史上的第一個盛世——「文景之治」；貞觀十一年（公元637年），唐太宗李世民詔曰：「況朕之本系，出於柱史，今鼎祚克昌，既憑上德之慶，天下大定，亦賴無為之

功」,開創了貞觀之治,為開元盛世奠基;清初實行「內用黃老,外示儒術」,順治皇帝親注《道德經》,認為「取於民重,則民貧」,康熙帝頒布「盛世滋生人丁,永不加賦」的詔令,促進了中國歷史上最後一次盛世——「康乾盛世」的到來。

二、儒家的稅賦思想

儒家財稅思想主要包括孔子、曾子、孟子的財稅思想。「季孫欲以田賦,使冉有訪諸仲尼。仲尼曰:『丘不識也。』三發,卒曰:『子為國老,待子而行,若之何子之不言也?』仲尼不對,而私於冉有曰:『君子之行也,度於禮:施取其厚,事舉其中,斂從其薄。如是,則以丘亦足矣。若不度於禮,而貪冒無厭,則雖以田賦,將又不足。且子季孫若欲行而法,則周公之典在;若欲苟而行,又何訪焉?』弗聽。」[91]「魯哀公問政於孔子,對曰:『政有使民富。』哀公曰:『何謂也?』子曰:『省力役、薄賦斂,則民富矣。』公曰:『若是,則寡人貧。』孔子曰,詩雲:『愷悌君子,民之父母,未見其子富而父母貧者也。』」[92] 由此可知,孔子贊成藏富於民,不贊成統治者的橫徵暴斂。

曾子的主要觀點是財聚則民散。「君子先慎乎德,有人此有土,有土此有財,有財此有用。德者,本也;財者,末也。財聚則民散,財散則民聚。」《大學》中此段話講的是政治與財稅的關係。君子首先應謹慎地修明自己的德性,有了道德,自然就會有人民來歸附;有了人民,土地就有了價值,就會生產出財物,國家用度自然也就有了充足的供給。道德是根本,財富是末節。君主聚集財富,民心就離散;財富分散於民間,民心就聚集起來了。

孟子財稅思想的核心是恆產論。如:「明君制民之產,必使仰足以事父母,俯足以畜妻子,樂歲終身飽,凶年免於死亡。然後驅而之善,故民之從之也輕。今也制民之產,仰不足以事父母,俯不足以畜妻子,樂歲終身苦,凶年不免於死亡。此惟救死而恐不贍,奚暇治禮義哉?王欲行之,則何反其本矣?五畝之宅,樹之以桑,五十者可以衣帛矣;雞豚狗彘之畜,無失其時,七十者可以食肉矣;百畝之田,勿奪其時,八口之家可以無饑矣;謹庠序之教,

申之以孝悌之義，頒白者不負戴於道路矣。老者衣帛食肉，黎民不饑不寒，然而不王者，未之有也。」[93]

由此可見，儒家三代對賦稅的認識不斷加深：孔子認識到國家徵稅有害民的一面，而對重稅負持反對態度；曾子將賦稅徵收上升到一國政治層面，而主張散財於民間，以換取民眾的支持和財政供給；孟子則更進一步認識到執政者保障民之生計財產以徵賦稅的內在關係，而主張勘定民眾土地財產之經界以為徵稅的前提條件。三位儒家思想代表人的觀點層層遞進，視角獨到，使人相信若沿著儒家學說的思維一路演進下去，將是立憲民主和公共財政來開創中國社會的另一個未來，可能發展歷程與西方歷史相近，但中國人的財稅思想卻顯得更久遠、更厚重，更多了一層倫理道德的色彩。

初稅畝改革後國人的消失

中國古代的賦稅思想，源於上古時期的民本思想。當時社會存在國人這一社會階層，這一階層對國家徵稅進行過非常有力的抵禦，他們即是上述財稅思想的最終受益人群。國人曾是中國政治舞臺上的一股決定性力量，但由於一直沒有形成自為的階級或階層意識，春秋後逐漸衰落，這種努力最終終結於魯國的初稅畝改革。在這場運動當中，國人最終喪失了抵抗力量，最後全面退卻。以至於春秋中期，國人這個階層完全消失，中國再沒有沿著人類社會正常發展的路線往前行，而是走向了由秦始皇實行專制主義的路線，使得這種思想一直延續至今。

一、初稅畝改革前的財稅環境

「民為邦本，本固邦寧。」[94] 這種思想可能是中國歷史上最為久遠的民本思想。「古者聚貨不妨民衣食之利」[95] 中的「聚貨」就是現在所說的徵稅，這句話表明上古時代君主徵稅要遵循不能妨礙老百姓正常生產生活的原則。可以看出，在上古時代，民間經濟、民眾生活受到政府的高度重視，後來儒家的思想和綿延中國幾千年的民本思想實踐都與這個觀點一脈相承。然而，隨著君權的不斷加深，君主開始逐漸地突破傳統的限制，建立起了專制財政體制。

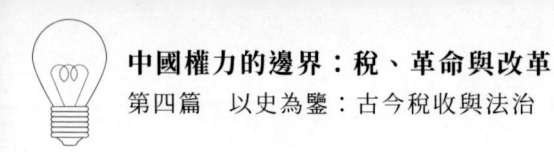

二、君主突破傳統社會限制、建立支撐專制權力的財政體制的手段

1. 壟斷山林川澤，將公有資源據為己有。「夫榮公好專利而不知大難。夫利，百物之所生也，天地之所載也，而有專之，其害多矣。」[96] 這說的是，西周周厲王妄圖將山林川澤收歸國有，還企圖透過控制輿論陷害異己者，最後「川壅而潰」引發國人暴動，將周天子驅逐出首都。筆者將它定義為中國歷史上第一次國進民退失敗而引發的暴動。國人在當時是可以表達自己意願和對公民權利訴求的，這時國人有一定的力量來抵禦王權對賦稅的侵奪。但後來隨著兼併戰爭的殘酷開展，統治者剝削與戰亂的毀壞，國人的力量變得越來越薄弱。

2. 「料民」（登記人口），實行戶籍制度，設專門的行政機構管理，確立固定的稅額。「宣王既喪南國之師，乃料民於太原」[97] 中「料民」這一中國特有的財富管理思想出現了。所謂「料民」就是建立戶籍制度，登記戶口，設置專門的行政機構管理，確立固定的稅額。到後來西漢時期實行編戶齊民，便是根據每戶的人數收繳人頭稅，透過戶籍制度將人民全部組織起來。國王以此來鞏固自己的王權，使王權能逐漸鞏固，而民間的力量日趨弱化。同時，在社會治安方面還可以執行保甲連坐制，數戶編為一保，指派保長，然後委託保長徵稅，若有逃稅或犯罪行為，執行一保連坐制度，進一步束縛民間力量。戶籍制度對後世中國影響甚大，至今尚存。

3. 履畝而稅：「子產作丘賦」及魯國「初稅畝」。初稅畝最早是在魯國實行的按照畝數徵稅的制度。在魯國實行初稅畝以後，其他諸侯國也實行了類似的稅制改革，而事實上這時國人已經沒有反抗的意圖了。君權在發展中突破傳統社會的限制來建立專制的財政體制的關鍵就是建立直接向平民徵稅的專制財政體制。

國人失勢現象的表現首先是鄭國的國人反對「作丘賦」卻無所作為。鄭子產作丘賦，國人謗之，曰：「其父死於路，己為蛭尾，以令於國，國將若之何？」子寬以告。子產曰：「何害，苟利社稷，死生以之。且吾聞為善者不改其度，故能有濟也。民不可逞，度不可改。詩曰：『禮義不愆，何恤於人言。』吾不遷矣。」渾罕曰：「政不率法，而制於心。民各有心，何上之有？」

[98] 子產「作丘賦」，遭到國人的反對。其政策顯然不是經過類似民主程序所確立的。子產還提出：「民不可逞，度不可改。」就是說，不能一味遷就百姓的要求，當人民的意圖錯了，就不能讓他得逞；國家的法度不可更改，要堅持。於是，鄭國的子產開啟了先例，使王權進一步加強了對財稅的控制權，國人雖反對丘賦，但無濟於事，因為國人的力量在進一步下降。

之後，魯國初稅畝時國人寂靜無聲。「秋七月……初稅田，非禮也。谷出不過藉，以豐財也。」[99] 左丘明所說初稅是古籍田之外新增之稅，故稱非禮。證明國人在捍衛私產方面已失去力量。曾經國人可以反對國王，甚至可以廢掉國王。子產定丘賦時國人還可以咒罵執政者，表示直接反對的態度，但是現在已經反對不動了。到第三個階段，甚至連出聲咒罵的力量都消失了，在增稅這個利益攸關的大事上，國人已經悄無聲跡地從歷史舞臺上消失。

之所以說這是一個歷史的關鍵時刻，其重要性不在於承認了土地私有帶來生產關係的變革，而是標誌著君主對國家賦稅權力的絕對控制。君主自此完全掌控了國家的治稅權和用稅權，可以不受限制地剝奪民眾的財產，民眾則喪失了維護自家財產的所有權利。財稅權劃歸君權是中國政治走向集權專制的基礎。國人曾是國家政治舞臺上一支非常重要的決定性力量，但是一直沒有形成自為階級或階層的意識。

總結：一條清晰的制度變遷軌跡

中國政府的形成是由開始的部落林立、相互結盟，過渡到初期城邦聯盟形式的分散制衡，逐步演變為專制集權。秦朝以後，中國的皇權專制制度幾經周折，在宋朝以後得到最大限度的彰顯。只要人民不造反，外族沒入侵，專制集權一切照舊，而且每次農民戰爭後，集權就會更加深入。強大的制度力量已達到顛撲不破的程度，形成難以改造、創新的困局，成為制約中國歷史發展的主要因素。而所謂的社會基層共同體，早已隨著國人的「失聲」和財稅權的統一而消失。

先秦時代，中國基層還有一定的話語權，但在春秋戰國時期徹底消亡。春秋戰國時期兼併戰爭的殘酷，一方面削弱了國人的力量，另一方面也成為

君權強化的契機。反觀老子、孔子的思想可以瞭解到,這些思想家生活在春秋末年,他們目睹了最急劇、最慘烈的兼併階段,預感到專制獨裁時代的到來,所以才持復古興利於民的態度。這些思想主張常常被後人誤解為復古倒退,但事實上將老子的思想和孔子的思想進行重新詮釋,可以看出中國其實是有民主思想基礎的。

但是隨著秦滅六國統一中國,歷代都在執行著增強皇權的政策,也就是所謂的「歷代多行秦政治」。之後基層社會力量在歷史中消失得無影無蹤,以至於完全聽命於中央政府,民間幾乎完全失去了力量,這是中國體制演變的軌跡。

君主專制的基礎是財政專制。君主財政獨裁建立後,不需要再與任何其他政治力量妥協。中國社會的悲劇與悖論由此而生:最高統治者認為「國家的意志至上」,脅迫社會成員傾其所有以奉之,有權任意限制和剝奪人民的私有財產,而私人個體只有遵行而無任何抗辯自由,中國社會基層因而完全失去活力與動力。後世的賦稅思想也因此變得貧乏無物。雖然後世出現了輕徭薄賦的思想,但輕徭薄賦符合執政者維護「江山社稷」的需要,因而可以接受;其他的思想不利於鞏固皇權,因此被排斥。即使是輕稅,由於缺乏制衡皇權的機制,統治者又有增加稅賦的動機,因而執政者很難做到。中國歷史上各個朝代從興造成滅亡的輪迴恰恰證明了賦稅徵收這種施政行為與政治的密切關係。

因此,儘管中國曾經是一個文明興起最早、賦稅思想豐富多彩的國家,可到頭來在專制皇權的扭曲下成了一個政治思想貧乏、財稅只作為執政者「籌錢工具」存在的結局,其公共財政、現代稅制的構建只能照搬西方。自古學者大多熱衷於為權力和體制服務,導致中國公共財政只謀其服務大眾的外在而無實質內容,使得自古以來的財稅改革最終全盤陷入制度性僵局。

▎魏晉名儒傅玄的治稅三原則

傅玄(217—278 年),字休奕,北地泥陽(今陝西耀縣東南)人。魏晉之際著名儒家思想家,文學家。他少孤貧,博學善文,而「性剛勁亮直,不

能容人之短」。曾任弘農太守,領典農校尉。晉武帝時,封爵鶉觚子,並以之為號,官至侍中、太僕、司隸校尉。《晉書·傅玄傳》說他「專心講學,後雖顯貴,而著述不廢」。撰寫《傅子》,分內、中、外篇,並有文集百餘卷行世。

傅玄生活在三國紛爭即將結束,西晉王朝初創之時。由於長期戰亂的影響,人民死傷眾多,逃亡離散,土地荒蕪,百業凋敝。傅玄多次上書晉武帝,直言匡正,指斥時弊,認為必須盡快採取措施,讓老百姓早日安定下來,發展生產。他反覆強調儒家傳統的「貴本」、「富民」思想,指出:「夫家足食,為子則孝,為父則慈,為兄則友,為弟則悌,天下足食,則仁義之教可不令而行也。」[100] 為了保證農業生產有充足的勞動力,他提出了「分業定人論」,「明主之治也,其業而壹其事,業分則不相亂,事壹則各盡其力」。[101] 他主張規定士、工、商的人數,「計天下文武之官足為副貳者使學,其餘皆歸之於農。若百工商賈有長(余)者,亦皆歸之於農」。[102]

魏末晉初,賦稅問題異常尖銳。一方面,曾經是曹魏財政支柱的屯田制已經由於田租剝削過重以及貴族官僚侵占屯田耕地等原因而趨於瓦解,財政收入的重點必須及時轉移到對自耕農民課徵賦稅上來;另一方面,晉武帝司馬炎急欲積聚力量準備統一中國。他又大封宗室,大興土木,耽於游宴,用不知節,對賦稅的需要與日俱增。傅玄雖然並沒有直接主持財政工作,但作為執掌諫職的高級官員,對關係西晉王朝生死存亡的賦稅問題特別關注。他以先秦儒學的仁愛、民本、中庸等思想為理論基礎,並結合當時的社會實際,提出了一整套完整的治稅原則和官俸思想。

傅玄賦稅思想的核心是「安上濟下,盡利用之宜」[103],即制定賦稅政策,既要保證國家安定,又要有利於民,並且要盡力做到財政開支與民力相適應。在這個總的原則之下,傅玄又提出了若干具體的治稅原則:

原則之一:「度時宜而立制」。

傅玄不是簡單地複述儒家輕徭薄賦的思想,而是認為賦役的輕重應根據客觀條件加以確定。「世有事,即役煩而賦重;世無事,即役簡而賦輕。」社會安定時期的輕稅政策,可使人民休養生息,發展生產,而社會動盪時期

的重稅政策，可保證必不可少的軍需國用。該輕的時候輕，該重的時候重，有輕有重，輕重結合，是為「至平」。他指出，所謂：「用人之力，歲不過三日」，只適用於「治平無事之世」，而國家有事時便不能以此為限。他舉例說：「若黃帝之時，外有赤帝、蚩尤之難，內設舟車門衛甲兵之備，六役大興，再行天誅，居無安處。即天下之民，亦不得勞也。勞而不怨，用之至平也。」為了切實做到賦稅徵課中的「至平」，他還主張國家舉辦禮儀活動、制定典章制度時也要「度時宜」，即「役簡賦輕，則奉上之禮宜崇，國家之制宜備，此周公所以定六典也。役繁賦重，即上宜損制以恤其下，事宜從省以致其用。此黃帝、夏禹之所以成功也」。他認為，只要國家的政策「隨時益損而息耗之，庶幾雖勞而不怨」。

原則之二：「量民力以役賦」。

傅玄推崇孔子的「有國有家者不患寡而患不均」、「均無貧」的思想，主張根據百姓的貧富程度來確定徵發賦役的數量，使賦役負擔均平，即「隨時質文，不過其節，計民豐約而平均之，使力足以供事，財足以周用」。這個觀點是針對豪強轉嫁賦稅負擔的情況而提出的，與曹操「無令豪強有所隱藏，而弱民兼賦」的思想一脈相承。

傅玄強調，徵收賦稅決不能超過人民的負擔能力。指出「海內之物不益，萬民之力有盡」[104]，必須「量民力以役賦」。他經常以「昔者東野畢御，盡其馬力，而顏回知其必敗」的典故說明「況御天下，而可盡人之力也哉」的道理。指出秦朝之所以速亡，就是因為時人不懂得這個道理，竭澤而漁，導致民怨沸騰，揭竿起義。他說：「戰國之時，棄德任威，競相吞代，而天下之民困矣。秦並海內，遂滅先王之制行其暴政。內造阿房之宮，繼以驪山之役，外築長城之限，重以百越之戍，賦過大半。傾天下之財，不足以盈其欲，役及閭左；竭天下之力，不足以周其事。於是蓄怨積憤，同聲而起。陳涉、項梁之儔，奮劍大呼，而天下之民，響應以從之。驪山之基未閉，而敵國已收其圖籍矣。」殷鑒不遠，足以為後世統治者所汲取。如果繼續「縱無已之求，以滅不益之物，逞無極之欲，而役有盡之力」，[105]「視遠而忘近，興事不度於民，不知稼穡艱難而輕用之」，[106]那麼農民又會被逼得破產逃亡，「如

是者民危」，秦朝的歷史又會重演，「民危而上安者，未之有也」，「此殷士所以倒戈於牧野，秦民所以不期而周叛」。[107]

原則之三：「所務公而制有常」。

傅玄懷有儒家傳統的天下為公、世界大同的崇高的社會理想。他認為賦稅和徭役應是為國家公利而徵發，是為「務公」，而決不能用於統治者個人的私利，傅子提倡「唯公然後可正天下」。而「務公」就必須「去私」，「私不去則公道亡，公道亡則禮教無所立，禮教無所立則刑賞不用情，刑賞不用情而下從之者，未之有也」。[108]他認為，只要是為公利而徵稅，並且這種徵收「儉而有節」，那麼即使老百姓勞苦一些，他們也是能夠接受的。他說：「禹鑿龍門，辟伊闕，築九山，滌百川，過門不入；薄飲食，卑宮室，以率天下，天下樂盡其力，而不辭勞苦者，儉而有節，所趨公也。」

同時他又主張，國家徵稅要有一定的制度，規定出正常的納稅標準，即「國有定製，下供常事；賦役有常，而業不廢」；[109]「乃立壹定之制，以為常典，甸都有常分，諸侯有常職焉」。定製頒布後，一般情況下不要作輕易的變動。這樣做的好處，是可以避免賦役制度紊亂，防止地方官吏誅求擾民：「上不興非常之賦，下不進非常之貢，上下同心，以奉常教，民雖輸力致財，而莫怨其上者，所務公而制有常也」，反之，「役賦無常，橫求相仍，弱窮不堪其命，若是者民危」。

除提出治稅原則外，他還經常就一些具體的賦稅問題發表自己的見解。例如，他針對當時徵收賦稅過程中普遍存在的「所調非所生，民以為患」[110]的弊端，提出賦稅要徵調當地人民的勞動產品，使人民免受商人的中間盤剝，減少額外負擔。他指出：「上以無常役下，賦物非民所生，而請於商賈，則民財日暴賤；民財暴賤，而非常暴貴；非常暴貴，則本竭而末盈；本竭末盈，而國富民安者未之有也。」他看到屯田徵收率過高對於農業生產者勞動積極性的殺傷力，認為曹魏屯田的徵收率維持在50—60%是可行的，「施行來久，眾心安之。今一朝減持官牛者官得八分，士得二分；持私牛及無牛者官得七分，士得三分。人失其所，心不歡樂」，[111]主張恢復到原來的勞動產品分配比例。

儘管他並沒有看到曹操實施屯田只是一種特殊形勢下實行的特殊的賦稅政策，伴隨著特定歷史條件的消失，屯田不可能長期維持下去，但還是表現出他對屯田農民負擔愈來愈重的現狀的強烈的擔憂和同情，是一位憂國憂民的知識分子的形象。他還抨擊魏晉以來封建貴族集團「坐享天祿」、世襲官位的特權，主張「使冗散之官為農，而收其租稅，家得其實，而天下之谷可以無乏矣」。[112] 他的目的顯然是為了直接增加農業勞動力、擴大封建國家的稅源，但在當時的社會制度下這只是一種不切實際的空想。

傅玄從皇權統治的長治久安出發，提出的每一條原則都是針對時弊而發：「度時宜而立制」是反對在天下安定時仍不斷加重稅斂，不讓人民休養生息的做法；「量民力以役賦」是反對當時廣泛存在的超過人民負擔能力的橫徵暴斂行為；「所務公而制有常」是要求統治者根據國家的利益和需要制定政策，不能僅為滿足自己的私慾而徵稅，尤其反對無定時、無定製的任意徵發。由於他的理論有雄辯的事實為根據，具有較強的說服力，以至連晉武帝司馬炎也不得不承認其「懇懇於所論，可謂乃心欲佐益時事者」，對他的尖銳批評採取寬容的態度，「苟言有偏差，情在忠益；雖文辭有謬誤，言語有失得，皆當曠然恕之」[113]。

傅玄只是政策的諫言者，不是理財的實幹家，因而不能將自己的思想直接貫徹於實際，但在當時仍然產生了一定的影響。

傅玄賦稅三原則的提出，實際上構成了西晉占田課田制的理論來源，也使西晉統治者在徵稅時不得不有所顧忌，從而使廣大人民群眾特別是中小地主階級多少獲得一些益處。更為重要的是，傅氏原則的影響決不僅限於當時，後世的均田租庸調製兩稅法等賦稅制度和各種均稅、輕稅思想，其理論依據大都可以概括在這個原則中，不同程度地受到了它的啟發和引導。因此，傅氏原則在中國賦稅思想史上的地位是不可低估的。

當然，傅氏原則的具體內容並非都是他自己的創造，如平均負擔思想早在先秦時代就有人提出了。傅玄的高明與獨到之處，在於他成功地將前人思想合理、科學的成分加以綜合歸納，在更高的層次上形成一個完整、統一的原則，這在中國歷史上是沒有先例的。在歐洲，直到 17 世紀才由英國古典

政治經濟學的創造人威廉·配第和德國官房學派提出一些稅收原則，以後由亞當·史密斯總結提高為著名的稅收四原則，但他們比傅玄晚了1000多年。而且其中的「公平」、「確定」、「便利」等又是雙方都提出的，這不能不說是奇蹟。

傅玄思想也是有侷限性的。在他看來，三代以前是人類的理想社會，「民樸而化淳，上少欲而下鮮偽，衣足以暖身，食足以充口，器足以給用，居足以避風雨」[114]。這種議論帶有明顯的崇古、復古傾向，現實意義不大。另外，他希望皇帝「息欲」，以減輕人民的賦役之苦，主張讓「冗散無事」之官歸農，國家「收其租稅」[115]，同樣帶有很大的空想成分，在皇權專制社會中是不可能實現的。但這些只是微瑕，並不影響傅氏思想的價值。

▍最後的理財家：「丹翁」閻敬銘 [116]

《資治通鑑》卷二八九載：五代後漢時，朝廷上的官員們發生過一場爭吵。「樞密使史弘肇厲聲曰：『安定國家，在長槍大劍，安用毛錐？』王章曰：『無毛錐，則財賦何從可出？』自是，將相始有隙。」王章時任掌管財政的三司使。毛錐，據胡三省注曰，以束毛為筆，其形如錐也，此應指政府收稅記帳所用的毛筆。這就是西方學者也曾爭論過的「刀劍」和「錢袋」的關係，古今中外，無論加強哪個階級的統治，治軍與理財，「一個都不能少」。

中國歷史上確實出過不少國家理財能手，如漢之桑弘羊、唐之劉晏、宋之王安石等，不過，提起閻敬銘這個名字，今天可就沒幾人知道了。這個「氣貌不揚」的官兒，卻是清末鹹、同年間著名的「中興」大臣之一，人稱「救時宰相」。這位響噹噹的財政首席執行官，曾以極高的個人品質和理財業績，在清季亂世中寫下中國財政史上濃彩重墨的一頁。

清末國勢衰落的一個重要原因，即是國家財源不濟。從鹹豐三年到七年，戶部每年的庫存銀子已降到了6萬多兩，只夠前線湘軍士兵一個月的軍餉。打仗是最花錢的事，偌大一個帝國，開支動輒以千萬計，國庫卻空空如也，這日子還怎麼過？財稅遂成為朝野上下高度關注的政務問題，專業理財官成了搶手的「香饽饽」，被當成「海龜」級別的人才被各路諸侯爭相引進。

中國權力的邊界：稅、革命與改革

第四篇　以史為鑒：古今稅收與法治

咸豐九年（1859年），前方戰事正吃緊，指揮長江中游戰區軍事行動的湖北巡撫胡林翼，把時任戶部主事（相當於處級幹部）的閻敬銘「借調」到前線，讓他總辦湖北前敵後路糧臺兼理營務。閻敬銘很快就以極出色的工作績效扭轉了軍隊糧草供給不足的困境。咸豐十一年三月，胡林翼給朝廷打報告，對閻敬銘作出高度評價：「敬銘公正廉明，是心任事，為湖北通省僅見之才。自接任糧臺依賴，刪浮費，核名實，歲可省錢十萬餘緡。」此時胡林翼已身染重症，自知命不長久，於是在報告中極力向朝廷推薦閻敬銘：「臣敢保其理財用人必無欺偽。」[117]

胡林翼的摺子對閻敬銘的升遷起了關鍵性的作用。這一年的4月到9月，短短的5個月時間裡，朝廷三次下達任命書，一年後閻敬銘即官拜山東巡撫，被一舉破格提拔為省級幹部。於是，名不見經傳的「醜小鴨」變成了出將入相的二品大員，從此一發不可收拾——光緒十年被任命為軍機大臣、總理衙門行走，光緒十一年授東閣大學士，仍領戶部，「知遇之隆，一時無兩」。一次宮中議事，慈禧詢問恭親王奕訢，恭親王回道：「此事丹翁最清楚，太后可以問他。」慈禧遂轉過頭來對閻敬銘說：「丹翁以為如何？」「丹翁」一時手足無措，趕緊跪下磕頭。閻敬銘字丹初，因受時人敬重，被尊稱為「丹翁」，現在連太后也這麼稱呼，可見當時此人在朝野上下的名頭之盛。[118]

胡林翼並沒看走眼，閻敬銘確實是個超級管理能手。為了減少暗箱操作和防止貪賄行為的發生，他別開生面地發明了一個「公開辦公」的制度。在湖北總管軍需時，他在辦事廳「左右中，各設長案，己與諸司環坐，昕夕治事」，即一天到晚都和同僚們同在一個辦公室裡做事。由於「群眾的眼光總是亮的」，即使有人想做苟且圖利之事，也很難找到合適的機會。在戶部時，他「立科條」、明章程，並把這些文件公開張貼在牆上，讓所有的人都看得到，「使吏胥不克上下其手」。[119]訊息公開了，「貓兒膩」便玩兒不成了。這種「政務公開」的做法，與當今管理學理論當中的「善治」理念頗有暗合符節之處。

說閻敬銘是世上少有的理財家，這話也並無誇張成分。他嚴格奉行中國傳統文化中的「開源節流」、「量入為出」的原則。依當時形勢，開源已屬奢求，「節流」尚有空間。他指出：「今時之急務，貴生財尤貴理財」，應

最後的理財家：「丹翁」閻敬銘 [116]

在節省不必要開支上狠下功夫。到戶部後，他精校財賦，統籌安排，一口氣推行了理財、節流二十四事。各項收支均嚴訂章程，「無不力求撙節，以裕餉源」，且專找大項開支下手整頓。如新疆在 1881 年已然收復，但朝廷每年仍然支出新疆軍餉千餘萬兩，閻敬銘建議新疆南北路各軍施行屯田，僅此一事，每年即可節省餉銀數十萬兩。1883 年，新疆塔爾巴哈臺參贊大臣錫綸奏請由戶部墊還俄商積欠銀 12 萬兩，連皇上都「通融」了，到閻敬銘這兒卻卡了殼，而且話茬兒很硬：「臣部無代各省清償欠款之例」，最終還是皇上順從了他的意見。[120]

閻敬銘事業飛黃騰達，生活上卻非常低調。為官 40 餘年，生活簡約，兩袖清風，廉潔到了幾乎無可指摘的程度。他一生任職多與理財有關，經手錢物數以千萬計，從不妄取一分一毫。飲食粗茶淡飯就好，衣著避體禦寒足矣。雖身居高位，而「望之若老儒」。做山東巡撫時，一次設家宴招待新任學政，飯食簡單，桌子中間擺放一碟乾燒餅，這位閻大人手掰燒餅，吃得津津有味，而那位學政大人卻受不了，「終席不下一箸，故強之，勉盡白飯半盂」，回去直對別人抱怨：「此豈是請客？直祭鬼耳！」[121]

閻敬銘工作十分勤勉，起早貪黑，不辭勞苦，對各項收支的數字，更是較真到招人厭煩的地步，而這卻是作為一名財相必備的品質。清人胡思敬撰《國聞備乘》載：「敬銘為戶部尚書時，每晨起入署，日晡而散，司員上堂取諾，窮詰再三，必盡其底蘊乃已。隨身自備一冊，視文牘要語伏案手自抄之。腹饑，市燒餅二枚（看來此公喜食此物），且啖且抄。勤劬耐勞苦，雖鄉村老學究不逮。」高官卻像「老學究」，值得後人學習。[122]

1877 年，山西大饑，朝廷派他去視察賑務，這位欽差大人穿一身「搭鏈布」的官服就出發了，也不怕旁人笑話，還命令下屬，大家也都穿這種上不得臺面兒的粗布衣，有誰敢穿綢緞，處罰捐銅，用之濟災，而屬下們倒也樂得遵從。

但閻敬銘卻絕不是一個好好先生，懲治貪官汙吏常使出雷霆手段。光緒初年在山西督察賑務期間，他即查處過吉州知州段鼎耀肆意侵吞賑銀案，將其正法，把一向自我感覺良好的山西地方官們驚得目瞪口呆。到戶部後，他

中國權力的邊界：稅、革命與改革

第四篇　以史為鑒：古今稅收與法治

發現前任戶部司員、現任廣東布政使姚覲元和湖北候補道員楊洪典有「假公圖利、把持詐騙」的行為，便毫不客氣地彈劾了兩個傢伙，同時「舉廉吏李用清等為各省藩司」[123]，「為吏胥所畏」。這回，是整個朝廷都為之震撼了。

閻大人善以節流為理財之道，且確實有效，問題是節到了老佛爺的頭上，就不可避免地碰了大壁。清光緒十二年（1886年），海外傳來日本國製訂「徵討清國策」的消息，而此時的大清國都，卻是一片「只把北京當杭州」的歌舞昇平景象。慈禧太后欲靡費數千萬兩國庫銀建造萬壽慶典工程清漪園，即頤和園，工程尚有750萬兩的窟窿要堵上。換作別人肯定無條件順從太后旨意，可是卻偏偏遇上了「倔驢」閻敬銘，「兩強相遇」，便會有一場好戲看。電視劇《走向共和》的第一集中有段情節，描寫了這次「閻敬銘硬頂慈禧」的著名事件：

慈禧：這就是說，你閻敬銘還是要堅持將修園子的工程停了？

閻敬銘：稟太后，不是臣閻敬銘要停，是銀子要停。

慈禧（怒）：好，好！我就不信，死了張屠戶，要吃連毛豬，你給我滾！

閻敬銘（怒）：臣有罪，太后可將臣罷黜問刑，不可叫滾，辱及朝廷制度！

慈禧（大怒）：那我就這麼說了，你給我滾！滾！滾！

閻敬銘（怒）：臣不滾！臣自會走！

閻敬銘被兩名內侍強行架了出去。

身後傳來慈禧的狂吼：「今兒個我把話也擱這兒了，誰要是讓我這個生日過得不舒坦，我就讓他一輩子不舒坦！」

這當然屬於文學創作，但慈禧為修園子的事大為光火，當場撤了閻敬銘的差使，卻也是事實。據《清史稿·閻敬銘傳》記載：「時上意將修圓明園（原文如此），而敬銘論治以節用為本」，對圓明園用款「輒力拒之」，兩方意向分離，不可能不發生嚴重衝突。這次慈禧發作是光緒十二年十一月的事，老閻被加了個「不能體仰朝廷裕國便民之意，飾詞延宕」的罪名，革職留任。可是他怎麼也想不通，修那個破園子，跟「裕國便民」能搭上什麼界？此時

206

最後的理財家:「丹翁」閻敬銘 [116]

他已明白自己的處境了,「體仰」老佛爺的「聖意」,自己無論如何是做不來的,於是再三稱病請求退休,拖到光緒十四年,慈禧才點頭放他走。

閻敬銘走了,朝廷上也就「肅靜」了,再也沒人敢對老佛爺花錢說三道四了,於是,頤和園修起來了,大清的北洋水師買不起洋人的兵艦了。羸弱的戰鬥力加上極端落後的軍事思想,大清軍隊屢戰屢敗,任誰也敗,被人家打得「滿海找牙」。那場羞辱的戰爭甚至成了世界軍事史上的一個笑柄。

其實,正是有閻敬銘這樣的理財家連年的辛勤打理,大清的國庫才奇蹟般地豐裕起來。光緒十五年,大清帝國的歲入為 80762 千兩,歲出為 73079 千兩,當年盈餘 7683 千兩。[124] 這可是多年來了不起的成績,全靠閻大人嚴格節儉、「平地扣餅」得來的。這一年的冬天,農曆十二月二十六日,新任戶部尚書翁同龢在聽取了司員關於年底盤點庫存的報告後回到家中,揮筆寫就日記一篇:「……銀庫今日封庫,共銀一千二十七萬九千四十兩零。各項統在內。」[125] 憶起閻相的諸般操勞,為大清國兢兢業業付出了一輩子,到頭來卻蒙受不白之冤,晚年淒淒慘慘而終,不禁惋惜心痛不已,於燈下連連嘆息。

閻敬銘退休後,翁同龢常去探望。光緒十四年四月初四,翁在日記中寫道:「飯後訪閻相劇談,余三大願不遂,激昂殊甚。三大願者:內庫積銀千萬,京師盡換制錢,天下錢糧徵足。」同年十二月十八日又記:「謁丹初(閻敬銘字)相國,此老獨居深念,談時事涕泗橫流,畢竟君子,畢竟讀書人,吾滋愧矣!」[126]

閻敬銘的身體徹底垮了,挨到光緒十八年(1892 年),這位皇權時代的最後一位卓越的理財家病逝於陝西原籍家中。朝廷追授太子少保銜,諡號「文介」。1998 年,在山西省永濟市發現一座閻敬銘與同治十三年(1874 年)撰寫的《虞鄉縣強宜庵免減差徭記》碑,內涵豐厚,意境高遠,彌足珍貴。

閻敬銘理財,用的是老祖宗傳下來的、如今已經不大提倡的以節流為重的老辦法,其實這是一條非常重要的財政信條,古今中外皆是。老子曰:「我有三寶,持而保之:一曰慈,二曰儉,三曰不敢為天下先。」把節儉列作執政理財三要訣之一。孔子亦曰:「節用而愛人,使民以時。」中國各朝代,

中國權力的邊界：稅、革命與改革
第四篇　以史為鑒：古今稅收與法治

凡治理有方、穩現「盛世」者，多為注重節儉政策實施的結果，如漢初、唐前期，以及明清的較早階段。

節儉也為西方經濟學家所重視，如休謨說：「我的使命再加上我的節儉，就是我最大的財產——獨立」；亞當·史密斯說：「任何財富都不是任何一個知名大企業創造的，而是人的生命中長時間的勤奮、節儉和謹慎得來的。」又如由英國學者塞繆爾·斯邁爾斯撰著的《節儉》一書，竟在西方國家流行了一個多世紀，至今不衰。

正直廉潔、學識淵博，是皇權時代作為一個「好官」的基本標準，閻敬銘無疑符合這個標準，這也是專橫殘暴的皇權體制在中國得以長期延續的原因，如西方學者梅多（Mr.Meadow）在《中國筆記》中所說的：「一個成功的政府職能由那些才華橫溢、功勳卓著，因而被政府授予地位和權力的人組成。」如果依靠這些人就能挽救王朝的衰落的命運，事情就太簡單了，只要有一個行之有效的官員任命和監察體系就夠了，放在今天，有個人事部或組織部就齊了。

然而，問題卻遠不那麼簡單。無論哪個時代，「好官」終究鳳毛麟角，指望大家都是閻敬銘，或者焦裕祿、孔繁森，可能性小得可以忽略不計，關鍵在於有沒有一種「制度的籠笆」，使官員們雖手握重權卻不敢越雷池一步。其實，完善的制度才是對官員最好的保護，而缺乏制約的制度只會把好人也帶壞，讓你即使做到高官也還是缺乏安全感。這樣的例子，古今中外不可枚舉。這就需要以現代國家治理理念而不是皇權作為制度的基礎，哪怕大家看走了眼，選出的領導是個混球兒，他也壞不到哪裡去，因為他的權力範圍有限，且時刻處在別人的監控之下。

這，也許是閻敬銘案給予我們的更大啟示。

梁啟超：中國公共財政的啟蒙師與先行者[127]

梁啟超，字卓如，號任公，中國近代民主與立憲思想與實踐的先行者、著名的政治活動家。任公之偉大，是在其身後，無論中國的依憲治國之路走多遠，在它的起點上，總是鐫刻著「梁啟超」三個大字。

清政府在它滅亡前夕的最後五年中，拒絕推進實質性的立憲改革，在統治的合法性已經受到質疑，局勢已然十分危險的形勢下，這個政府並不是越來越開明、寬容，反而變得越來越愚昧、專制。儘管如此，梁啟超依然主張溫和改革，反對激進革命，反覆向人們指明暴力將導致的災難性後果。1907年初，他在《新民叢報》發表了《現政府與革命黨》一文，指出：「革命黨者，以撲滅現政府為目的者也。而現政府者，製造革命黨之一大工場也。」事實證明任公所言不虛，當所有改革的道路都被統治者堵死、社會上多數人認定這個清政府是「假立憲」、「真專制」的時候，革命的風暴就降臨了。

1898年那場影響中國政治進程的「戊戌變法」運動失敗後，梁啟超跟他的老師康有為一樣，付出了流亡的代價。只是，流亡使得康有為在文化上趨於保守，而對梁啟超來說，正如美國人格里德爾在《知識分子與現代中國》一書中所稱，「卻是在陌生的文化和歷史領域進行廣泛的探險」。在日期間，任公吸取了維新變法失敗的教訓，「廣搜日本書讀之，腦質為之改易，思想言論與前者若出兩人。」[128] 大量閱讀西方書籍、親身體會資本主義現實社會的結果，使他逐漸意識到，中國變法圖強的希望應轉向「開民智」、索「民權」的方向。1902年以後，其思想漸漸突破了康有為的藩籬而開始自成體系，直至與其師分道揚鑣。1907年，清政府的立憲主張出臺後，梁啟超又成為立憲運動的領袖人物。這一時期，雖然任公的政治主張幾度變化，可他追求民主建國的理想從未改變，其憂國憂民的慈悲胸懷也始終如一。

任公身處清、民兩個時代，素抱經濟立國、法律治國、教育興國之宏願，書生意氣，揮斥方遒，研究領域極其廣泛，工商實業、法律教育、軍事外交諸學均有涉獵，尤對財政學興趣濃厚，著有《中國改革財政私案》、《財政原論》、《幣制條議》、《外債平議》等財經論著三十餘萬言，極力向國人傳播西方的經濟學說和財政學知識。他注重中西方思想的融合，同時又不忽

視實際應用,曾兩度出任閣員,先司法,後財政,去留時間都很短暫,最後終於退出政壇,回轉思想領域,恢復了知識分子本色。本文的視點定位於民國初年的這幾年時間內,這是梁啟超政治思維進入比較活躍和成熟的時段,他那卓越的財政思想和財政實踐活動,就是我們要去探尋的這位思想巨人留下的歷史足跡。

憲法、議會和財政

梁啟超把財政與政治問題同等對待,認為國家辦一切事情,無不依靠充裕的財力才得以實現。財稅與政治,「政治上的一舉手、一投足,無不與財政相麗」。在清末民初所有立憲派人物中,對財政預算問題論述最清晰、最到位的,唯有任公。在他看來,財政絕不是統治者可以獨攬之物,而是存在於憲法之下,受代議機構的管轄,經法定程序授權,而由政府負責徵稅和執行預算的一整套法律、制度和體制。他高度強調立憲國家之國會的地位,認為國會須「主持財政」,掌有議決、審查預決算之權。有了預算權,「政府凡百施政自不得不取途於預算以受國民之公斷」;「其於監督政治之大體,則已若網在綱矣」[129]。

梁啟超的公共財政理念來自於他的立憲思想。他在《少年中國說》中指出:「國也者,人民之公產也。」在皇權制度下,由於人民缺乏權利,無法限制君權的無限度擴張,也就無法約束政府的掠奪之手,「取之不以其道」,歷朝歷代,人民的賦稅徭役負擔都是極為沉重的,國家的財政制度也無公平、公正可言,苦樂不均,竭澤而漁。他指出:「各國租稅,務稍重富民負擔而減輕貧民負擔者。國乃適與相反,惟敲削貧民,誅求到骨,而富者反毫無所出。」「其他各種雜稅,名目迭出不窮,而按其性質則無一非以病貧民。而所謂最良之稅則,如所得稅、遺產稅、地價差增稅等,凡足以均貧富之負荷者,則無一而能行。」稅制不公平,加劇了社會分配兩極化傾向,貧苦民眾生活狀況急劇惡化,面臨生存危機,所謂社會動盪其根源就在這裡。因此,他極力主張徹底推翻皇權專制制度,實行立憲改革,建立君主立憲制。

梁啟超認為建立公共財政體制的前提是立憲:「制定憲法為國民第一大業。」[130]他強調,憲法應具有至上性,每個人的行為都要受其約束,決不

允許有人凌駕於憲法之上,「國中無論何人,其有違憲者,盡人得而誅之也」;[131]憲法還應具有穩定性,「非可以朝令而暮改」。[132]不如此,憲法便無威信,也就沒人把違憲當回事。此外,憲法還應具有實踐性:「非將以為裝飾品也,而實踐之之為貴」[133],否則行憲就是一句空話。

在梁啟超筆下,立憲政治反映的是人類爭自由、求發展的本質,是天賦人權的意願的伸張。憲法就是用來約束政府的,而不是用來約束人民的。如果沒有憲法的限制,政府無論徵稅還是花錢都將無法控制,「施令如牛毛,揮霍如流水,無一民能食其利」[134],整個社會就會墮入「稅收黑暗」中無法自拔。因此,他在《哀告議員》一文中,「祥林嫂」一般反覆向新國會的議員們敘說著同一句話:「國會恢復後議員第一件責任是什麼?制憲。第二件呢?制憲。第三件呢?還是制憲!」[135]

梁啟超對西方的議會制度推崇備至:「問泰西各國何以強?曰議院哉,議院哉!」認為立憲與非立憲的區別,就在於有無民選議會和有無責任政府。他認為,責任內閣只能來自於民選議會的考察和授權,無民選議會則肯定無責任內閣。在《中國國會制度私議》一文中,他指出,從法律的角度看國會的性質,它是國家的立法和監督機關,在法律上享有限制行政機關的權力;從政治的角度看,「國會有立法權、監督政府之權」;「代表中國人民各個方面之政治的勢力」,是反映全體國民意願的最高權力機構。因此,國會之職權「最要而不可闕者有二:一曰議決法律,二曰監督財政。法律非經國會贊成不能頒布,預算非經國會畫諾不能實行。凡所以限制君主之權,無使濫用也。是故無國會不得為立憲,有國會而非由民選,不得為立憲;雖有民選國會,而此兩種權力不圓滿具足,仍不得為立憲。」[136]

1910年,清政府試辦宣統三年預算案發表後,梁啟超發表了《度支部奏定試辦預算大概情形折及冊式書後》一文,對清政府頒布的預算草案進行抨擊。他指出:「預算非他,實一國行政之悌鵠也。無論何種政務,行之必需政費。而立憲國之所以有預算者,則除預算表歲入項下遵依法律所收諸稅則外,行政官不得濫有所徵索;賥預算表歲出項下所列諸款目外,行政官不得濫有所支銷,此立憲國之通義也。故無論采量入為出主義,抑采量出為入主

義,要之其第一著必期於收支適合,而編制預算案之所以其難其慎,非大政治家莫克勝任者,則正以此調和收支之手段,非統籌全局確立計劃不能為功。而中國人欲觀政府施政方針者,皆於預算案焉覘之。」[137]

1911年,任公發表《為籌制宣統四年預算案事敬告部臣及疆吏》一文,指出,預算編制必須注意五個事項:「一曰收支宜必求均衡也,二曰編制之事,宜由行政官擔任也,三曰編制權宜集中於度支部也,四曰編制宜以春間著手也,五曰體例格式宜釐定也。」[138]

從1913年所撰《進步黨擬中華民國憲法草案》可以看出,任公對財政預算與議會、法律之間的關係看得更加清楚了。例如,「凡新課租稅及變更稅率,以法律定之」。國債及締結增加國庫負擔的契約,以及每年有關歲出、歲入的預算草案,都必須「提交國會議決」。凡已議決的預算計劃,「非查有違法之收支,不得修正或否決之」。同時,為體現權力的互相制約和監督,國會也不能隨意提出增加歲出的提案,且凡是符合憲法或法律規定的歲出,如果政府不同意,國會就不能廢除。「國家歲入、歲出之決算,每年由審計院檢查之。」[139]這樣的財政預算控制監督體系,即使用現在的眼光來看,也是比較嚴密的了,其所體現的權力制衡的制憲原則,已經達到了中國近代以至現代的最高認識水平。

在人類歷史上,在傳統財政制度向現代財政制度變遷中,國家預算制度的革新,是財政制度現代化的起點和核心內容。清朝末年,西方預算思想和制度在中國得到廣泛傳播,清政府在其示範效應下,開始了傳統預算制度的改革進程。這次改革由於清政府的覆滅而中斷,但仍為民國時期預算制度的進一步成熟完善,並向現代化方向發展奠定了基礎,因而在中國預算史上占有十分重要的地位。

關於納稅人的權利與義務,任公的見解也很貼近現代財政學的水平。他指出,人民有納稅的義務,也就有監督政府經費執行情況的權利:「人民自應踐輸供之義務,一面由國會及審計院嚴密監督政府之用途,一面常竭力以濟國家之急,此則國民之天職也。」[140]對政府與納稅人之間的關係,他的看法是,既然國家是人民的國家,國家為我們的身家性命提供了寄託之所,

而國家辦事需要有財政來源，財不由天降，財不由地出，只能取之於民，因此，國民應當也必須負有納稅的義務：「民出租稅以供國家之用，實天經地義也。」[141] 但同時他也指出，政府在徵稅時必須得到國會批準，「其必為有利於國而無病於民者，始能成為法案」。尤其反對窮人稅負重，而富人納稅少的不公和不均現象。任公反對逃稅行為：「此最可恥之犯罪也。」[142]

在稅制建設方面，任公發現了稅收可以轉嫁的「秘密」，這是在經濟學方面基本無建樹的中國人對稅制理論的理解日益深化的表現。任公曾說：「田賦雖徵於地主，而負擔實轉嫁於佃丁也；厘金雖徵諸行商，而負擔實轉嫁於小販及消費物品之貧氓也。」他主張在中國開徵所得稅、遺產稅、地價差增稅（即土地增值稅），認為它們才是真正的「最良之稅則」，可用來調節貧富業已懸殊的社會收入差距，「足以均貧富之負荷」，[143] 是為相當十分先進的稅收理念，也是中國近代學界對優化稅制問題的最早的學術探討，遺憾的是都未成為現實。須知，在當時，即便制度建設遠遠領先於清朝的美國，所得稅這種帶有「共產主義因素」的稅種也才剛剛建立起來。中國人在稅制上的覺醒和進步並不晚，也並不慢。中國第一部所得稅法，就是在民國時期制定頒布的。

任公接受的是正統儒家教育，終其一生，儒家文化的影子揮之不去，這種影響也反映在他對苛捐雜稅持激烈批評的態度上，並與他的公共財政思想融為一體。他曾寫過《說橙》一文，以其家鄉新會橙為例，從一株樹收橙若干，到一畝產橙多少、五年以後的產量，加以詳述後指出：「植橙百畝者，六年以後，可以坐收五萬四千兩之利。盡吾縣可耕之地而植橙，歲入可驟增一萬一千元。」「余語老農，若胼而手，胝而足，終歲勤動……舍多就寡，舍逸就勞，抑何傎也！老農語余，縣官歲以橙貢天子，歲十月，差役大索於野，號為貢橙，罄所有乃去，百畝之橙，一日盡之矣。故今日新會橙，將絕於天下。」世人認其可與白居易的《賣炭翁》並讀。[144] 民初承清末之弊，百姓負擔甚沉重，中央軟弱無力，地方軍閥割據，事財權匹配失當。亂世之中，任公主張實行輕稅政策，充滿正義情感的呼聲具有特殊的意義。

任公主張建立中國自己的公共財政學科。他認為，一國財政之重要，需要深厚的理論基礎做鋪墊，但中國先秦以來的財政思想均為碎片式的斷語，缺乏邏輯推理和論證，因而並無深度可言，解決實際問題的能力也很微弱。1915年，任公在《大中華雜誌》上發表《論中國財政學不發達之原因及古代財政學說之一斑》，指出，制約中國財政學研究落後主要有6個原因：（1）侈談道義而恥言功利的傳統，不善治財貨為主體的學問；（2）封建王朝誅求無藝，無秩序規則足資披討；（3）重農抑商的經濟政策專注農業取財一途，無甚奧衍繁賾之學理；（4）貨幣無定製，財政無準確會計可言；（5）專制國權踐踏民權，竭澤而漁，財政實無研究價值；（6）社會經濟缺乏緊密聯繫，財政失措尚未達到牽一髮以動全身的重要性。[145]

為創建中國財政學，任公在1905年至1913年間，嘔心瀝血地撰寫了大量財政學論著，不僅數量大大超過同時期的其他學者，而且涉獵範圍廣泛，見解深刻，理論價值頗高。任公的這些精闢論述，在中國這個老大帝國裡以前從沒有過，在其身後也並不多見，對中國財政學的發展起過舉足輕重的影響，就是在今天也沒有失去其價值。正如1913年梁啟超流亡歸國後不久，胡適曾寫的：「梁任公為吾國革命第一大功臣，其功在革新吾國之思想界。十五年來，吾國人士所以稍知民族思想義及世界大勢者，皆梁氏之賜，此百喙所不能誣也。去年武漢革命，所以能一舉而中國相應者，民族思想政治思想人人已深，故勢如破竹耳。使無樑氏之筆，雖有百十孫中山、黃克強，豈能成功如此之速耶！」[146]

借此奉勸如今那些單純以財政供給為己任的學者、教授們，不妨用任公的篇篇肺腑之言為鏡，細緻地對照一下自己，也像他那樣勇敢地擔當起社會正義與公平的歷史責任，開啟與以往有所不同的中國當代公共財政學理論思考。

艱難曲折的理財實踐活動

梁啟超的財政實踐活動主要集中在民國初年。在中國漫長的歷史上，這是一段頗為奇特的時期：歷來超強的中央集權式微，軍閥相互徵戰，而思想界卻意外地得到了一個罕見的自由發展機會，一時間，西方的、傳統的、激

進的、保守的、談問題的、論主義的、資本主義的、社會主義的、痛心疾首的、和風細雨的，一齊登上歷史舞臺盡情展演。古老而年輕的中國，終於站起來一批偉大的思想者和民主先驅，梁啟超便是其中的佼佼者、國內公認的思想領袖。

這個時期的奇特之處還在於，新制度的因素已悄然生成並迅速成長，而舊制度並未完全退出歷史舞臺，它們依然到處存在，並時時占據上風。中國社會的一個特點，就是總有某種不知從何而來的巨大力量，企圖拉著中國往回走。歷史已經多次證明，中國社會的進步之路艱難而曲折，走回頭路的勁頭常比它往前走大得多。民國初，用狄更斯的名言來比喻最為貼切：這是最好的時代，也是最壞的時代。

任公素抱經濟立國、法律治國、教育興國之宏願，書生意氣，揮斥方遒，是當時各界公認的思想領袖。他自視甚高，嘗言「非國務部長不做」，希冀以自己的滿腹經綸為手術刀改造中國，希冀完全按照自己的思路徹底整頓財稅亂象，來挽救已臨破產之境的中國財政，使其「不數年而蘇生之」，「起死而骨肉之」。任公絕對是個性情中人，一生總保持著天真率性，也就很容易在殘酷的現實面前碰壁，真實情況也確實如此，在他有限的幾次親手理財的實踐中，運氣實在不濟，屢遭挫折，屢敗屢戰。

民國二年，熊希齡組閣，聘任公為司法部長。據傳，熊總理曾力主以任公為財政總長，因袁世凱持異議而未成。袁認為梁乃書生一個，「僅能提筆作文，不能勝任國家重任」[147]。袁氏不允其任財政總長，自有他的道理。書生從政天生的缺陷，在任公身上表現得的確比較突出。可憐一介書生梁啟超，只是一心想做財政總長，與熊希齡共進退，為的是透過袁世凱在共和的名義下，用專制的手段，把中國引上立憲的軌道，卻不知這位權傾天下的大總統對他這位「什麼都明白」的大學問家從政並不放心。

財政總長沒當上，但任公透過整理財政而救國的痴心不改，煞費苦心地繼續研究他的財政學，探討了大量學術問題。他說：「令租稅政策、銀行政策、公債政策，冶為一爐，消息於中國生計之微，而善導之，利用之，庶幾有濟。」並依據實際需要，提出了有名的「十三對策」[148]。十三條對策中，外債與節

中國權力的邊界：稅、革命與改革

第四篇　以史為鑒：古今稅收與法治

儉為治標之策，整頓幣制與擴充稅源為治本之策。任公認為，權衡間應以治標入手，最終達到治本之目的。

民國三年二月，熊希齡聘任公為幣制局總裁，有意借重他在幣制上的見解和影響。任公對這個職務也是認真的，嘗曰：「幣制一事為財政命脈所關。」[149] 可惜，因積弊過重、時局多變，改革難成，不得不在當年12月辭職了。

幣制局設於天津。天津自北洋起就是中國的造幣中心。1886年12月開始，東機器局負責鑄造銅元和銀元，地理位置在河北西窯窪，就是今天的大悲院附近。1905年6月以後，戶部造幣總廠（位大經路，即今河北區中山路）也開始鑄造銅元、銀元和金幣。1912年壬子兵變，兩個廠都遭到焚劫，損失慘重，後復辦，兩廠合併為造幣總廠，直屬財政部管轄。1914年2月梁啟超任幣制局總裁後改為局屬，廠長由前中國銀行行長吳鼎昌擔任。

總裁任上，任公一如既往，極為重視財政金融資料的整理，上任之初即命廠長吳鼎昌組織編寫造幣總廠史。當年12月，任公因幣制改革難於推行而斷然辭去此職，此時正逢吳鼎昌的廠史完稿，任公堅持審定完畢再行離開，並親筆題寫書名：「造幣總廠報告，民國三年。梁啟超署檢。」該報告分沿革、組織、廠基、機械、物料、廠員之管理、匠徒之管理、事務上之整理、會計之上整理、公務之上整理、化驗之上整理等11章，附圖表，約5萬字，由天津華新印刷局印製，是後人研究天津造幣史的珍貴而翔實的資料。此後，幣制局因任公辭職而被裁撤，造幣總廠仍歸財政部屬轄。[150]

雖有行政職務在身，任公仍不改書生本色，繼續學術研究並撰寫論文。1913年9月發表了《政府大政方針宣言》一文，對整頓稅制、金融、國庫和實業交通等提出一系列改革措施。1914年2月又發表了《幣制條例之理由》、《整頓濫紙幣與利用公債》等文，主張實行貨幣、銀行和公債三位一體的政策方針。他還大力提倡節儉行政費用，在《治標財政》和《軍事費問題答客難》等文中指出，財政「歲出浮濫之為患」，「應從軍費著手」，因為它占據著50%以上的行政支出份額。任公曆來主張實行「減政主義」，即縮減支出、裁併機構、改編軍隊三者並行，力爭做到「署無濫缺，缺無濫員，員無濫俸」。[151] 但在當時的社會環境下，這些意見或設想很難實現，大部分落空了。

216

1917年7月1日，張勳在北京擁溥儀復辟，企圖恢復清末舊制。梁啟超支持段祺瑞在天津馬廠舉行誓師，宣布討伐張勳，最後取得反覆辟鬥爭的勝利。7月12日，張勳復辟宣告失敗。7月14日，梁啟超與段祺瑞一起從天津返回北京。7月，段祺瑞新內閣組成，梁啟超被授以財政總長的職務。

任公認為，內閣中很多都是「研究系」的人才，與他們共事，並依靠段祺瑞的力量，有可能實現自己十多年來的立憲理想。此外，任公也有「私心」一椿——多年來一直想運用自己的知識改造中國財政，扭轉中國財政經濟衰敗的狀況，改善國計民生，實現國富民強的心願，於今如願以償，對於這一任命甚感欣慰。

7月30日，《申報》報導了剛剛入閣擔任財長的梁啟超參加憲法研究會大會的消息：「憲法研究會昨開大會，梁任公報告入閣主義，在樹政黨政治模範，實現吾輩政策，故為國家計，為團體計，不得不犧牲個人，冒險奮鬥，允宜引他黨於軌道，不可摧殘演成一黨專制惡果。吾人負此重責，願諸君為後盾。」[152]

對此，任公自己的說法是：「洪憲以後，我本不想再入政界，不過當時一來因段芝泉（祺瑞）組閣，不得不與之合作；二來見機會太好了，本人確有野心來整理財政，所以去幹財政總長。」[153]

1917年7月19日，梁啟超致電身在南京的馮國璋：「南京大總統鈞鑒：七月十七日敬承策令，俾長財政，感悚莫名。啟猥以疏才，膺茲重寄，艱虞所迫，義不容辭，已於效日就職，顧念邦基再奠，國計維艱，此後因時阜用，端秉訓誨，敢竭股肱，以期康濟，除正式呈報外，特此電聞。」[154] 同日，梁啟超致各省督軍、省長：「啟超奉令管領財政，業於七月十九日就任視事，自顧輇才，慚膺艱巨，國基再奠，籌濟攸資，伏盼中外一心，共支危廈，盡言匡誨，時賁良規，俾啟超得以罄智效忠，借紓國計。特此電聞，佇候明教。」[155]

新任財長面對的是一個巨大的「爛攤子」：清末弊政未消，中央軟弱無力，地方軍閥割據，財權匹配失當，幣制紊亂，外債負累。財政赤字，民國六年達6000餘萬元，可是每年外債償還本息即達7000餘萬元，[156] 預算的三分

之一要作償債之用。幣制方面,央地發行之兌換券,皆因準備金不足而導致幣值下跌,通脹失控,物價飛漲,百姓負擔甚沉重。

梁啟超總長上任後,立即擬定了一個周全的財政計劃,並擬寫了銀行條例等文件,提出了借緩付庚子賠款和日本的幣制借款來徹底改革中國幣制的設想。此期間,他做了大量研究和調查工作,寫了多篇文章,如《梁任公之主張整理關稅》、《公債司擬利用緩付賠款辦法稿》、《財長任內整理中交兩行鈔票發行法稿》、《整理幣制辦法大綱稿》等。

然而,原本雄心勃勃的梁啟超在財政總長任上卻幹得並不順利。一是財政入不敷出,此情清季即已嚴重,民國初年,各省解款基本停止,中央財政赤字龐大,民國六年達到 6000 余萬元。[157] 由於國庫虛空如洗,實現整頓中國財政的計劃便顯得渺茫。其二是軍費繼續增加,財政不堪重負,赤字越來越大。「不能有所施展的一個重要原因,乃段祺瑞的西南用兵政策,消耗了北京政府所有的財力。段氏用兵期間,軍費龐大,加之各省軍人不僅截留解款,進而藉故向中央需索,幾使中央瀕於破產。」[158] 段祺瑞政府信奉的是「武力統一」,財政根本無法負擔起巨額軍費,入不敷出,最後連起碼的維持中央財政收支平衡的能力也沒有了。

在這種情況下,即使上下一心都同意改革財政,事實上也是做不到的,況且實際情況並非如此,所以僅四個月後,11 月 18 日,梁啟超便呈請辭去財政總長職務。他在辭呈中談道:「復任以來,竭智盡力」,「雖規劃略具,而實行維艱。」[159] 梁啟超去意已決,11 月 30 日,獲準辭去財政總長的職務,告別政壇,前後只做了幾個月的財政總長,「雖滿腹理財經綸,殆無施展之餘地」[160]。

任公在政壇的遭遇,蓋為政治環境惡劣,武人跋扈所致。史傳徐樹錚等人暗中鼓動地方軍人鼓噪,截留中央稅收,並不斷伸手索財,無奈之下,只得把財政部的部分裁斷之權讓渡給陸軍部,財政部成了虛置機構。當然也不宜否認段祺瑞政府在西南方向用兵,以武力謀求統一的政策,把段政府幾乎所有的財力都消耗光了。

任公擔任財長雖短暫，仍不失時機地鼓勵民間實業的發展。1912 年，剛剛從日本學成回國的範旭東找到師友梁啟超，談了自己投資生產精鹽的想法。任公熱情支持，帶頭籌資。1915 底，「久大」公司生產出中國第一批精鹽。時承清鹽政舊制，銷售權歸鹽商把持，久大產品運銷受其箝制，原料管道亦被阻斷。緊急關頭，又是梁啟超出面給範旭東以鼎力相助。1917 年，財政總長及鹽務署督辦梁啟超下令，久大產品進銷揚子江一帶五個口岸，進而擴至長江流域之湘、鄂、皖、贛地區無阻，久大事業從此蒸蒸日上。中國近代史上，久大精鹽的地位非同小可，有了它，才結束了幾千年中國人「食土民族」的歷史。其間，任公之功不可沒。

辛亥之後，任公進退於軍閥官僚、奸雄宵小之間，政治抱負一再受挫。擔任最後一任國務大臣，奔走歐洲各國，為改變中國羸弱的形象而呼號，然而，外交夢隨著他的「財政夢」而破滅。在梁啟超與財政發生的幾次關係中，每次都無法實現自己改革中國財政與幣制的設想，最後都只能無奈地辭職，壯志難酬，這不只是他個人的悲劇，也是民初的社會背景下所有志士仁人共同的遭遇。

在風雨飄搖的局勢下，任公棲居津門意租界飲冰室，開始了他的十年學術生涯——往返於京津大學講堂，著書立說，宣講學術思想，繼續為中國的黃昏時局與苦苦掙扎中的社會添注一份希望。其最主要的學術著作均完成於此期，為後代留下了一筆巨大的精神財富。

在他 50 歲生日那一天，任公特地在北京某女校舉行一次講演，題目是《知命與努力》。他說：「我從少年時代起，就立志要改造中國，中間奮鬥了幾十年，成了今天的我，但中國還是這麼亂，這麼落後，既不能富，也不能強。為了改造中國這個理想，我不知道付出了多少代價，是人所共知的，難道說我不努力嗎！可是，到了今天，50 歲的今天，我已認識到這個改造中國的大任，已不可能在我有生之年完成了，這就是我的天命觀。但是中國還是要繼續改造的，還是要繼續努力的，不過這個責任就落在各位青年身上了。我希望各位要立大志，下決心，為我們的事業繼續奮鬥，在這個基礎上，再

努力前進，一定要把中國改造過來。我雖然盡了幾十年的努力，不過為各位作個開路先鋒而已。」言畢，先生不禁低頭感嘆唏噓。[161]

梁啟超一生波瀾壯闊，天馬行空，把同時代所有的人遠遠地甩在後面。「獻身甘作萬矢的，著論求為百世師；誓起民權移舊俗，更挈哲理譜新知」，是梁啟超先生的《自勵詩》中的詩句，也是他一生的真實寫照。

他是人類先進思想文化的傳播者，是四萬萬矇昧同胞的啟蒙者，而他那些並不為人所重的財政見解，更是給黑暗國度投下一道思想的閃電，雖未能救弊於一時，卻也給今日之財稅的研究者和改革者以智慧和啟迪。

梁啟超，其卓越的智慧和偉大情懷，是永遠不會被歷史磨滅的，因為它的價值不僅僅歸於任公本人，而是屬於繁衍至今的所有的中國人。作為飲冰室的鄰居，我感到欣慰和自豪。

附錄　寫在財稅的邊緣處

　　日常讀書時常有一些感想，隨手記下，很不成熟，謬誤之處在所難免，僅供學道同仁參考之用。

　　羅馬城法院門前的廣場上矗立著那座著名的正義女神石像，我們滿懷崇敬地仰望著她那兩千年不變的莊嚴面容，只見她一手執寶劍，一手持天平，雙眼卻被布緊緊地蒙著。雕像的背後，就是那句震撼全世界的古羅馬格言：「為了正義，哪怕它天崩地裂！」

　　也許是專業的原因，我想起了稅收法律，那「天平」，不就是稅收立法的正義性麼？而那「寶劍」，則必是稅法的保證——國家的強制性了。對一個社會來說，正義性和強制性的均衡之處，應該就是健全的、良好的稅收法治狀態。

　　曾創立「非官方稅法學」的日本著名學者北野弘久稱，他研究稅收問題，從來不是站在徵稅權力方面，而是站在納稅人一方，在納稅人中也不是站在大企業、資本家、高收入者一方，而是站在社會中，站在經濟中的弱者一方。

　　我們經常講「國家的法律」，錯。法律只是形式上是國家的，本質上它是人民的，是屬於全體公民的。

　　稅收何嘗不是如此？

　　徵稅之道，義然後取，人不厭取。

　　國家是為人而設立的，不是人為國家而生存。

　　任何漠視納稅人權益的法律終究要被納稅人所漠視。

　　有好的公民才會有好的政府，有好的政府才會有好的稅收，有好的稅收才會有好的納稅人。

　　「以人為本」，首要的一點，就是尊重並保障憲法和法律賦予每一個公民的自由與權利，哪怕是一個最「卑微」的公民的最不起眼的自由與權利。

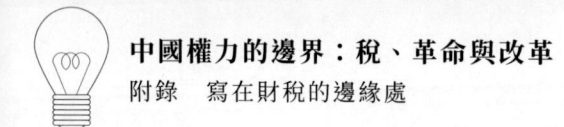

中國權力的邊界：稅、革命與改革
附錄　寫在財稅的邊緣處

唯有做到這一點，才算得上是「權為民所用」。無論如何，我們也無法躲避哈維爾曾經提出的質問：「何處是無權者的權利？」

人的一切權利源自天賦，一切人造之物，如國家、法律、制度、規章、秩序，均在人的天賦權利之下。人的自由止於國家的不自由，人的權利之所至，就是國家的義務之所至，人的權利建立在國家的義務之上，無國家義務保障的權利必為虛假之權利。

人之所以建立國家，是為了讓國家為人的需求服務。

從今往後，維持政府運作的稅收必須從每一個公民的財產中直接獲得，這是中國近年來發生的最大變化。重要的是，這個變化將繼續下去，以致翻天覆地。

我們的社會裡，只要有一個人感覺不到幸福，那麼任何人（或組織）都沒有權利說他是幸福的。

在一個不尊重納稅人權利的社會裡，不可能造就出自覺守法的納稅人來。

當代的中國人可能沒有幾個人知道，1911 年武昌革命前夕，那個由清政府自己建立的資政院曾迫使清政府放棄其獨立財權，並將當年清政府的財政預算核減掉了 7790 萬兩白銀。要知道，紐約市僅僅是在此之前的 1908 年才剛剛建立起世界上第一份對政府開支進行詳細監督審查的現代預算。敢對皇權說「不」，而且這個「不」竟然還「說」成了，不能不說是這個皇權專制大帝國幾千年未有的大進步，其歷史意義可以說超出了當年發生的革命。

那時的中國人，竟是如此了不起，以致讓我頗感意外。

稅收的用途是一個最直觀、最客觀、最準確的尺度，它使一切花言巧語都無法自圓其說。

捨棄中國經濟問題的政治內涵、只談經濟改革的改革，或是將次要問題升級為根本問題、試圖透過解決這些次要問題來解決根本的改革，或許能收效於一時，但是它將使積累下來的問題更加嚴重，最後整個社會勢必以更為複雜的形式或更加慘重的代價來承擔這種「改革」所帶來的後果。

經濟學在一定意義上說就是問題學。學者工作的價值恰恰在於找出現行制度和體制存在的弊病和問題，在進行充分而儘可能求是的基礎上找出克服和解決這些弊病和問題的方法。

在中國，從來就只有問題，而沒有「純粹的」經濟問題。避開中國財政、經濟問題的政治原因去探求解決那些問題的方法，會使問題永遠也得不到真正的解決。

一個國家要是出現了財政危機，責任肯定在這個國家的政府，而且肯定是源於政府財政支出的無度。

福利經濟學裡有個「帕累托改進」，簡單說就是一部分人的財富可以增加，但其他人的財富不能減少。因此它有個基本原則是一定要被堅持的，這就是公平。

接下來，什麼是公平？公平不是一般人理解你跟我、我跟他之間收入、財富水平的平等，而是看起始條件，也就是競爭起點是不是平等，看起點而不是看結果。也就是說，給你機會，但是你也必須允許別人獲得同樣的機會。這才是真正的公平，在公平之上才談得上效率問題。如果一個社會是個不公平的社會，它怎麼可能產生效率？

所以中國人總是大談什麼效率與公平誰優先，爭來爭去，不過是個偽問題，永遠找不到正確答案，因為那個爭論不休的問題實際上不存在。

現代國家必須透過一定的人權制度安排來制約稅權，防範稅權的無限擴張，並制止它滑向脫離人民意志的方向。

亞當·史密斯在《國民財富的性質和原因的研究》中專論賦稅時提出了良好稅制四原則，即賦稅平等、賦稅確定、納稅手續方便以及徵稅過程的節約。這四條原則的其中任何一條都把納稅人的權力包括在內。

既然公共權力機構的決策關係到公民個人的利益，公民就應該有過問和參與的機會，而且參與的機會應該是平等的，不應只是少數人的特權。

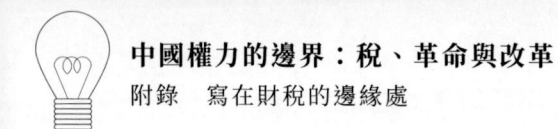

中國權力的邊界：稅、革命與改革
附錄　寫在財稅的邊緣處

現在網絡上流傳著我在 2004 年說過的一句話：「道在民間」，我為此而高興，說明越來越多的人知道並接受了這個觀念。的確如此，中國的真正的文化傳統，中國人的思想精華，現今社會所有有價值的東西，統統不在「聖人」的經典裡。中國人所有珍貴的東西都在人民中間，並永久地保留在人民中間。只有在那裡，才能找到我們民族真正的希望。

沒有法律根據，國家便不能課稅，公民也不得被要求交納稅款。我是中華人民共和國稅收基本法起草小組的成員，我將致力於把這一法律精神寫進這部神聖的稅法。

楊絳先生在《我們仨》一書中說：「一九九七年春，阿瑗去世。一九九八年歲末，鐘書去世。我們三人就此失散了。就這麼輕易地失散了。『世間好物不堅牢，彩雲易散琉璃脆』。現在，只剩下了我一人」，「我清醒地看到以前當作『我們家』的寓所，只是旅途上的客棧而已。家在哪裡，我不知道。我還在尋覓歸途。」

初讀這些話心情未免惆悵，細思之卻覺得先生只是說出了一個必會發生的事實。是的，我們夫婦也有一個女兒雯雯，總有一天，「我們仨」也會失散，我的書房也會空無一人，我的那些最心愛的書也會流落到不知道的什麼地方，我，我們每個人命中注定，都只是這世界上的一個匆匆過客。唯一讓我心安、欣慰的是，我是一個以真理為家、行走於真理之道的人，是一個擁有精神家園的人。

這樣，我就放心了，我，我們仨，終是有家可歸的人，冥冥之中，我們還會聚在一起的。

周鯁生認為 1927 年以前的北京大學最令他懷念，這多少有點令人意外，但卻在情理之中。周說，那時候的北大，教學、研究及行政管理是完全獨立和自由的，沒有什麼人可以隨意干預。大學有學府的尊嚴，學術有不可以物質標準計量之價值，教授、學者們有充分的自尊心，在社會上有凜然不可侵犯的權威。哦，「舊社會」的大學，跟我們想當然的那個樣子竟是如此的不一樣。

「舊大學」早已離我們遠去，我們只能望著它的背影嘆息。

千年暗室，一燈即明。要是沒有這一燈之明，世界就會永遠淹沒在沉沉的暗夜當中。

只要有一顆星，黑夜便被戰勝，因為，黑夜現出了原形；真理代表著光明，只要有一點縫隙，就能照亮整個大地，因為大地渴望著光明。

中央往上「收權」，不過是政府間權力的轉移，它只能約束地方政府，而無法促使地方政府真正履行為民眾服務的職能。

理想的法治狀態應該是：在這樣的社會中，每個人和任何人都是平等的關係，沒有人可以置於法律之上，也沒有人不受法律的保護。

淤泥裡可以開出聖潔的蓮花，黑暗裡能孕育出希望的光明，但謊言裡卻不可能誕生出真實。

沒有人可以剝奪我們內在的自由和尊嚴，除非我們自己甘願放棄。

也許，當自由獨立地表達自己的思想見解的時候，他們並沒有說出什麼剛被髮現的偉大真理，有時甚至不過像那個真誠的小孩一樣，說了一句皇帝什麼也沒有穿的實話而已，或者就像趙高指鹿為馬的時候，站出來說那根本就不是馬，而是鹿，也是大實話。但這卻是對權威的挑戰，是對話語權壟斷的挑戰。

中國權力的邊界：稅、革命與改革
附錄

[1] 原載《戰略與管理》2014 年第 4 期。

[2] 原載《讀書》2012 年第 12 期。

[3] 原載《信睿》2012 年 1 月號第 10 期。

[4] 本文節略版原載《社會科學報》2014 年 9 月 25 日。

[5] 彭健：《政府預算理論演進與制度創新》，中國財政經濟出版社，2006 年版，第 101—106、108—115、133—150、166—172 頁。

[6] 王淑杰：《政府預算的立法監督模式研究》，中國財政經濟出版社，2008 年版，第 127—130、134—138 頁。

[7] 阿倫·威爾達夫斯基、布萊登·斯瓦德洛：《預算與治理》，苟燕南譯，上海財經大學出版社，2010 年版，第 116 頁、編者前言。

[8] 阿倫·威爾達夫斯基、布萊登·斯瓦德洛：《預算與治理》，苟燕南譯，上海財經大學出版社，2010 年版，第 116 頁、編者前言。

[9] SCHICK, A., Capacity to Budget, The Urban Institute Press, 1990, p1.

[10] 馬駿：《實現政治問責的三條道路》，《中國社會科學》2010 年第 5 期。

[11] 薩爾瓦托雷斯基亞沃—坎波、丹尼爾托馬西：《公共支出管理：亞洲開發銀行》，張通譯校，中國財政經濟出版社，2001 年版，第 165 頁。

[12] 韋托坦奇、盧德格爾舒克內希特：《20 世紀的公共支出》，胡家勇譯，商務印書館，2005 年版，第 167、188 頁。

[13] 亞洲開發銀行：《政府支出管理》，人民出版社，2001 年版，第 201 頁。

[14] 上海財經大學公共政策研究中心：《2010：中國財政發展報告——國家預算的管理及法制化進程》，上海財經大學出版社，2010 年版，第 244 頁。

[15] 馬駿：《中國公共預算改革：理性化與民主化》，中央編譯出版社，2005 年版，序言第 1—2 頁。

[16] 2009 年 4 月 18 日在嶺南大講壇的演講。

[17] 2009 年 7 月 11 日在三味書屋的演講。

[18] 呂煒、王偉同：《發展失衡、公共服務與政府責任——基於政府偏好和政府效率視角的分析》，《中國社會科學》2008 年第 4 期。

[19] 2011 年起徵標準改為 3500 元。——編者注

[20] 原載《法學評論》2014 年第 2 期。

[21] 神野直彥：《體制改革的政治經濟學》，王美平譯，社會科學文獻出版社，2013 年版，第 8、11、17 頁。

[22] Joseph A.Schumpeter，「The Crisis of the Tax State」，in (ed.) International Economic Papers，Macmillan，1958，p4，pp.17-19.

[23] 見《馬克思恩格斯全集》第 6 卷，人民出版社，1998 年版，第 286—306 頁。

[24] Buchanan, James M., 「1990：The Domain of Constitutional Economics」，Constitutional Political Economy，Vo.1，No.1.

[25] 見張維迎教授在《鳳凰週刊》2013 年第 36 期的訪談文章《最大的破產是道德的破產》。

[26] 邁克爾·桑德爾：《公正：該如何做是好？》，朱慧玲譯，中信出版社，2011 年版，第 20 頁。

[27] Joseph A.Schumpeter，「The Crisis of the Tax State」，in (ed.) International Economic Papers，Macmillan，1958，p4，pp.17-19.

[28] 2013 年 7 月 3 日接受記者訪談。

[29] 原載《三聯生活週刊》2013 年第 9 期，主筆吳琪。

[30] 2009 年 5 月 16 日在燕山大講堂第 32 期上的演講。

[31] 原載《中國儲運》2014 年第 8 期。

[32] 原載《南方都市報》2013 年 12 月 2 日。

[33] 原載《南風窗》2013 年第 18 期。

[34] 2008 年 3 月 22 日在三味書屋的演講。

[35] 原載《財經》2011 年 9 月 26 日。

[36] 此文是作者針對 2013 年前後經濟和財政雙下行的形勢而寫，未刊稿。

[37] 原載《涉外稅務》2011 年第 10 期。

[38] 2015 年 12 月 17 日接受記者訪談。

[39] 本文節略版原載《南風窗》2008 年第 10 期，題為《悲歌一曲從天落——法國大革命的財政原因》。

[40] 保羅肯尼迪：《大國的興衰》，劉曉明譯，世界知識出版社，1990 年版，第 102 頁。

[41] 三個等級的會議代表分佈是：教士代表 291 人，貴族代表 270 名，第三等級代表 578 名。在第三等級的代表中，近一半是法律界人士，此外也有不少商人和銀行家，沒有工人和農民的代表。

[42] 此時巴黎的大部分地區已處在巴黎市民的控制之下，但巴士底獄——自14世紀以來刺眼的王權標誌，仍由王國軍隊守衛著，而巴士底獄塔樓上的大炮正對著聖安托萬街，這無疑更激怒了巴黎人。由普通民眾發起的攻占巴士底獄這一事件本身並沒有多少實際意義，從獄中解放出來的囚犯只有7人，而且其中包括1名根本不值得同情的刑事犯。

[43] 從路易十六在大革命時期的表現來看，他的確不是一個殘暴的人，甚至可以說有幾分善良。如果不是這樣，法國大革命可能完全是另外一個結局。

[44]1791年憲法是法國歷史上第一部體現資本主義精神的根本大法，根據這部憲法，法國成為立憲君主制國家，一切貴族頭銜和世襲身份被取消，人人享有基本的公民權；國家機構實行三權分立原則，立法權歸一院制「立法議會」所有。

[45] 黃仁宇：《資本主義與二十一世紀》，生活·讀書·新知三聯書店，1997年版，第380頁。

[46] 阿克頓：《法國大革命講稿》，秋風譯，貴州人民出版社，2004年版，第42頁。

[47] 古德溫編：《新編劍橋世界近代史》（第8卷），中國社會科學院世界歷史研究所組譯，中國社會科學出版社，1999年版，第771頁。

[48] 阿克頓：《法國大革命講稿》，秋風譯，貴州人民出版社，2004年版，第1頁。

[49] 托克維爾：《舊制度與大革命》，馮棠譯，商務印書館，1996年版，第138頁。

[50] 托克維爾：《舊制度與大革命》，馮棠譯，商務印書館，1996年版，第128頁。

[51] 美國時代-生活圖書公司編：《理性時代：法蘭西》，王克明譯，山東畫報出版社，2003年版，第36頁。

[52] 托克維爾：《舊制度與大革命》，馮棠譯，商務印書館，1996年版，第137—143頁。

[53] 呂一民：《法國通史》，上海社會科學出版社，2002年版，第120頁。

[54] 托克維爾：《舊制度與大革命》，馮棠譯，商務印書館，1996年版，第205頁。

[55] 托克維爾：《舊制度與大革命》，馮棠譯，商務印書館，1996年版，第207—208頁。

[56] 托克維爾：《舊制度與大革命》，馮棠譯，商務印書館，1996年版，第234頁。

[57] 托克維爾：《舊制度與大革命》，馮棠譯，商務印書館，1996年版，第209—210頁。

[58] 劉雲龍：《民主機制與民主財政》，中國城市出版社，2001年版。

[59] 原載《財經國家週刊》2010年第15期。

[60]《史記·管晏列傳》。

[61]《管子·霸言》。

[62]《管子·牧民》。

[63]《管子·五輔》。

[64]《史記·管晏列傳》。

[65]《管子·牧民》。

[66]《管子·山至數》。

[67]《管子·牧民》。

[68]《國語·齊語》。

[69]《國語·齊語》。

[70]《管子·治國》。

[71]《管子·禁藏》。

[72]《管子·小問》。

[73]《管子·權修》。

[74]《管子·大匡》。

[75]《管子·五輔》。

[76]《管子·八觀》。

[77]《管子·權修》。

[78]《管子·牧民》。

[79]《管子·海王》。

[80]《管子·輕重甲》。

[81]《管子·海王》。

[82]《管子·版法》。

[83]《管子·海王》。

[84]《管子·小問》。

[85]《管子·權修》。

[86] 郭沫若：《管子集校敘錄》。

[87] 湯姆森：《北洋之始》，朱艷輝譯，山東畫報出版社，2008年版，第354頁。

[88]《史記·管晏列傳》。

[89] 原載《財政監督》2012年第4期。

[90]《道德經》74、75、44、36節。

[91]《左傳·哀公十一年》。

[92]《說苑·政理》。

[93]《孟子·梁惠王上》。

[94]《尚書·五子之歌》。

[95]《國語·楚語下》。

[96]《國語·周語上》。

[97]《國語·周語上》。

[98]《左傳·昭公四年》。

[99]《左傳·宣公十五年》。

[100]《群書治要》引《傅子·檢商賈》。

[101]《群書治要》引《傅子·安民》。

[102]《晉書》卷47《傅玄傳》。

[103]《群書治要》引《傅子·平賦役》，以下未註明出處均引自此篇。

[104]《群書治要》引《傅子·曲制》。

[105]《群書治要》引《傅子·曲制》。

[106]《群書治要》引《傅子·安民》。

[107]《群書治要》引《傅子·安民》。

[108]《群書治要》引《傅子·問政》。

[109]《群書治要》引《傅子·檢商賈》。

[110]《群書治要》引《傅子·闕題》。

[111]《晉書》卷47《傅玄傳》。

[112]《晉書》卷47《傅玄傳》。

[113]《晉書》卷47《傅玄傳》。

[114]《群書治要》引《傅子·檢商賈》。

[115]《晉書》卷47《傅玄傳》。

[116] 原載《財經國家週刊》2012年12月5日。

[117]《胡文忠公遺集》卷81。

[118] 李岳瑞：《春冰室野乘·閻文介遺事》。

[119]《三秦近代名人評傳》。

[120]《續修陝西省通志稿》。

[121] 徐珂編撰：《清稗類鈔·廉儉類》。

[122] 胡思敬：《國聞備乘·卷一·部務》。

[123] 《三秦近代名人評傳》。

[124] 引自張實：《蒼涼的背影》，商務印書館，2010年版，第77頁。

[125] 《翁同龢日記》，第四冊，中華書局，2006年版，第2336頁。

[126] 《翁同龢日記》，第四冊，中華書局，2006年版，第2193、2246頁。

[127] 原載《戰略與管理》2010年第5、6期合編本，有刪節。

[128] 丁文江、趙豐田編：《梁任公先生年譜長編初稿》，臺灣世界書局，1958年版，第93頁。

[129] 《論政府阻撓國會之非》，《國風報》第1年第17期。

[130] 《飲冰室文集》之30，第82頁。

[131] 《飲冰室文集》之26，第51頁。

[132] 《飲冰室文集》之21，第51頁。

[133] 《飲冰室文集》之2，第48頁。

[134] 《憲法起草問題答客問》，《飲冰室文集》之33。

[135] 《飲冰室文集》之38，第2頁。

[136] 《飲冰室文集》之23，第39頁。

[137] 趙豐田：《晚清五十年經濟思想史》，哈佛燕京學社，1939年版。

[138] 故宮博物院明清檔案部編：《清末籌備立憲檔案史料》，中華書局，1979年版。

[139] 《進步黨擬中華民國憲法草案》，《飲冰室文集》之30，第81頁。

[140] 《飲冰室專集》之32，第17頁。

[141] 《飲冰室專集》之32，第17頁。

[142] 《飲冰室專集》之32，第17頁。

[143] 《聞政時言·湘亂感言》，《飲冰室文集》之10。

[144] 郭長久主編：《梁啟超與飲冰室》，天津古籍出版社，2002年版，第88頁。

[145] 《飲冰室專集》之33，第91頁。

[146] 胡適：《胡適留學日記》（上冊），海南出版社，1994年版，第69頁。

[147] 《梁任公之入閣問題》，《時報》1913年9月8日。

[148] 見《梁任公與各政黨商榷政見書》，《時報》1912年12月11日。

[149] 丁文江、趙豐田編：《梁任公先生年譜長編初稿》，臺灣世界書局，1958年版，第434頁。

[150] 郭長久主編：《梁啟超與飲冰室》，天津古籍出版社，2002年版，第88頁。

[151]《治標財政策》，《飲冰室文集》之29、30。

[152]1917年7月30日《申報》。

[153]《飲冰室文集》之43，第16頁。

[154] 梁啟超：《致南京大總統效電》（1917年7月19日），《年譜》第830頁。

[155] 梁啟超：《致各省督軍省長電》（1917年7月19日），《年譜》第830頁。

[156] 丁文江編：《梁任公先生年譜長編初稿》，第537頁。

[157] 丁文江編：《梁任公先生年譜長編初稿》，第537頁。

[158] 張朋園：《梁啟超與民國政治》，臺灣食貨出版有限公司，1981年版，第115頁。

[159] 李華興、吳嘉勛編：《梁啟超選集》，上海人民出版社，1984年版，第904頁。

[160] 夏曉虹：《追憶梁啟超》，中國廣播電視出版社，1997年版，第257頁。

[161] 轉引自馮建輝：《命運與使命：中國知識分子問題世紀回眸》，華文出版社，2006年版。

國家圖書館出版品預行編目（CIP）資料

中國權力的邊界：稅、革命與改革 / 李煒光 著 . -- 第一版 .
-- 臺北市：崧燁文化，2019.07
面； 公分
POD 版
ISBN 978-957-681-824-0(平裝)

1.財政 2.稅務改革 3.文集 4.中國

565.207　　　　　　　　　　　　　　108008912

書　　名：中國權力的邊界：稅、革命與改革
作　　者：李煒光 著
發 行 人：黃振庭
出 版 者：崧燁文化事業有限公司
發 行 者：崧燁文化事業有限公司
E - m a i l：sonbookservice@gmail.com
粉絲頁：　　　　　　　網址：
地　　址：台北市中正區重慶南路一段六十一號八樓 815 室
8F.-815, No.61, Sec. 1, Chongqing S. Rd., Zhongzheng Dist., Taipei City 100, Taiwan (R.O.C.)
電　　話：(02)2370-3310 傳　真：(02) 2370-3210
總 經 銷：紅螞蟻圖書有限公司
地　　址：台北市內湖區舊宗路二段 121 巷 19 號
電　　話:02-2795-3656 傳真:02-2795-4100　網址：
印　　刷：京峯彩色印刷有限公司（京峰數位）

　　本書版權為九州出版社所有授權崧博出版事業股份有限公司獨家發行電子書及繁體書繁體字版。若有其他相關權利及授權需求請與本公司聯繫。

定　　價：400元
發行日期：2019 年 07 月第一版
◎ 本書以 POD 印製發行